PARERGA ET PARALIPOMENA

APHORISMES

SUR LA

SAGESSE DANS LA VIE

PAR

ARTHUR SCHOPENHAUER

TRADUIT EN FRANÇAIS POUR LA PREMIÈRE FOIS

Par J.-A. CANTACUZÈNE

« Le bonheur n'est pas chose aisée : il est
« très difficile de le trouver en nous, et im-
« possible de le trouver ailleurs. »

CHAMFORT.

PARIS
LIBRAIRIE GERMER BAILLIÈRE ET Cⁱᵉ
108, BOULEVARD SAINT-GERMAIN, 108
Au coin de la rue Hautefeuille

1880

APHORISMES

SUR LA

SAGESSE DANS LA VIE

LIBRAIRIE GERMER BAILLIÈRE ET Cie

AUTRES OUVRAGES DE SCHOPENHAUER

TRADUITS EN FRANÇAIS

Essai sur le libre arbitre. 1 vol. in-18.   2 fr. 50

Le fondement de la morale, traduit par M. BURDEAU. 1 vol. in-18.
2 fr. 50

Pensées, maximes et aphorismes (l'amour, les femmes, le mariage, etc.), traduit et précédé d'une vie de Schopenhauer, par
M. J. BOURDEAU. 1 vol. in-18.   2 fr. 50

Le monde comme volonté et représentation, traduit par M. BUR-
DEAU. 2 vol. in-8 (*sous presse*).

TH. RIBOT. **La philosophie de Schopenhauer.** 1 vol. in-18.
2 fr. 50

Coulommiers. — Typographie PAUL BRODARD.

INTRODUCTION

Je prends ici la notion de la sagesse dans la vie dans son acception immanente, c'est-à-dire que j'entends par là l'art de rendre la vie aussi agréable et aussi heureuse que possible. Cette étude pourrait s'appeler également l'Eudémonologie; ce serait donc un traité de la vie heureuse. Celle-ci pourrait à son tour être définie une existence qui, considérée au point de vue purement extérieur ou plutôt (comme il s'agit ici d'une appréciation subjective) qui, après froide et mûre réflexion, est préférable à la non-existence. La vie heureuse, ainsi définie, nous attacherait à elle par elle-même et pas seulement par la crainte de la mort; il en résulterait en outre que nous désirerions la voir durer indéfiniment. Si la vie humaine correspond ou peut seulement correspondre à la notion d'une pareille existence, c'est là

une question à laquelle on sait que j'ai répondu par la
négative dans ma *Philosophie;* l'eudémonologie, au
contraire, présuppose une réponse affirmative. Celle-ci,
en effet, repose sur cette erreur innée que j'ai combattue
au commencement du chapitre XLIX, vol. II, de mon
grand ouvrage [1]. Par conséquent, pour pouvoir néanmoins traiter la question, j'ai dû m'éloigner entièrement
du point de vue élevé, métaphysique et moral auquel
conduit ma véritable philosophie. Tous les développements qui vont suivre sont donc fondés, dans une certaine mesure, sur un accommodement, en ce sens qu'ils
se placent au point de vue habituel, empirique et en
conservent l'erreur. Leur valeur aussi ne peut être
que conditionnelle, du moment que le mot d'eudémonologie n'est lui-même qu'un euphémisme. Ils n'ont
en outre aucune prétention à être complets, soit parce
que le thème est inépuisable, soit parce que j'aurais
dû répéter ce que d'autres ont déjà dit.

Je ne me rappelle que le livre de Cardan : *De
utilitate ex adversis capienda*, ouvrage digne
d'être lu, qui traite de la même matière que les présents aphorismes; il pourra servir à compléter ce que

---

1. Schopenhauer entend par son grand ouvrage son traité intitulé :
*Die Welt als Wille und Vorstellung (Le monde comme volonté et repré-
sentation).*

j'offre ici. Aristote, il est vrai, a intercalé une courte eudémonologie dans le chapitre V du livre I de sa *Rhétorique;* mais il n'a produit qu'une œuvre bien maigre. Je n'ai pas eu recours à ces devanciers; compiler n'est pas mon fait; d'autant moins l'ai-je fait que l'on perd par là cette unité de vue qui est l'âme des œuvres de cette espèce. En somme, certainement les sages de tous les temps ont toujours dit la même chose, et les sots, c'est-à-dire l'incommensurable majorité de tous les temps, ont toujours fait la même chose, savoir le contraire, et il en sera toujours ainsi. Aussi Voltaire dit-il : *Nous laisserons ce monde-ci aussi sot et aussi méchant que nous l'avons trouvé en y arrivant.*

APHORISMES

SUR

LA SAGESSE DANS LA VIE

CHAPITRE PREMIER

DIVISION FONDAMENTALE

Aristote (*Morale à Nicomaque*, I, 8) a divisé les biens de la vie humaine en trois classes, les biens extérieurs, ceux de l'âme et ceux du corps. Ne conservant que la division en trois, je dis que ce qui différencie le sort des mortels peut être ramené à trois conditions fondamentales. Ce sont :

1° Ce qu'on *est* : donc la personnalité, dans son sens le plus étendu. Par conséquent, on comprend ici la santé, la force, la beauté, le tempérament, le caractère moral, l'intelligence et son développement.

2° Ce qu'on *a* : donc propriété et avoir de toute nature.

3° Ce qu'on *représente* : on sait que par cette expression l'on entend la manière dont les autres se représentent un individu, par conséquent ce qu'il est dans leur représentation. Cela consiste donc dans leur opinion à son égard et se divise en honneur, rang et gloire.

Les différences de la première catégorie dont nous avons à nous occuper sont celles que la nature elle-même a établies entre les hommes; d'où l'on peut déjà inférer que leur influence sur le bonheur ou le malheur sera plus essentielle et plus pénétrante que celle des différences provenant des règles humaines et que nous avons mentionnées sous les deux rubriques suivantes. Les *vrais avantages personnels*, tels qu'un grand esprit ou un grand cœur, sont par rapport à tous les avantages du rang, de la naissance, même royale, de la richesse et autres, ce que les rois véritables sont aux rois de théâtre. Déjà *Métrodore*, le premier élève d'Epicure, avait intitulé un chapitre : Περι του μειζονα ειναι την παρ' ημας αιτιαν προς ευδαιμονιαν της εκ των πραγματων (*Les causes qui viennent de nous contribuent plus au bonheur que celles qui naissent des choses. — Cf. Clément d'Alex., Strom., II, 21, p. 362 dans l'édition de Wurtzbourg des Opp. polem.*)

Et, sans contredit, pour le bien-être de l'individu, même pour toute sa manière d'être, le principal est évidemment ce qui se trouve ou se produit en lui. C'est là, en effet, que réside immédiatement son bien-être ou son malaise; c'est sous cette forme, en définitive, que se manifeste tout d'abord le résultat de sa sensibilité, de sa volonté et de sa pensée; tout ce qui se trouve en dehors n'a qu'une influence indirecte. Aussi les mêmes circonstances, les mêmes événements extérieurs, affectent-ils chaque individu tout différemment, et, quoique placés dans un même milieu, chacun vit dans un monde diffé-

rent. Car il n'a directement affaire que de ses propres perceptions, de ses propres sensations et des mouvements
de sa propre volonté : les choses extérieures n'ont d'influence sur lui qu'en tant qu'elles déterminent ces phénomènes intérieurs. Le monde dans lequel chacun vit dépend
de la façon de le concevoir, laquelle diffère pour chaque
tête; selon la nature des intelligences, il paraîtra pauvre,
insipide et plat, ou riche, intéressant et important. Pendant que tel, par exemple, porte envie à tel autre pour les
aventures intéressantes qui lui sont arrivées pendant sa
vie, il devrait plutôt lui envier le don de conception qui a
prêté à ces événements l'importance qu'ils ont dans sa
description, car le même événement qui se présente d'une
façon si intéressante dans la tête d'un homme d'esprit,
n'offrirait plus, conçu par un cerveau plat et banal,
qu'une scène insipide de la vie de tous les jours. Ceci
se manifeste au plus haut degré dans plusieurs poésies
de Gœthe et de Byron, dont le fond repose évidemment sur une donnée réelle; un sot, en les lisant, est capable d'envier au poète l'agréable aventure, au lieu de
lui envier la puissante imagination qui, d'un événement
passablement ordinaire, a su faire quelque chose d'aussi
grand et d'aussi beau. Pareillement, le mélancolique
verra une scène de tragédie là où le sanguin ne voit
qu'un conflit intéressant, et le flegmatique un fait insignifiant.

Tout cela vient de ce que toute réalité, c'est-à-dire toute
« actualité remplie » se compose de deux moitiés, le
sujet et l'objet, mais aussi nécessairement et aussi étroi-

tement unies que l'oxygène et l'hydrogène dans l'eau. A
moitié objective identique, la subjective étant différente,
ou réciproquement, la réalité actuelle sera tout autre; la
plus belle et la meilleure moitié objective, quand la subjective est obtuse, de mauvaise qualité, ne fournira jamais
qu'une méchante réalité et actualité, semblable à une
belle contrée vue par un mauvais temps ou réfléchie par
une mauvaise chambre obscure. Pour parler plus vulgai-
rement, chacun est fourré dans sa conscience comme dans
sa peau et ne vit immédiatement qu'en elle; aussi y a-t-il
peu de secours à lui apporter du dehors. A la scène, tel
joue les princes, tel les conseillers, tel autre les laquais,
ou les soldats ou les généraux, et ainsi de suite. Mais
ces différences n'existent qu'à l'extérieur; à l'intérieur,
comme noyau du personnage, le même être est fourré
chez tous, savoir un pauvre comédien avec ses misères et
ses soucis.

Dans la vie, il en est de même. Les différences de rang
et de richesses donnent à chacun son rôle à jouer, auquel
ne correspond nullement une différence intérieure de bonheur et de bien-être; ici aussi est logé dans chacun le
même pauvre hère, avec ses soucis et ses misères, qui peuvent différer chez chacun pour ce qui est du fond, mais qui,
pour ce qui est de la forme, c'est-à-dire par rapport à l'être
propre, sont à peu près les mêmes chez tous; il y a certes
des différences de degré, mais elles ne dépendent pas du
tout de la condition ou de la richesse, c'est-à-dire du
rôle.

Comme tout ce qui se passe, tout ce qui existe pour

l'homme ne se passe et n'existe immédiatement que dans sa conscience; c'est évidemment la qualité de la conscience qui sera le prochainement essentiel, et dans la plupart des cas tout dépendra de celle-là bien plus que des images qui s'y représentent. Toute splendeur, toutes jouissances sont pauvres, réfléchies dans la conscience terne d'un benêt, en regard de la conscience d'un Cervantès, lorsque, dans une prison incommode, il écrivait son *Don Quijote*.

La moitié objective de l'actualité et de la réalité est entre les mains du sort et, par suite, changeante; la moitié subjective, c'est nous-même, elle est par conséquent immuable dans sa partie essentielle. Aussi, malgré tous les changements extérieurs, la vie de chaque homme porte-t-elle d'un bout à l'autre le même caractère; on peut la comparer à une suite de variations sur un même *thème*. Personne ne peut sortir de son individualité. Il en est de l'homme comme de l'animal; celui-ci, quelles que soient les conditions dans lesquelles on le place, demeure confiné dans le cercle étroit que la nature a irrévocablement tracé autour de son être, ce qui explique pourquoi, par exemple, tous nos efforts pour faire le bonheur d'un animal que nous aimons doivent se maintenir forcément dans des limites très restreintes, précisément à cause de ces bornes de son être et de sa conscience; pareillement, l'individualité de l'homme a fixé par avance la mesure de son bonheur possible. Ce sont spécialement les limites de ses forces intellectuelles qui ont déterminé une fois pour toutes son aptitude aux jouissances élevées. Si elles sont étroites, tous les efforts extérieurs, tout ce que les hommes ou la fortune feront pour lui, tout cela sera impuissant à le transporter par delà la mesure du bonheur et du bien-être humain ordinaire, à demi animal : il devra se contenter des jouissances sensuelles, d'une vie intime et gaie dans sa famille, d'une société de bas aloi ou de passe-temps vulgaires. L'instruction même, quoiqu'elle ait une certaine action, ne saurait en somme élargir de beaucoup ce cercle, car les jouissances les plus élevées, les plus variées et les plus durables sont celles de l'esprit, quelque fausse que puisse être pendant la jeunesse notre opinion à cet égard; et ces jouissances dépendent surtout de la force intellectuelle. Il est donc facile de voir clairement combien notre bonheur dépend de ce que nous *sommes*, de notre individualité, tandis qu'on ne tient compte le plus souvent que de ce que nous *avons* ou de ce que nous *représentons*. Mais le sort peut s'améliorer; en outre, celui qui possède la richesse intérieure ne lui demandera pas grand'chose; mais un benêt restera benêt, un lourdaud restera lourdaud, jusqu'à sa fin, fût-il en paradis et entouré de houris. Gœthe dit :

> Volk und Knecht und Ueberwinder,
> Sie gestehn, zu jeder Zeit,
> Höchstes Glück der Erdenkinder
> Sei nur die Persönlichkeit.

(Peuple et laquais et conquérant, — en tout temps reconnaissent — que le suprême bien des fils de la terre — est seulement la personnalité. (Gœthe, *Divan Or. Occ.*, Zulecka).

Que le *subjectif* soit incomparablement plus essentiel à notre bonheur et à nos jouissances que l'*objectif*, cela se confirme en tout, par la faim, qui est le meilleur cuisinier, jusqu'au vieillard regardant avec indifférence la déesse que le jeune homme idolâtre, et tout au sommet, nous trouvons la vie de l'homme de génie et du saint. La santé par-dessus tout l'emporte tellement sur les biens extérieurs qu'en vérité un mendiant bien portant est plus heureux qu'un roi malade. Un tempérament calme et enjoué, provenant d'une santé parfaite et d'une heureuse organisation, une raison lucide, vive, pénétrante et concevant juste, une volonté modérée et douce, et comme résultat une bonne conscience, voilà des avantages que nul rang, nulle richesse ne sauraient remplacer. Ce qu'un homme est en soi-même, ce qui l'accompagne dans la solitude et ce que nul ne saurait lui donner ni lui prendre, est évidemment plus essentiel pour lui que tout ce qu'il peut posséder ou ce qu'il peut être aux yeux d'autrui. Un homme d'esprit, dans la solitude la plus absolue, trouve dans ses propres pensées et dans sa propre fantaisie de quoi se divertir agréablement, tandis que l'être borné aura beau varier sans cesse les fêtes, les spectacles, les promenades et les amusements, il ne parviendra pas à écarter l'ennui qui le torture. Un bon caractère, modéré et doux, pourra être content dans l'indigence, pendant que toutes les richesses ne sauraient satisfaire un caractère avide, envieux et méchant. Quant à l'homme doué en permanence d'une individualité extraordinaire, intellectuellement supérieure, celui-là alors peut se passer de la plupart de ces jouissances auxquelles le monde aspire généralement; bien plus, elles ne sont pour lui

qu'un dérangement et un fardeau. Horace dit en parlant
de lui-même :

> Gemmas, marmor, ebur, Tyrrhena sigilla, tabellas,
> Argentum, vestes Gaetulo murice tinctas,
> Sunt qui habeant, est qui non curat habere.
>
> (Il en est qui n'ont ni pierres précieuses, ni marbre, ni ivoire, ni
> statuettes tyrrhéniennes, ni tableaux, ni argent, ni robes teintes de
> pourpre gaétulienne ; il en est un qui ne se soucie pas d'en avoir. —
> Horace, Ep. II, L. II, vers 180 et suiv.)

Et Socrate, à la vue d'objets de luxe exposés pour la
vente, s'écriait : « Combien il y a de choses dont je n'ai
pas besoin ! »

Ainsi, la condition première et la plus essentielle pour
le bonheur de la vie, c'est ce que nous *sommes*, c'est
notre personnalité ; quand ce ne serait déjà que parce
qu'elle agit constamment et en toutes circonstances, cela
suffirait à l'expliquer, mais en outre, elle n'est pas soumise à la chance comme les biens des deux autres catégories, et ne peut pas nous être ravie. En ce sens, sa valeur
peut passer pour absolue, par opposition à la valeur seulement relative des deux autres. Il en résulte que l'homme
est bien moins susceptible d'être modifié par le monde
extérieur qu'on ne le suppose volontiers. Seul le temps,
dans son pouvoir souverain, exerce également ici son
droit ; les qualités physiques et intellectuelles succombent
insensiblement sous ses atteintes ; le caractère moral seul
lui demeure inaccessible.

Sous ce rapport, les biens des deux dernières catégories auraient un avantage sur ceux de la première, comme

étant de ceux que le temps n'emporte pas directement.
Un second avantage serait que, étant placés en dehors de
nous, ils sont accessibles de leur nature, et que chacun a
pour le moins la possibilité de les acquérir, tandis que ce
qui est en nous, le subjectif, est soustrait à notre pouvoir : établi *jure divino*, il se maintient invariable pendant
toute la vie. Aussi les vers suivants contiennent-ils une
inexorable vérité :

> Wie an dem Tag, der dich der Welt verliehen.
> Die Sonne stand zum Grusze der Planeten,
> Bist alsobald und fort und fort gediehen,
> Nach dem Gesetz, wonach du angetreten.
> So muszt du seyn, dir kannst du nicht entfliehen,
> So sagten schon Sybillen, so Propheten ;
> Und keine Zeit und keine Macht zerstückelt
> Geprägte Form, die lebend sich entwickelt.
>
> (Gœthe.)

(Comme, dans le jour qui t'a donné au monde, le soleil était là pour
saluer les planètes, tu as aussi grandi sans cesse, d'après la loi selon
laquelle tu as commencé. Telle est ta destinée ; tu ne peux t'échapper
à toi-même ; ainsi parlaient déjà les sibylles ; ainsi les prophètes ; aucun
temps, aucune puissance ne brise la forme empreinte qui se développe
dans le cours de la vie. — *Poésies*, trad. Porchat, vol. I. p. 312.)

Tout ce que nous pouvons faire à cet égard, c'est d'employer cette personnalité, telle qu'elle nous a été donnée,
à notre plus grand profit ; par suite, ne poursuivre que les
aspirations qui lui correspondent, ne rechercher que le
développement qui lui est approprié en évitant tout autre,
ne choisir, par conséquent, que l'état, l'occupation, le
genre de vie qui lui conviennent.

Un homme herculéen, doué d'une force musculaire
extraordinaire, astreint par des circonstances extérieures

à s'adonner à une occupation sédentaire, à un travail manuel, méticuleux et pénible, ou bien encore à l'étude et à des travaux de tête, occupations réclamant des forces toutes différentes, non développées chez lui et laissant précisément sans emploi les forces par lesquelles il se distingue, un tel homme se sentira malheureux toute sa vie ; bien plus malheureux encore sera celui chez lequel les forces intellectuelles l'emportent de beaucoup et qui est obligé de les laisser sans développement et sans emploi pour s'occuper d'une affaire vulgaire qui n'en réclame pas, ou bien encore et surtout d'un travail corporel pour lequel sa force physique n'est pas suffisante. Ici toutefois, principalement pendant la jeunesse, il faut éviter l'écueil de la présomption et ne pas s'attribuer un excès de forces que l'on n'a pas.

De la prépondérance bien établie de notre première catégorie sur les deux autres, il résulte encore qu'il est plus sage de travailler à conserver sa santé et à développer ses facultés qu'à acquérir des richesses, ce qu'il ne faut pas interpréter en ce sens qu'il faille négliger l'acquisition du nécessaire et du convenable. Mais la richesse proprement dite, c'est-à-dire un grand superflu, contribue peu à notre bonheur; aussi beaucoup de riches se sentent-ils malheureux, parce qu'ils sont dépourvus de culture réelle de l'esprit, de connaissances et, par suite, de tout intérêt objectif qui pourrait les rendre aptes à une occupation intellectuelle. Car ce que la richesse peut fournir au delà de la satisfaction des besoins réels et naturels a une minime influence sur notre véritable bien-être; celui-ci est

plutôt troublé par les nombreux et inévitables soucis
qu'amène après soi la conservation d'une grande fortune.
Cependant les hommes sont mille fois plus occupés à
acquérir la richesse que la culture intellectuelle, quoique
certainement ce qu'on *est* contribue bien plus à notre
bonheur que ce qu'on *a*.

Combien n'en voyons-nous pas, diligents comme des
fourmis et occupés du matin au soir à accroître une
richesse déjà acquise! Ils ne connaissent rien par delà
l'étroit horizon qui renferme les moyens d'y parvenir;
leur esprit est vide et par suite inaccessible à toute autre
occupation. Les jouissances les plus élevées, les jouissances intellectuelles sont inabordables pour eux; c'est
en vain qu'ils cherchent à les remplacer par des jouissances fugitives, sensuelles, promptes, mais coûteuses à
acquérir, qu'ils se permettent entre temps. Au terme de
leur vie, ils se trouvent avoir comme résultat, quand la
fortune leur a été favorable, un gros monceau d'argent
devant eux, qu'ils laissent alors à leurs héritiers le soin
d'augmenter ou aussi de dissiper. Une pareille existence.
bien que menée avec apparence très sérieuse et très
importante, est donc tout aussi insensée que telle autre
qui arborerait carrément pour symbole une marotte.

Ainsi, l'essentiel pour le bonheur de la vie, c'est ce
que l'on *a en soi-même*. C'est uniquement parce que la
dose en est d'ordinaire si petite que la plupart de ceux
qui sont sortis déjà victorieux de la lutte contre le besoin
se sentent au fond tout aussi malheureux que ceux qui
sont encore dans la mêlée. Le vide de leur intérieur,

l'insipidité de leur intelligence, la pauvreté de leur esprit les poussent à rechercher la compagnie, mais une compagnie composée de leurs pareils, car *similis simili gaudet*. Alors commence en commun la chasse au passe-temps et à l'amusement, qu'ils cherchent d'abord dans les jouissances sensuelles, dans les plaisirs de toute espèce et finalement dans la débauche. La source de cette funeste dissipation, qui, en un temps souvent incroyablement court, fait dépenser de gros héritages à tant de fils de famille entrés riches dans la vie, n'est autre en vérité que l'ennui résultant de cette pauvreté et de ce vide de l'esprit que nous venons de dépeindre. Un jeune homme ainsi lancé dans le monde, riche en dehors, mais pauvre en dedans, s'efforce vainement de remplacer la richesse intérieure par l'extérieure; il veut tout recevoir du *dehors*, semblable à ces vieillards qui cherchent à puiser de nouvelles forces dans l'haleine des jeunes filles. De cette façon, la pauvreté intérieure a fini par amener aussi la pauvreté extérieure.

Je n'ai pas besoin de relever l'importance des deux autres catégories de biens de la vie humaine, car la fortune est aujourd'hui trop universellement appréciée pour avoir besoin d'être recommandée. La troisième catégorie est même d'une nature très éthérée, comparée à la seconde, vu qu'elle ne consiste que dans l'opinion des autres. Toutefois chacun est tenu d'aspirer à l'*honneur*, c'est-à-dire à un bon renom; à un *rang*, ne peuvent y aspirer, uniquement, que ceux qui servent l'Etat, et, pour ce qui est de la *gloire*, il n'y en a qu'infiniment peu

qui puissent y prétendre. L'honneur est considéré comme
un bien inappréciable, et la gloire comme la chose la plus
exquise que l'homme puisse acquérir ; c'est la Toison
d'or des élus ; par contre, les sots seuls préféreront le
rang à la richesse. La seconde et la troisième catégorie
ont en outre l'une sur l'autre ce qu'on appelle une action
réciproque ; aussi l'adage de Pétrone : *Habes*, *habe-*
beris est-il vrai, et, en sens inverse, la bonne opinion
d'autrui, sous toutes ses formes, nous aide souvent à
acquérir la richesse.

CHAPITRE II

Nous avons déjà reconnu d'une manière générale que ce que l'on *est* contribue plus au bonheur que ce que l'on *a* ou ce que l'on *représente*. Le principal est toujours ce qu'un homme est, par conséquent ce qu'il possède en lui-même; car son individualité l'accompagne en tout temps et en tout lieu et teinte de sa nuance tous les événements de sa vie. En toute chose et à toute occasion, ce qui l'affecte tout d'abord, c'est lui-même. Ceci est vrai déjà pour les jouissances matérielles, et, à plus forte raison, pour celles de l'âme. Aussi l'expression anglaise : *To enjoy one's self*, est-elle très bien trouvée; on ne dit pas en anglais : « Paris lui plaît, » on dit : « Il se plaît à Paris (*He enjoys himself at Paris*). »

I. — La santé de l'esprit et du corps.

Mais, si l'individualité est de mauvaise qualité, toutes les jouissances seront comme un vin exquis dans une

bouche imprégnée de fiel. Ainsi donc, dans la bonne
comme dans la mauvaise fortune, et sauf l'éventualité de
quelque grand malheur, ce qui arrive à un homme dans sa
vie est de moindre importance que la manière dont il le
sent, c'est-à-dire la nature et le degré de sa sensibilité
sous tous les rapports. Ce que nous avons en nous-mêmes
et par nous-mêmes, en un mot la personnalité et sa
valeur, voilà le seul facteur immédiat de notre bonheur et
de notre bien-être. Tous les autres agissent indirectement; aussi leur action peut-elle être annulée, mais celle
de la personnalité jamais. De là vient que l'envie la plus
irréconciliable et en même temps la plus soigneusement
dissimulée est celle qui a pour objet les avantages personnels. En outre, la qualité de la conscience est la seule
chose permanente et persistante; l'individualité agit constamment, continuellement, et, plus ou moins, à tout
instant; toutes les autres conditions n'influent que tem-
porairement, occasionnellement, passagèrement, et peuvent aussi changer ou disparaître. Aristote dit : η γαρ φυσις
βεϐαια, ου τα χρηματα (La nature est éternelle, non les
choses. *Mor. à Eudème*, VII, 2). C'est pourquoi nous
supportons avec plus de résignation un malheur dont la
cause est tout extérieure que celui dont nous sommes
nous-mêmes coupables; car le destin peut changer, mais
notre propre qualité est immuable. Par suite, les biens
subjectifs, tels qu'un caractère noble, une tête capable,
une humeur gaie, un corps bien organisé et en parfaite
santé, ou, d'une manière générale, *mens sana in cor-
pore sano* (Juvénal, sat. X, 356), voilà les biens su-

prêmes et les plus importants pour notre bonheur ; aussi
devrions-nous nous appliquer bien plus à leur développement et à leur conservation qu'à la possession des biens
extérieurs et de l'honneur extérieur.

Mais ce qui, par-dessus tout, contribue le plus directement à notre bonheur, c'est une humeur enjouée, **car**
cette bonne qualité trouve tout de suite sa récompense en
elle-même. En effet, celui qui est gai a toujours motif de
l'être par cela même qu'il l'est. Rien ne peut remplacer
aussi complètement tous les autres biens que cette qualité,
pendant qu'elle-même ne peut être remplacée par rien.
Qu'un homme soit jeune, beau, riche et considéré ; pour
pouvoir juger de son bonheur, la question sera de savoir
si, en outre, il est gai ; en revanche, est-il gai, alors peu
importe qu'il soit jeune ou vieux, bien fait ou bossu,
pauvre ou riche ; il est heureux. Dans ma première jeunesse, j'ai lu un jour dans un vieux livre la phrase suivante : *Qui rit beaucoup est heureux et qui pleure
beaucoup est malheureux;* la remarque est bien niaise ;
mais, à cause de sa vérité si simple, je n'ai pu l'oublier,
quoiqu'elle soit le superlatif d'un *truism* (en anglais,
vérité triviale). Aussi devons-nous, toutes les fois qu'elle
se présente, ouvrir à la gaieté portes et fenêtres, car elle
n'arrive jamais à contre-temps, au lieu d'hésiter, comme
nous le faisons souvent, à l'admettre, voulant nous rendre
compte d'abord si nous avons bien, à tous égards, sujet
d'être contents, ou encore de peur qu'elle ne nous
dérange de méditations sérieuses ou de graves préoccupations ; et cependant il est bien incertain que celles-ci

puissent améliorer notre condition., tandis que la gaieté
est un bénéfice immédiat. Elle seule est, pour ainsi dire,
l'argent comptant du bonheur; tout le reste n'en est que
le billet de banque; car seule elle nous donne le bonheur
dans un présent immédiat; aussi est-elle le bien suprême
pour des êtres dont la réalité a la forme d'une actualité
indivisible entre deux temps infinis. Nous devrions donc
aspirer avant tout à acquérir et à conserver ce bien. Il est
certain d'ailleurs que rien ne contribue moins à la gaieté
que la richesse et que rien n'y contribue davantage que la
santé : c'est dans les classes inférieures, parmi les travailleurs et particulièrement parmi les travailleurs de la
terre, que l'on trouve les visages gais et contents; chez
les riches et les grands dominent les figures chagrines.
Nous devrions, par conséquent, nous attacher avant tout
à conserver cet état parfait de santé dont la gaieté apparaît comme la floraison. Pour cela, on sait qu'il faut fuir
tous excès et toutes débauches, éviter toute émotion vio-
lente et pénible, ainsi que toute contention d'esprit excessive ou trop prolongée; il faut encore prendre, chaque
jour, deux heures au moins d'exercice rapide au grand
air, des bains fréquents d'eau froide, et d'autres mesures diététiques de même genre. Point de santé si l'on
ne se donne tous les jours suffisamment de mouvement ;
toutes les fonctions de la vie, pour s'effectuer convenablement, demandent le mouvement des organes dans
lesquels elles s'accomplissent et de l'ensemble du corps.
Aristote a dit avec raison : « Ο βιος εν τη κινησει εστι » (La vie
est dans le mouvement). La vie consiste essentiellement

dans le mouvement. A l'intérieur de tout l'organisme règne un mouvement incessant et rapide : le cœur, dans son double mouvement si compliqué de systole et de diastole, bat impétueusement et infatigablement ; 28 pulsations lui suffisent pour envoyer la masse entière du sang dans le torrent de la grande et de la petite circulation ; le poumon pompe sans discontinuer comme une machine à vapeur ; les entrailles se contractent sans cesse d'un mouvement péristaltique ; toutes les glandes absorbent et sécrètent sans interruption ; le cerveau lui-même a un double mouvement pour chaque battement du cœur et pour chaque aspiration du poumon. Si, comme il arrive dans le genre de vie entièrement sédentaire de tant d'individus, le mouvement extérieur manque presque totalement, il en résulte une disproportion criante et pernicieuse entre le repos externe et le tumulte interne. Car ce perpétuel mouvement à l'intérieur demande même à être aidé quelque peu par celui de l'extérieur ; cet état disproportionné est analogue à celui où nous sommes tenus de ne rien laisser paraître au dehors pendant qu'une émotion quelconque nous fait bouillonner intérieurement. Les arbres même, pour prospérer, ont besoin d'être agités par le vent. C'est là une règle absolue que l'on peut énoncer de la manière la plus concise en latin : *Omnis motus, quo celerior, eo magis motus* (Plus il est accéléré, plus tout mouvement est mouvement).

Pour bien nous rendre compte combien notre bonheur dépend d'une disposition gaie et celle-ci de l'état de santé, nous n'avons qu'à comparer l'impression que produisent sur nous les mêmes circonstances extérieures ou les mêmes événements pendant les jours de santé et de vigueur, avec celle qui est produite lorsqu'un état de maladie nous dispose à être maussade et inquiet. Ce n'est pas ce que sont objectivement et en réalité les choses, c'est ce qu'elles sont pour nous, dans notre perception, qui nous rend heureux ou malheureux. C'est ce qu'énonce bien cette sentence d'Epictète : « Ταρασσει τους ανθρωπους ου τα πραγματα, αλλα τα περι των πραγματων δογματα. Ce qui émeut les hommes, ce ne sont pas les choses, mais l'opinion sur les choses). » En thèse générale, les neuf dixièmes de notre bonheur reposent exclusivement sur la santé. Avec elle, tout devient source de plaisir ; sans elle, au contraire, nous ne saurions goûter un bien extérieur, de quelque nature qu'il soit: même les autres biens subjectifs, tels que les qualités de l'intelligence, du cœur, du caractère, sont amoindris et gâtés par l'état de maladie. Aussi n'est-ce pas sans raison que nous nous informons mutuellement de l'état de notre santé et que nous nous souhaitons réciproquement de nous bien porter, car c'est bien là en réalité ce qu'il y a de plus essentiellement important pour le bonheur humain. Il s'ensuit donc qu'il est de la plus insigne folie de sacrifier sa santé à quoi que ce soit, richesse, carrière, études, gloire, et surtout à la volupté et aux jouissances fugitives. Au contraire, tout doit céder le pas à la santé.

Quelque grande que soit l'influence de la santé sur cette gaieté si essentielle à notre bonheur, néanmoins celle-ci ne dépend pas uniquement de la première, car,

avec une santé parfaite, on peut avoir un tempérament
mélancolique et une disposition prédominante à la tristesse. La cause en réside certainement dans la constitution originaire, par conséquent immuable de l'organisme,
et plus spécialement dans le rapport plus ou moins normal
de la sensibilité à l'irritabilité et à la reproductivité. Une
prépondérance anormale de la sensibilité produira l'inégalité d'humeur, une gaieté périodiquement exagérée et une
prédominance de la mélancolie. Comme le génie est
déterminé par un excès de la force nerveuse, c'est-à-dire
de la sensibilité, Aristote a observé avec raison que tous
les hommes illustres et éminents sont mélancoliques :
« Πχντες οσοι περιττοι γεγονασιν ανδρες, η κατα φιλοσοφιαν, η
« πολιτιχην, η ποιησην, η τεχνας, φχινονται μελαγχολικοι οντες. »
(*Probl.* 30, 1.) C'est ce passage que Cicéron a eu sans
doute en vue dans ce rapport tant cité : « *Aristoteles ait,
omnes ingeniosos melancholicos esse.* » (*Tusc.* I, 33.)
Shakspeare a très plaisamment dépeint cette grande
diversité du tempérament général :

> Nature has fram'd strange fellows in her time :
> Some that will evermore peep through their eyes,
> And laugh, like parrots, at a bag-piper ;
> And others of such vinegar aspect,
> That they'll not show their teeth in way of smile,
> Tough Nestor swear the jest be laughable.
>   (*Merch. of Ven.* Scène I.)

(La nature s'amuse parfois à former de drôles de corps. Il y en a
qui sont perpétuellement à faire leurs petits yeux et qui vont rire
comme un perroquet devant un simple joueur de cornemuse ; et d'autres qui ont une telle physionomie de vinaigre qu'ils ne découvriraient
pas leurs dents, même pour sourire, quand bien même le grave Nestor
jurerait qu'il vient d'entendre une plaisanterie désopilante). — (Trad.
française de Montégut.)

C'est cette même diversité que Platon désigne par les mots de « δυσκολος » (d'humeur difficile) et « ευκολος » (d'humeur facile). Elle peut se ramener à la susceptibilité, très différente chez les individus différents, pour les impressions agréables ou désagréables, par suite de laquelle tel rit encore de ce qui met tel autre presque au désespoir. Et même la susceptibilité pour les impressions agréables est d'ordinaire d'autant moindre que celle pour les impressions désagréables est plus forte, et *vice versa*. A chances égales de réussite ou d'insuccès pour une affaire, le δυσκολος se fâchera ou se chagrinera de l'insuccès et ne se réjouira pas de la réussite ; l'ευκολος au contraire ne sera ni fâché ni chagriné par le mauvais succès, et se réjouira du bon. Si, neuf fois sur dix, le δυσκολος réussit dans ses projets, il ne se réjouira pas au sujet des neuf fois où il a réussi, mais il se fâchera pour le dixième qui a échoué ; dans le cas inverse, l'ευκολος sera consolé et réjoui par cet unique succès. Mais il n'est pas facile de trouver un mal sans compensation aucune ; aussi arrive-t-il que les δυσκολος, c'est-à-dire les caractères sombres et inquiets, auront, à la vérité, à supporter en somme plus de malheurs et de souffrances imaginaires, mais, en revanche, moins de réels que les caractères gais et insouciants, car celui qui voit tout en noir, qui appréhende toujours le pire et qui, par suite, prend ses mesures en conséquence, n'aura pas des mécomptes aussi fréquents que celui qui prête à toutes choses des couleurs et des perspectives riantes. — Néanmoins, quand une affection morbide du système nerveux ou de l'appareil digestif vient prêter la main à

une δυσκολια innée, alors celle-ci peut atteindre ce haut
degré où un malaise permanent produit le dégoût de la vie,
d'où résulte le penchant au suicide. Celui-ci peut alors
être provoqué par les plus minimes contrariétés ; à un
degré supérieur du mal, il n'est même plus besoin de motif,
la seule permanence du malaise suffit pour y déterminer.
Le suicide s'accomplit alors avec une réflexion si froide et
une si inflexible résolution que le malade à ce stade, placé
déjà d'ordinaire sous surveillance, l'esprit constamment
fixé sur cette idée, profite du premier moment où la surveillance se sera relâchée pour recourir, sans hésitation,
sans lutte et sans effroi, à ce moyen de soulagement pour
lui si naturel en ce moment et si bien venu. Esquirol a
décrit très au long cet état dans son *Traité des maladies
mentales*. Il est certain que l'homme le mieux portant,
peut-être même le plus gai, pourra aussi, le cas échéant,
se déterminer au suicide ; cela arrivera quand l'intensité
des souffrances ou d'un malheur prochain et inévitable
sera plus forte que les terreurs de la mort. Il n'y a de différence que dans la puissance plus ou moins grande du
motif déterminant, laquelle est en rapport inverse avec la
δυσκολια. Plus celle-ci est grande, plus le motif pourra être
petit, jusqu'à devenir même nul ; plus, au contraire, l'ευκο-
λια, ainsi que la santé qui en est la base, est grande, plus
il devra être grave. Il y aura donc des degrés innombrables
entre ces deux cas extrêmes de suicide, entre celui provoqué purement par une recrudescence maladive de la δυσκολια
innée, et celui de l'homme bien portant et gai provenant de
causes tout objectives.

●

II. — La beauté.

La beauté est analogue en partie à la santé. Cette qualité subjective, bien que ne contribuant qu'indirectement
au bonheur par l'impression qu'elle produit sur les autres,
a néanmoins une grande importance, même pour le sexe
masculin. La beauté est une lettre ouverte de recommandation, qui nous gagne les cœurs à l'avance; c'est à elle
surtout que s'appliquent ces vers d'Homère :

Ουτοι αποβλητ' εστι Θεων εριχυδεα δωρα,
'Οσσα κεν αυτοι δωσι, εκων δ'ουκ αν τις ελοιτο.

(Il. III, 65.)

(Il ne faut pas dédaigner les dons glorieux des immortels, que seuls
ils peuvent donner et que personne ne peut accepter ou refuser à
son gré).

III. — La douleur et l'ennui. — L'intelligence.

Un simple coup d'œil nous fait découvrir deux ennemis
du bonheur humain : ce sont la douleur et l'ennui. En
outre, nous pouvons observer que, dans la mesure où nous
réussissons à nous éloigner de l'un, nous nous rapprochons
de l'autre, et réciproquement; de façon que notre vie représente en réalité une oscillation plus ou moins forte
entre les deux. Cela provient du double antagonisme dans
lequel chacun des deux se trouve envers l'autre, un antagonisme extérieur ou objectif et un antagonisme intérieur
ou subjectif. En effet, extérieurement, le besoin et la privation engendrent la douleur; en revanche, l'aise et l'abondance font naître l'ennui. C'est pourquoi nous voyons la
classe inférieure du peuple luttant incessamment contre le

besoin, donc contre la douleur, et par contre la classe
riche et élevée dans une lutte permanente, souvent déses-
pérée, contre l'ennui.

   Intérieurement, ou subjectivement, l'antagonisme se
fonde sur ce que dans tout individu la facilité à être
impressionné par l'un de ces maux est en rapport inverse
avec celle d'être impressionné par l'autre; car cette susceptibilité est déterminée par la mesure des forces intellectuelles. En effet, un esprit obtus est toujours accompa-
gné d'impressions obtuses et d'un manque d'irritabilité,
ce qui rend l'individu peu accessible aux douleurs et aux
chagrins de toute espèce et de tout degré ; mais cette
même qualité obtuse de l'intelligence produit, d'autre
part, ce *vide intérieur* qui se peint sur tant de visages et
qui se trahit par une attention toujours en éveil sur tous
les événements, même les plus insignifiants, du monde
extérieur ; c'est ce vide qui est la véritable source de
l'ennui et celui qui en souffre aspire avec avidité à des
excitations extérieures, afin de parvenir à mettre en mouvement son esprit et son cœur par n'importe quel moyen.
Aussi n'est-il pas difficile dans le choix des moyens ; on
le voit assez à la piteuse mesquinerie des distractions
auxquelles se livrent les hommes, au genre de sociétés
et de conversations qu'ils recherchent, non moins qu'au
grand nombre de flâneurs et de badauds qui courent le
monde. C'est principalement ce vide intérieur qui les
pousse à la poursuite de toute espèce de réunions, de di-
vertissements, de plaisirs et de luxe, poursuite qui conduit tant de gens à la dissipation et finalement à la misère.

Rien ne met plus sûrement en garde contre ces égare-
ments que la richesse *intérieure*, la richesse de l'esprit,
car celui-ci laisse d'autant moins de place à l'ennui qu'il
approche davantage de la supériorité. L'activité incessante des pensées, leur jeu toujours renouvelé en présence des manifestations diverses du monde interne et
externe, la puissance et la capacité de combinaisons toujours variées, placent une tête éminente, sauf les moments
de fatigue, tout à fait en dehors de la portée de l'ennui.
Mais, d'autre part, une intelligence supérieure a pour
condition immédiate une sensibilité plus vive, et pour
racine une plus grande impétuosité de la volonté et, par
suite, de la passion; de l'union de ces deux conditions
résulte alors une intensité plus considérable de toutes les
émotions et une sensibilité exagérée pour les douleurs
morales et même pour les douleurs physiques, comme
aussi une plus grande impatience en face de tout obstacle, d'un simple dérangement même.

Ce qui contribue encore puissamment à tous ces effets,
c'est la vivacité produite par la force de l'imagination. Ce
que nous venons de dire s'applique, toute proportion
gardée, à tous les degrés intermédiaires qui comblent le
vaste intervalle compris entre l'imbécile le plus obtus et le
plus grand génie. Par suite, objectivement aussi bien que
subjectivement, tout être se trouve d'autant plus rapproché de l'une des sources de malheurs humains qu'il est
plus éloigné de l'autre. Son penchant naturel le portera
donc, sous ce rapport, à accommoder aussi bien que possible l'objectif avec le subjectif, c'est-à-dire à se pré-

munir du mieux qu'il pourra contre celle des sources de souffrances qui l'affecte le plus facilement. L'homme intelligent aspirera avant tout à fuir toute douleur, toute tracasserie et à trouver le repos et les loisirs; il recherchera donc une vie tranquille, modeste, abritée autant que possible contre les importuns; après avoir entretenu pendant quelque temps des relations avec ce que l'on appelle les hommes, il préférera une existence retirée, et, si c'est un esprit tout à fait supérieur, il choisira la solitude. Car plus un homme possède en lui-même, moins il a besoin du monde extérieur et moins les autres peuvent lui être utiles. Aussi la supériorité de l'intelligence conduit-elle à l'insociabilité. Ah! si la qualité de la société pouvait être remplacée par la quantité, cela vaudrait alors la peine de vivre même dans le grand monde : mais, hélas! cent fous mis en un tas ne font pas encore un homme raisonnable. — L'individu placé à l'extrême opposé, dès que le besoin lui donne le temps de reprendre haleine, cherchera à tout prix des passe-temps et de la société; il s'accommodera de tout, ne fuyant rien que lui-même. C'est dans la solitude, là où chacun est réduit à ses propres ressources, que se montre ce qu'il *a par lui-même;* là, l'imbécile, sous la pourpre, soupire écrasé par le fardeau éternel de sa misérable individualité, pendant que l'homme hautement doué, peuple et anime de ses pensées la contrée la plus déserte. Sénèque (Ép. 9) a dit avec raison : « *omnis stultitia laborat fastidio sui* (La sottise se déplaît à elle-même); » de même Jésus, fils de Sirach : « *La vie du fou est pire que la mort.* » Aussi voit-on en somme

que tout individu est d'autant plus sociable qu'il est plus
pauvre d'esprit et, en général, plus vulgaire. Car dans le
monde on n'a guère le choix qu'entre l'isolement et la
communauté. On prétend que les nègres sont de tous les
hommes les plus sociables, comme ils en sont aussi sans
contredit les plus arriérés intellectuellement; des rapports
envoyés de l'Amérique du Nord et publiés par des journaux français (*Le Commerce*, 19 oct. 1837) racontent
que les nègres, sans distinction de libres ou d'esclaves,
se réunissent en grand nombre dans le local le plus étroit,
car ils ne sauraient voir leurs faces noires et camardes
assez souvent répétées.

De même que le cerveau apparaît comme étant le para-
site ou le pensionnaire de l'organisme entier, de même les
loisirs acquis par chacun, en lui donnant la libre jouissance de sa conscience et de son individualité, sont à ce
titre le fruit et le revenu de toute son existence, qui, pour
le reste, n'est que peine et labeur. Mais voyons un peu ce
que produisent les loisirs de la plupart des hommes!
Ennui et maussaderie, toutes les fois qu'il ne se trouve
pas des jouissances sensuelles ou des niaiseries pour les
remplir. Ce qui démontre bien que ces loisirs-là n'ont
aucune valeur, c'est la manière dont on les occupe; ils ne
sont à la lettre que le *ozio lungo d'uomini ignoranti*
dont parle l'Arioste.

L'homme ordinaire ne se préoccupe que de *passer le
temps*, l'homme de talent que de l'*employer*. La raison
pour laquelle les têtes bornées sont tellement exposées à
l'ennui, c'est que leur intellect n'est absolument pas autre

chose que l'*intermédiaire des motifs* pour leur volonté.
Si, à un moment donné, il n'y a pas de *motifs* à saisir,
alors la volonté se repose et l'intellect chôme, car la première, pas plus que l'autre, ne peut entrer en activité
par sa propre impulsion ; le résultat est une effroyable
stagnation de toutes les forces dans l'individu entier,
— l'ennui. Pour le combattre, on insinue sournoisement
à la volonté des motifs petits, provisoires, choisis indiffé-
remment, afin de la stimuler et de mettre par là également
en activité l'intellect qui doit les saisir : ces motifs sont
donc par rapport aux motifs réels et naturels ce que le
papier-monnaie est par rapport à l'argent, puisque leur
valeur n'est que conventionnelle. De tels motifs sont les
jeux de cartes ou autres, inventés précisément dans le but
que nous venons d'indiquer. A leur défaut, l'homme borné
se mettra à tambouriner sur les vitres ou à tapoter avec
tout ce qui lui tombe sous la main. Le cigare lui aussi
fournit volontiers de quoi suppléer aux pensées.

C'est pourquoi dans tous les pays les jeux de cartes son⁴
arrivés à être l'occupation principale dans toute société
ceci donne la mesure de ce que valent ces réunions et
constitue la banqueroute déclarée de toute pensée. N'ayant
pas d'idées à échanger, on échange des cartes et l'on cherche à se soutirer mutuellement des florins. O pitoyable
espèce ! Toutefois, pour ne pas être injuste même ici, je
ne veux pas omettre l'argument qu'on peut invoquer pour
justifier le jeu de cartes : on peut dire qu'il est une préparation à la vie du monde et des affaires, en ce sens que
l'on y apprend à profiter avec sagesse des circonstances

immuables, établies par le hasard (les cartes), pour en
tirer tout le parti possible; dans ce but, l'on s'habitue à
garder sa contenance en faisant bonne mine en mauvais
jeu. Mais, par là même, d'autre part les jeux de cartes
exercent une influence démoralisatrice. En effet, l'esprit
du jeu consiste à soutirer à autrui ce qu'il possède, par
n'importe quel tour ou n'importe quelle ruse. Mais l'habitude de procéder ainsi, contractée au jeu, s'enracine.
empiète sur la vie pratique, et l'on arrive insensiblement
à procéder de même quand il s'agit du tien et du mien.
et à considérer comme permis tout avantage que l'on a
actuellement en main, dès qu'on peut le faire légalement.
La vie ordinaire en fournit des preuves chaque jour.

Puisque les loisirs sont, ainsi que nous l'avons dit, la
fleur ou plutôt le fruit de l'existence de chacun, en ce que.
seuls, ils le mettent en possession de son moi propre.
nous devons estimer heureux ceux-là qui, en se gagnant.
gagnent quelque chose qui ait du prix. pendant que les
loisirs ne rapportent à la plupart des hommes qu'un *drôle*
dont il n'y a rien à faire, qui s'ennuie à périr et qui est à
charge à lui-même. Félicitons-nous donc. « *ó mes frères,
d'être des enfants non d'esclaves, mais de mères libres.*
(Ep. aux Galath., 4, 31.)

En outre, de même que ce pays-là est le plus heureux
qui a le moins, ou n'a pas du tout besoin d'importation, de
même est heureux l'homme à qui suffit sa richesse intérieure et qui pour son amusement ne demande que peu, ou
même rien, au monde extérieur, attendu que pareille importation est chère, assujettissante. dangereuse; elle expose

à des désagréments et, en définitive, n'est toujours qu'un mauvais succédané pour les productions du sol propre. Car nous ne devons, à aucun égard, attendre grand'chose d'autrui, et du dehors en général. Ce qu'un individu peut être pour un autre est chose très étroitement limitée ; chacun finit par rester seul, et *qui* est seul ? devient alors la grande question. Gœthe a dit à ce sujet, parlant d'une manière générale, qu'en toutes choses chacun en définitive est réduit à soi-même (*Poésie et vérité*, vol. III). Oliver Goldsmith dit également :

> Still to ourselves in ev'ry place consign'd.
> Our own felicity we make or find.
>
> (*The Traveller*, v. 431 et suiv.)

(Cependant, en tout lieu, réduits à nous-mêmes, c'est nous qui faisons ou trouvons notre propre bonheur.)

Chacun doit donc être et fournir à soi-même ce qu'il y a de meilleur et de plus important. Plus il en sera ainsi, plus, par suite, l'individu trouvera en lui-même les sources de ses plaisirs, et plus il sera heureux. C'est donc avec raison qu'Aristote a dit : η ευδαιμονια των αυταρκων εστι (*Mor. à Eud.*, VII, 2) (Le bonheur appartient à ceux qui se suffisent à eux-mêmes). En effet, toutes les sources extérieures du bonheur et du plaisir sont, de leur nature, éminemment incertaines, équivoques, fugitives, aléatoires, partant sujettes à s'arrêter facilement même dans les circonstances les plus favorables, et c'est même inévitable, attendu que nous ne pouvons pas les avoir toujours sous la main. Bien plus, avec l'âge, presque toutes tarissent fatalement ; car

alors amour, badinage, plaisir des voyages et de l'équitation, aptitude à figurer dans le monde, tout cela nous aban-
donne ; la mort nous enlève jusqu'aux amis et parents. C'est
à ce moment, plus que jamais, qu'il est important de savoir
ce qu'on a par soi-même. Il n'y a que cela, en effet, qui
résistera le plus longtemps. Cependant, à tout âge, sans
distinction, cela est et demeure la source vraie et la seule
permanente du bonheur. Car il n'y a pas beaucoup à
gagner dans ce monde : la misère et la douleur le remplis-
sent, et, quant à ceux qui leur ont échappé, l'ennui est
là qui les guette de tous les coins. En outre, c'est d'ordinaire la perversité qui y gouverne et la sottise qui y parle
haut. Le destin est cruel, et les hommes sont pitoyables.
Dans un monde ainsi fait, celui qui a beaucoup en lui-
même est pareil à une chambre d'arbre de Noël, éclairée,
chaude, gaie, au milieu des neiges et des glaces d'une
nuit de décembre. Par conséquent, avoir une individualité
riche et supérieure et surtout beaucoup d'intelligence
constitue indubitablement sur terre le sort le plus heureux, quelque différent qu'il puisse être du sort le plus
brillant. Aussi que de sagesse dans cette opinion émise
sur Descartes par la reine Christine de Suède, âgée
alors de dix-neuf ans à peine : « *M. Descartes est le plus
heureux de tous les mortels, et sa condition me semble
digne d'envie* » (*Vie de Desc.*, par Baillet, l. VII, ch. 10).
Descartes vivait à cette époque depuis vingt ans en Hol-
lande, dans la plus profonde solitude, et la reine ne le
connaissait que par ce qu'on lui en avait raconté et pour
avoir lu un seul de ses ouvrages. Il faut seulement, et

c'était précisément le cas chez Descartes, que les circonstances extérieures soient assez favorables pour permettre de se *posséder* et d'être content de soi-même ; c'est pourquoi l'*Ecclésiaste* (7, 12) disait déjà : « *La sagesse est bonne avec un patrimoine et nous aide à nous réjouir de la vue du soleil.* »

L'homme à qui, par une faveur de la nature et du destin, ce sort a été accordé, veillera avec un soin jaloux à ce que la source intérieure de son bonheur lui demeure toujours accessible; il faut pour cela indépendance et loisirs. Il les acquerra donc volontiers par la modération et l'épargne ; et d'autant plus facilement qu'il n'en est pas réduit, comme les autres hommes, aux sources extérieures des jouissances. C'est pourquoi la perspective des fonctions, de l'or, de la faveur, et l'approbation du monde ne l'induiront pas à renoncer à lui-même pour s'accommoder aux vues mesquines ou au mauvais goût des hommes. Le cas échéant, il fera comme Horace dans son épître à Mécène (livre I, ép. 7). C'est une grande folie que de perdre *à l'intérieur* pour gagner *à l'extérieur*, en d'autres termes, de livrer, en totalité ou en partie, son repos, son loisir et son indépendance contre l'éclat, le sang, la pompe, les titres et les honneurs. Gœthe l'a fait cependant. Quant à moi, mon génie m'a entraîné énergiquement dans la voie opposée.

Cette vérité, examinée ici, que la source principale du bonheur humain vient de l'intérieur, se trouve confirmée par la juste remarque d'Aristote dans sa *Morale à Nicomaque* (I, 7; et VII, 13, 14); il dit que toute jouissance

suppose une activité, par conséquent l'emploi d'une force,
et ne peut exister sans elle. Cette doctrine aristotéli-
cienne de faire consister le bonheur de l'homme dans le
libre exercice de ses facultés saillantes est reproduite
également par Stobée dans son *Exposé de la morale péri-
patéticienne* (*Ecl. éth.* II, ch. 7) ; en voici un passage :
« Ενεργειαν ειναι την ευδαιμονιαν κατ᾽ αρετην, εν πραξεσι προηγουμεναις
κατ᾽ ευχην (Le bonheur consiste à exercer ses facultés par
des travaux capables de résultat); » il explique aussi que
αρετη désigne toute faculté hors ligne. Or la destination
primitive des forces dont la nature a muni l'homme, c'est
la lutte contre la nécessité qui l'opprime de toutes parts.
Quand la lutte fait trêve un moment, les forces sans emploi
deviennent un fardeau pour lui; il doit alors *jouer* avec
elles, c'est-à-dire les employer sans but; sinon il s'expose
à l'autre source des malheurs humains, à l'ennui. Aussi
est-ce l'ennui qui torture les grands et les riches avant
tous autres, et Lucrèce a fait de leur misère un tableau
dont on a chaque jour, dans les grandes villes, l'occasion
de reconnaître la frappante vérité :

> Exit sæpe foras magnis ex ædibus ille,
> Esse domi quem pertæsum est, subitaque revertat;
> Quippe foris nihilo melius qui sentiat esse
> Currit, agens mannos, ad villam præcipitanter,
> Auxilium tectis quasi ferre ardentibus instans :
> Oscitat exemplo, tetigit quum limina villæ;
> Aut abit in somnum gravis, atque oblivia quærit;
> Aut etiam properans urbem petit, atque revisit.
>
> (L. III, v. 1073 et suiv.).

(Celui-ci quitte son riche palais pour se dérober à l'ennui ; mais il y
rentre un moment après, ne se trouvant pas plus heureux ailleurs. Cet
autre se sauve à toute bride dans ses terres, on dirait qu'il court
éteindre un incendie ; mais, à peine en a-t-il touché les limites, qu'il y

trouve l'ennui ; il succombe au sommeil et cherche à s'oublier lui-
même : dans un moment, vous allez le voir regagner la ville avec la
même promptitude.) (Traduction de La Grange, 1821.)

Chez ces messieurs, tant qu'ils sont jeunes, les forces
musculaires et génitales doivent faire les frais. Mais plus
tard il ne reste plus que les forces intellectuelles ; en leur
absence ou à défaut de développement ou de matériaux
approvisionnés pour servir leur activité, la misère est
grande. La *volonté* étant la seule force inépuisable, on
cherche alors à la stimuler en excitant les passions ; on recourt, par exemple, aux gros jeux de hasard, à ce vice
dégradant en vérité. — Du reste, tout individu désœuvré
choisira, selon la nature des forces prédominantes en lui,
un amusement qui les occupe, tel que le jeu de boule ou
d'échecs, la chasse ou la peinture, les courses de chevaux
ou la musique, les jeux de cartes ou la poésie, l'héraldique
ou la philosophie, etc.

Nous pouvons même traiter cette matière avec méthode,
en nous reportant à la racine des *trois forces physiologiques fondamentales :* nous avons donc à les étudier
ici dans leur *jeu sans but;* elles se présentent alors à nous
comme la source de trois espèces de jouissances possibles,
parmi lesquelles chaque homme choisira celles qui lui
sont proportionnées selon que l'une ou l'autre de ces
forces prédomine en lui.

Ainsi nous trouvons, premièrement, les jouissances de
la *force reproductive :* elles consistent dans le manger,
le boire, la digestion, le repos et le sommeil. Il existe des
peuples entiers à qui l'on attribue de faire glorieusement

de ces jouissances des plaisirs nationaux. Secondement,
les jouissances de l'*irritabilité* : ce sont les voyages, la
lutte, le saut, la danse, l'escrime, l'équitation et les jeux
athlétiques de toute espèce, comme aussi la chasse, voire
même les combats et la guerre. Troisièmement, les jouissances de la *sensibilité* : telles que contempler, penser,
sentir, faire de la poésie, de l'art plastique, de la musique,
étudier, lire, méditer, inventer, philosopher, etc. Il y aurait
à faire bien des observations sur la valeur, le degré et la
durée de ces différentes espèces de jouissances ; nous en
abandonnons le soin au lecteur. Mais tout le monde comprendra que notre plaisir, motivé constamment par l'emploi de nos forces propres, comme aussi notre bonheur,
résultat du retour fréquent de ce plaisir, seront d'autant
plus grands que la force productrice est de plus noble
espèce. Personne ne pourra nier non plus que le premier
rang, sous ce rapport, revient à la sensibilité, dont la
prédominance décidée établit la distinction entre l'homme
et les autres espèces animales ; les deux autres forces
physiologiques fondamentales, qui existent dans l'animal
au même degré ou à un degré plus énergique même que
chez l'homme, ne viennent qu'en seconde ligne. A la
sensibilité appartiennent nos forces intellectuelles . c'est
pourquoi sa prédominance nous rend aptes à goûter les
jouissances qui résident dans l'*entendement*, ce qu'on
appelle les plaisirs de l'*esprit;* ces plaisirs sont d'autant
plus grands que la prédominance est plus accentuée [1].

1. La nature va s'élevant constamment, depuis l'action mécanique et
chimique du règne inorganique jusqu'au règne végétal avec ses sourdes

L'homme normal, l'homme ordinaire ne peut prendre un vif intérêt à une chose que si elle excite sa *volonté*, donc si elle lui offre un intérêt personnel. Or toute excitation persistante de la volonté est, pour le moins, d'une nature mixte, par conséquent combinée avec de la douleur. Les jeux de cartes, cette occupation habituelle de la « bonne société » dans tous les pays [1], sont un moyen d'exciter

jouissances de soi-même ; d'ici au règne animal avec lequel se lève l'aurore de l'*intelligence* et de la conscience ; puis, à partir de ces faibles commencements, montant degré à degré, toujours plus haut, pour arriver enfin, par un dernier et suprême effort, à l'*homme*, dans l'intellect duquel elle atteint alors le point culminant et le but de ses créations, donnant ainsi ce qu'elle peut produire de plus parfait et de plus difficile. Toutefois, même dans l'espèce humaine, l'entendement présente encore des gradations nombreuses et sensibles, et il parvient très rarement jusqu'au degré le plus élevé, jusqu'à l'intelligence réellement éminente. Celle-ci est donc, dans son sens le plus étroit et le plus rigoureux, le produit le plus difficile, le produit suprême de la nature ; et, par suite, elle est ce que le monde peut offrir de plus rare et de plus précieux. C'est dans une telle intelligence qu'apparaît la connaissance la plus lucide et que le monde se reflète, par conséquent, plus clairement et plus complètement que partout ailleurs. Aussi l'être qui en est doué possède-t-il ce qu'il y a de plus noble et de plus exquis sur terre, une source de jouissances auprès desquelles toutes les autres sont minimes, tellement qu'il n'a rien à demander au monde extérieur que du loisir afin de jouir sans trouble de son bien, et d'achever la taille de son diamant. Car tous les autres plaisirs, non intellectuels, sont de basse nature ; ils ont tous en vue des mouvements de la volonté, tels que des souhaits, des espérances, des craintes, des désirs réalisés, quelle qu'en soit la nature ; tout cela ne peut s'accomplir sans douleurs, et, en outre, le but une fois atteint, on rencontre d'ordinaire plus ou moins de déceptions ; tandis que par les jouissances intellectuelles, la vérité devient de plus en plus claire. Dans le domaine de l'intelligence ne règne aucune douleur ! tout y est connaissance. Mais les plaisirs intellectuels ne sont accessibles à l'homme que par la voie et dans la mesure de sa propre intelligence. Car « *tout l'esprit, qui est au monde, est inutile à celui qui n'en a point.* » Toutefois il y a un désavantage qui ne manque jamais d'accompagner ce privilège : c'est que, dans toute la nature, la facilité à être impressionné par la douleur augmente en même temps que s'élève le degré d'intelligence et que, par conséquent, elle arrivera à son sommet dans l'intelligence la plus élevée. (*Note de Schopenhauer.*)

1. La *vulgarité* consiste au fond en ceci que le *vouloir* l'emporte totalement, dans la conscience, sur l'*entendement;* par quoi les choses en

intentionnellement la volonté, et cela par des intérêts
tellement minimes qu'ils ne peuvent occasionner que des
douleurs momentanées et légères, non pas de ces douleurs
permanentes et sérieuses; tellement qu'on peut les considérer comme de simples chatouillements de la volonté.
L'homme doué des forces intellectuelles prédominantes,
au contraire, est capable de s'intéresser vivement aux
choses par la voie de l'*intelligence* pure, sans immixtion
aucune du *vouloir;* il en éprouve le besoin même. Cet
intérêt le transporte alors dans une région à laquelle la
douleur est essentiellement étrangère, pour ainsi dire,
dans l'atmosphère des dieux à la vie facile, θεων ρεια ξωοντων.
Pendant qu'ainsi l'existence du reste des hommes s'écoule
dans l'engourdissement, et que leurs rêves et leurs aspirations sont dirigés vers les intérêts mesquins du bien-être
personnel avec leurs misères de toute sorte; pendant
qu'un ennui insupportable les saisit dès qu'ils ne sont
plus occupés à poursuivre ces projets et qu'ils restent

arrivent à un tel degré que l'entendement n'apparaît que pour le service de la volonté : quand ce service ne réclame pas d'intelligence,
quand il n'existe de motifs ni petits ni grands, l'entendement cesse
complètement et il survient une vacuité absolue de pensées. Or le
vouloir dépourvu d'entendement est ce qu'il y a de plus bas; toute
souche le possède et le manifeste quand ce ne serait que lorsqu'elle
tombe. C'est donc cet état qui constitue la vulgarité. Ici, les organes
des sens et la minime activité intellectuelle, nécessaires à l'appréhension de leurs données, restent seuls en action; il en résulte que l'homme
vulgaire reste toujours ouvert à toutes les impressions et perçoit instantanément tout ce qui se passe autour de lui, au point que le son le
plus léger, toute circonstance quelque insignifiante qu'elle soit, éveille
aussitôt son attention, tout comme chez les animaux. Tout cela devient
apparent sur son visage et dans tout son extérieur, et c'est de là que
vient l'apparence vulgaire, apparence dont l'impression est d'autant
plus repoussante que, comme c'est le cas le plus fréquent, la volonté,
qui occupe à elle seule alors la conscience, est basse, égoïste et mé
chante. (*Note de Schopenhauer.*)

réduits à eux-mêmes ; pendant que l'ardeur sauvage
de la passion peut seule remuer cette masse inerte ;
l'homme, au contraire, doté de facultés intellectuelles
prépondérantes, possède une existence riche en pensées,
toujours animée et toujours importante ; des objets dignes
et intéressants l'occupent dès qu'il a le loisir de s'y
adonner, et il porte en lui une source des plus nobles
jouissances. L'impulsion extérieure lui est fournie par
les œuvres de la nature et par l'aspect de l'activité humaine, et, en outre, par les productions si variées des
esprits éminents de tous les temps et de tous les pays,
productions que lui seul peut réellement goûter en entier,
car lui seul est capable de les comprendre et de les sentir
entièrement. C'est donc pour lui, en réalité, que ceux-ci
ont vécu ; c'est donc à lui, en fait, qu'ils se sont adressés ;
tandis que les autres, comme des auditeurs d'occasion, ne
comprennent que par-ci par-là et à demi seulement. Il est
certain que par là même l'homme supérieur acquiert un
besoin de plus que les autres hommes, le besoin d'apprendre, de voir, d'étudier, de méditer, d'exercer ; le
besoin aussi, par conséquent, d'avoir des loisirs disponi-
bles. Or, ainsi que Voltaire l'a observé justement, comme
« *il n'est de vrais plaisirs qu'avec de vrais besoins* »,
ce besoin de l'homme intelligent est précisément la condition qui met à sa portée des jouissances dont l'accès
demeure à jamais interdit aux autres ; pour ceux-ci, les
beautés de la nature et de l'art, les œuvres intellectuelles
de toute espèce, même lorsqu'ils s'en entourent, ne sont
au fond que ce que sont des courtisanes pour un vieillard.

Un être ainsi privilégié, à côté de sa vie personnelle, vit d'une seconde existence, d'une existence intellectuelle qui arrive par degrés à être son véritable but, l'autre n'étant plus considérée que comme *moyen;* pour le reste des hommes, c'est leur existence même, insipide, creuse et désolée, qui doit leur servir de but. La vie intellectuelle sera l'occupation principale de l'homme supérieur; augmentant sans cesse son trésor de jugement et de connaissance, elle acquiert aussi constamment une liaison et une gradation, une unité et une perfection de plus en plus prononcées, comme une œuvre d'art en voie de formation. En revanche, quel pénible contraste fait avec celle-ci la vie des autres, purement pratique, dirigée uniquement vers le bien-être personnel, n'ayant d'accroissement possible qu'en longueur, sans pouvoir gagner en profondeur, et destinée néanmoins à leur servir de but pour elle-même, pendant que pour l'autre elle est un simple moyen.

Notre vie pratique, réelle, dès que les passions ne l'agitent pas, est ennuyeuse et fade; quand elles l'*agitent,* elle devient bientôt douloureuse; c'est pourquoi ceux-là seuls sont heureux qui ont reçu en partage une somme d'intellect excédant la mesure que réclame le service de leur volonté. C'est ainsi que, à côté de leur vie effective, ils peuvent vivre d'une vie intellectuelle qui les occupe et les divertit sans douleur et cependant avec vivacité. Le simple *loisir,* c'est-à-dire un *intellect non occupé au service de la volonté,* ne suffit pas; il faut pour cela un excédant *positif de force* qui seul nous rend apte à une occupation purement spirituelle et non attachée au service de la volonté. Au contraire, « *otium sine litteris mors est et hominis vivi sepultura* » (Sénèque, Ep. 82) (Le repos sans l'étude est une espèce de mort qui met un homme tout vivant au tombeau). Dans la mesure de cet excédant, la vie intellectuelle existant à côté de la vie réelle présentera d'innombrables gradations, depuis les travaux du collectionneur décrivant les insectes, les oiseaux, les minéraux, les monnaies, etc., jusqu'aux plus hautes productions de la poésie et de la philosophie.

Cette vie intellectuelle protège non seulement contre l'ennui, mais encore contre ses pernicieuses conséquences. Elle abrite en effet contre la mauvaise compagnie et contre les nombreux dangers, les malheurs, les pertes et les dissipations auxquels on s'expose en cherchant son bonheur tout entier dans la vie réelle. Pour parler de moi, par exemple, ma philosophie ne m'a rien rapporté, mais elle m'a beaucoup épargné.

L'homme normal au contraire est limité, pour les plaisirs de la vie, aux choses *extérieures*, telles que la richesse, le rang, la famille, les amis, la société, etc. ; c'est là-dessus qu'il fonde le bonheur de sa vie; aussi ce bonheur s'écroule-t-il quand il les perd ou qu'il y rencontre des déceptions. Pour désigner cet état de l'individu, nous pouvons dire que *son centre de gravité tombe en dehors de lui*. C'est pour cela que ses souhaits et ses caprices sont toujours changeants : quand ses moyens le lui permettent, il achètera tantôt des villas, tantôt des chevaux, ou bien il donnera des fêtes, puis il entreprendra des voyages, mais surtout il mènera un train fastueux, tout cela précisément parce qu'il cherche n'importe où une satisfaction venant *du dehors;* tel l'homme épuisé espère trouver dans des consommés et dans des drogues de pharmacie la santé et la vigueur dont la·vraie source est la force vitale propre. Pour ne pas passer immédiatement à l'extrême opposé, prenons maintenant un homme doué d'une puissance intellectuelle qui, sans être éminente, dépasse toutefois la mesure ordinaire et strictement suffisante. Nous verrons cet homme, quand les sources extérieures de plaisirs viennent à tarir ou ne le satisfont plus, cultiver en amateur quelque branche des beaux-arts, ou bien quelque science, telle que la botanique, la minéralogie, la physique, l'astronomie, l'histoire, etc., et y trouver un grand fonds de jouissance et de récréation. A ce titre, nous pouvons dire que *son centre de gravité tombe déjà en partie en lui.* Mais le simple *dilettantisme* dans l'art est encore bien éloigné de la faculté créatrice; d'autre part, les sciences ne dépassent pas les rapports des phénomènes entre eux, elles ne peuvent pas absorber l'homme tout entier, combler tout son être, ni par conséquent s'entrelacer si étroitement dans le tissu de son existence qu'il en devienne incapable de prendre intérêt à tout le reste. Ceci demeure réservé exclusivement à la suprême éminence intellectuelle, à celle qu'on appelle communément le génie; elle seule prend pour thème, entièrement et absolument, l'existence et l'essence des choses; après quoi elle tend, selon sa direction individuelle, à exprimer ses profondes conceptions par l'art, la poésie ou la philosophie.

Ce n'est que pour un homme de cette trempe que l'occupation permanente avec soi-même, avec ses pensées et
ses œuvres est un besoin irrésistible; pour lui, la solitude
est la bienvenue, le loisir est le bien suprême; pour le
reste, il peut s'en passer, et, quand il le possède, il lui est
même souvent à charge. De cet homme-là seul nous pouvons dire que *son centre de gravité tombe tout entier en
dedans de lui-même.* Ceci nous explique en même temps
comment il se fait que ces hommes d'une espèce aussi
rare ne portent pas à leurs amis, à leur famille, au bien
public, cet intérêt intime et sans borne dont beaucoup
d'entre les autres sont capables, car ils peuvent en définitive se passer de tout, pourvu qu'ils se possèdent eux-
mêmes. Il existe donc en eux un élément isolant en plus,
dont l'action est d'autant plus énergique que les autres
hommes ne peuvent pas les satisfaire pleinement; aussi
ne sauraient-ils voir dans ces autres tout à fait des égaux,
et même, sentant constamment la dissemblance de leur
nature en tout et partout, ils s'habituent insensiblement à
errer parmi les autres humains comme des êtres d'une espèce différente, et à se servir, quand leurs méditations se
portent sur eux, de la troisième au lieu de la première
personne du pluriel.

Considéré à ce point de vue, l'homme le plus heureux
sera donc celui que la nature a richement doté sous le
rapport intellectuel, tellement ce qui est *en nous* a plus
d'importance que ce qui est en dehors; ceci, c'est-à-dire
l'objectif, de quelque façon qu'il agisse, n'agit jamais que
par l'intermédiaire de l'autre, c'est-à-dire du subjectif;

l'action de l'objectif est donc secondaire. C'est ce qu'expriment les beaux vers suivants :

Πλουτος ο της ψυχης πλουτος μονος εστιν αληθης,
Τ' αλλα δ'εχει ατην πλειονα των κτεανων.
                        (Lucien, *Anthol.*, I, 67.)

(La richesse de l'âme est la seule richesse ; les autres biens sont féconds en douleurs). — (Trad. E. Talbot. 12ᵉ épigr.)

Un homme riche ainsi à l'intérieur ne demande au monde extérieur qu'un don négatif, à savoir du loisir pour pouvoir perfectionner et développer les facultés de son esprit et pour pouvoir jouir de ses richesses intérieures; il réclame donc uniquement la liberté de pouvoir, pendant toute sa vie, tous les jours et à toute heure, être lui-même. Pour l'homme appelé à imprimer la trace de son esprit sur l'humanité entière, il n'existe qu'un seul bonheur et un seul malheur; c'est de pouvoir perfectionner ses talents, et compléter ses œuvres, — ou bien d'en être empêché. Tout le reste pour lui est insignifiant. C'est pourquoi nous voyons les grands esprits de tous les temps attacher le plus grand prix au loisir; car, tant vaut l'homme, tant vaut le loisir. « δοχει δε η ευδαιμονια εν τη σχολη, ειναι » (Le bonheur est dans le loisir), dit Aristote (*Mor. à Nic.*, X, 7). Diogène Laerce (II, 5, 31) rapporte aussi que « Σωκρατης επηνει σχολην, ως καλλιστον κρηματων » (Socrate vantait le loisir comme étant la plus belle des richesses). C'est encore ce qu'entend Aristote (*Mor. à Nic.*, X, 7, 8, 9) quand il déclare que la vie la plus belle est celle du philosophe. Il dit pareillement dans la *Politique* (IV, 11) :

« Τον ευδαιμονα βιον ειναι τον κατ' αρετην ανεμποδιστον » (exercer librement son talent, voilà le vrai bonheur). Gœthe aussi dit dans *Wilhelm Meister* : « Wer mit einem Talent, zu einem Talent geboren ist, findet in dem selben sein schoenstes Daseyn » (Celui qui est né avec un talent, pour un talent, trouve en celui-là la plus belle existence).

Mais posséder du loisir n'est pas seulement en dehors de la destinée ordinaire mais aussi de la nature ordinaire de l'homme, car sa destination naturelle est d'employer son temps à acquérir le nécessaire pour son existence et pour celle de sa famille. Il est l'enfant de la misère; il n'est pas une intelligence libre. Aussi le loisir arrive bientôt à être un fardeau, puis une torture, pour l'homme ordinaire, dès qu'il ne peut pas le remplir par des moyens artificiels et fictifs de toute espèce, par le jeu, par des passe-temps ou par des dadas de toute forme. Par là même, le loisir entraîne aussi pour lui des dangers, car on a dit avec raison : « *difficilis in otio quies.* » D'autre part ,cependant, une intelligence dépassant de beaucoup la mesure normale est également un phénomène anormal, par suite contre nature. Lorsque toutefois elle est donnée, l'homme qui en est doué, pour trouver le bonheur, a précisément besoin de ce loisir qui, pour les autres, est tantôt importun et tantôt funeste; quant à lui, sans loisir, il ne sera qu'un Pégase sous le joug; en un mot, il sera malheureux. Si cependant ces deux anomalies, l'une extérieure et l'autre intérieure, se rencontrent réunies, leur union produit un cas de suprême bonheur, car l'homme ainsi favorisé mènera alors une vie

d'un ordre supérieur, la vie d'un être soustrait aux deux
sources opposées de la souffrance humaine : le besoin et
l'ennui ; il est affranchi également et du soin pénible de se
démener pour subvenir à son existence et de l'incapacité
à supporter le loisir (c'est-à-dire l'existence libre proprement dite) ; autrement, l'homme ne peut échapper à ces
deux maux que par le fait qu'ils se neutralisent et s'annulent réciproquement.

A l'encontre de tout ce qui précède, il nous faut considérer d'autre part que, par suite d'une activité prépondérante des nerfs, les grandes facultés intellectuelles produisent une surexcitation de la faculté de sentir la douleur
sous toutes ses formes ; qu'en outre le tempérament pas-
sionné qui en est la condition, ainsi que la vivacité et la
perfection plus grandes de toute perception, qui en sont
inséparables, donnent aux émotions produites par là une
violence incomparablement plus forte ; or l'on sait qu'il
y a bien plus d'émotions douloureuses qu'il n'y en a d'agréables ; enfin, il faut aussi nous rappeler que les hautes facultés intellectuelles font de celui qui les possède un homme
étranger aux autres hommes et à leurs agitations, vu que
plus il possède en lui-même, moins il peut trouver en eux.
Mille objets auxquels ceux-ci prennent un plaisir infini lui
semblent insipides et répugnants. Peut-être, de cette
façon, la loi de compensation qui règne partout domine-
t-elle également ici. N'a-t-on pas prétendu bien souvent
et non sans quelque apparence de raison, qu'au fond
l'homme le plus borné d'esprit était le plus heureux ? Quoi
qu'il en soit, personne ne lui enviera ce bonheur. Je ne

veux pas anticiper sur le lecteur pour la solution définitive de cette controverse, d'autant plus que Sophocle même a émis là-dessus deux jugements diamétralement opposés :

Πολλω το φρονειν ευδαιμονιας υπαρχει.

(Le savoir est de beaucoup la portion la plus considérable du bonheur.) — (*Antig.*, 1328.)

Une autre fois, il dit :

Εν τω φρονειν γαρ μηδεν ηδιστος βιος.

(La vie du sage n'est pas la plus agréable). — (*Ajax*, 550.)

Les philosophes de l'Ancien Testament ne s'entendent pas davantage entre eux ; Jésus, fils de Sirah, a dit :

Του γαρμωρου υπερ θανατου ζων πονηρα.

(La vie du fou est pire que la mort), (22,12).

L'Ecclésiaste au contraire (1, 18) :

Ο προστιθεις γνωσιν, προσθησει αλγημα.

(Où il y beaucoup de sagesse, il y a beaucoup de douleurs.)

En attendant, je tiens à mentionner ici que ce que l'on désigne plus particulièrement par un mot exclusivement propre à la langue allemande, celui de *Philister* (bourgeois, épicier, philistin), c'est précisément l'homme qui, par suite de la mesure étroite et strictement suffisante de ses forces intellectuelles, *n'a pas de besoins spirituels :* cette expression appartient à la vie d'étudiants et a été employée plus tard dans une acception plus élevée, mais

analogue encore à son sens primitif, pour qualifier celui
qui est l'opposé d'un fils des Muses (c'est-à-dire un homme
qui est prosaïque). Celui-ci, en effet, est et demeure le
« αμουσος ανηρ » (l'homme vulgaire). Me plaçant à un point
de vue encore plus élevé, je voudrais définir les *philistins*
en disant que ce sont des gens constamment occupés, et
cela le plus sérieusement du monde, d'une réalité qui n'en
est pas une. Mais cette définition d'une nature déjà trans-
cendantale ne serait pas en harmonie avec le point de vue
populaire auquel je me suis placé dans cette dissertation ;
elle pourrait, par conséquent, ne pas être comprise par
tous les lecteurs. La première, au contraire, admet plus
facilement un commentaire spécifique et désigne suffisamment l'essence et la racine de toutes les propriétés carac-
téristiques du *philistin*. C'est donc, ainsi que nous l'avons
dit, *un homme sans besoins spirituels.*

De là découlent plusieurs conséquences : la première,
par rapport à lui-même, c'est qu'il n'aura jamais de
jouissances spirituelles, d'après la maxime déjà citée
qu'il n'est de vrais plaisirs qu'avec de vrais besoins.
Aucune aspiration à acquérir des connaissances et du
jugement pour ces choses en elles-mêmes n'anime son
existence; aucune aspiration non plus aux plaisirs esthé-
tiques, car ces deux aspirations sont étroitement unies.
Quand la mode ou quelque autre contrainte lui impose
de ces jouissances, il s'en acquitte aussi brièvement que
possible, comme un galérien s'acquitte de son travail
forcé. Les seuls plaisirs pour lui sont les sensuels; c'est
sur eux qu'il se rattrape. Manger des huîtres, avaler du

vin de Champagne, voilà pour lui le suprême de l'existence ; se procurer tout ce qui contribue'au bien-être
matériel, voilà le but de sa vie. Trop heureux quand ce
but l'occupe suffisamment ! Car, si ces biens lui ont déjà
été octroyés par avance, il devient immédiatement la proie
de l'ennui ; pour le chasser, il essaye de tout ce qu'on peut
imaginer : bals, théâtres, sociétés, jeux de cartes, jeux de
hasard, chevaux, femmes, vin, voyages, etc. Et cependant
tout cela ne suffit pas quand l'absence de besoins intellectuels rend impossibles les plaisirs intellectuels. Aussi
un sérieux morne et sec, approchant celui de l'animal,
est-il propre au *philistin* et le caractérise-t-il. Rien ne le
réjouit, rien ne l'émeut, rien n'éveille son intérêt. Les
jouissances matérielles sont vite épuisées ; la société,
composée de *philistins* comme lui , devient bientôt
ennuyeuse ; le jeu de cartes finit par le fatiguer. Il lui
reste à la rigueur les jouissances de la vanité à sa façon :
elles consisteront à surpasser les autres en richesse, en
rang, en influence ou en pouvoir, ce qui lui vaut alors
leur estime ; ou bien encore il cherchera à frayer au moins
avec ceux qui brillent par ces avantages et à se chauffer
au reflet de leur éclat (en anglais, cela s'appelle un *snob*).

La *deuxième* conséquence résultant de la propriété
fondamentale que nous avons reconnue au *philistin*, c'est
que, *par rapport aux autres*, comme il est privé de besoins
intellectuels, et comme il est borné aux besoins matériels,
il recherchera les hommes qui pourront satisfaire ces derniers et non pas ceux qui pourraient subvenir aux premiers. Aussi n'est-ce rien moins que de hautes qualités

intellectuelles qu'il leur demande ; bien au contraire, quand
il les rencontre, elles excitent son antipathie, voire même
sa haine, car il n'éprouve en leur présence qu'un sentiment importun d'infériorité et une envie sourde, secrète,
qu'il cache avec le plus grand soin, qu'il cherche à se dissimuler à lui-même, mais qui par là justement grandit
parfois jusqu'à une rage muette. Ce n'est pas sur les
facultés de l'esprit qu'il songe jamais à mesurer son estime
ou sa considération ; il les réserve exclusivement au rang
et à la richesse, au pouvoir et à l'influence, qui passent à
ses yeux pour les seules qualités vraies, les seules où il
aspirerait à exceller. Tout cela dérive de ce que le *philistin* est un homme *privé de besoins intellectuels.* Son
extrême souffrance vient de ce que les *idéalités* ne lui apportent aucune récréation et que, pour échapper à l'ennui,
il doit toujours recourir aux réalités. Or celles-ci, d'une
part, sont bientôt épuisées, et alors, au lieu de divertir,
elles fatiguent ; d'autre part, elles entraînent après elles des
désastres de toute espèce, tandis que les idéalités sont
inépuisables et, en elles-même, innocentes.

Dans toute cette dissertation sur les conditions personnelles qui contribuent à notre bonheur, j'ai eu en vue les
qualités physiques et principalement les qualités intellectuelles. C'est dans mon Mémoire sur *le fondement de
la morale* (§ 22) que j'ai exposé comment la perfection
morale, à son tour, influe directement sur le bonheur :
c'est à cet ouvrage que je renvoie le lecteur[1].

1. *Le fondement de la morale*, traduit par M. Burdeau, in 18 (Bibliothèque de philosophie contemporaine).

CHAPITRE III

DE CE QUE L'ON A

Epicure, le grand docteur en félicité, a admirablement et judicieusement divisé les besoins humains en trois classes. *Premièrement*, les besoins *naturels et nécessaires :* ce sont ceux qui, non satisfaits, produisent la douleur ; ils ne comprennent donc que le « victus » et l' « amictus » (nourriture et vêtement). Ils sont faciles à satisfaire. — *Secondement*, les besoins *naturels mais non nécessaires :* c'est le besoin de la satisfaction sexuelle, quoique Epicure ne l'énonce pas dans le rapport de Laërce (du reste, je reproduis ici, en général, toute cette doctrine légèrement modifiée et corrigée). Ce besoin est déjà plus difficile à satisfaire. — *Troisièmement*, ceux qui ne sont ni *naturels ni nécessaires :* ce sont les besoins du luxe, de l'abondance, du faste et de l'éclat ; leur nombre est infini et leur satisfaction très difficile (voy. Diog. Laerce, l. X, ch. 27, § 149 et 127 ; — Cicéron, *De fin.*, I, 13).

La limite de nos désirs raisonnables se rapportant à la
fortune est difficile, sinon impossible à déterminer. Car le
contentement de chacun à cet égard ne repose pas sur une
quantité absolue, mais relative, savoir sur le rapport entre
ses souhaits et sa fortune ; aussi cette dernière, considérée
en elle-même, est-elle aussi dépourvue de sens que le numé-
rateur d'une fraction sans dénominateur. L'absence des
biens auxquels un homme n'a jamais songé à aspirer ne peut
nullement le priver, il sera parfaitement satisfait sans ces
biens, tandis que tel autre qui possède cent fois plus que le
premier se sentira malheureux, parce qu'il lui manque un
seul objet qu'il convoite. Chacun a aussi, à l'égard des
biens qu'il lui est permis d'atteindre, un horizon propre,
et ses prétentions ne vont que jusqu'aux limites de cet
horizon. Lorsqu'un objet, situé en dedans de ces limites,
se présente à lui de telle façon qu'il puisse être certain de
l'atteindre, il se sentira heureux ; il se sentira malheureux,
au contraire, si, des obstacles survenant, cette perspective
lui est enlevée. Ce qui est placé au delà n'a aucune action
sur lui. C'est pourquoi la grande fortune du riche ne
trouble pas le pauvre, et c'est pour cela aussi, d'autre
part, que toutes les richesses qu'il possède déjà ne consolent pas le riche quand il est déçu dans une attente (La
richesse est comme l'eau salée : plus on en boit, plus elle
altère ; il en est de même aussi de la gloire).

Ce fait qu'après la perte de la richesse ou de l'aisance,
et aussitôt la première douleur surmontée, notre humeur
habituelle ne différera pas beaucoup de celle qui nous était
propre auparavant, s'explique par là que, le facteur de

notre avoir ayant été diminué par le sort, nous réduisons
aussitôt après, de nous-mêmes, considérablement le facteur
de nos prétentions. C'est là ce qu'il y a de proprement douloureux dans un malheur; cette opération une fois accomplie, la douleur devient de moins en moins sensible et finit
par disparaître; la blessure se cicatrise. Dans l'ordre
inverse, en présence d'un événement heureux, la charge
qui comprime nos prétentions remonte et leur permet de
se dilater : c'est en cela que consiste le plaisir. Mais
celui-ci également ne dure que le temps nécessaire pour
que cette opération s'achève; nous nous habituons à
l'échelle ainsi augmentée des prétentions, et nous devenons indifférents à la possession correspondante de richesses. C'est là ce qu'exprime un passage d'Homère
(*Od.*, XVIII, 130-137) dont voici les deux derniers vers :

> Τοιος γαρ νοος εστιν επιχθονιων ανθρωπων
> Οιον εφ' ημαρ αγει πατηρ ανδρων τε, θεων τε.

(Tel est l'esprit des hommes terrestres, semblables aux jours changeants qu'amène le Père des hommes et des dieux.) — (Tr. Leconte de
Lisle.)

La source de nos mécontentements est dans nos efforts
toujours renouvelés pour élever le facteur des prétentions
pendant que l'autre facteur s'y oppose par son immobilité.

Il ne faut pas s'étonner de voir, dans l'espèce humaine
pauvre et remplie de besoins, la richesse plus hautement
et plus sincèrement prisée, vénérée même, que toute autre
chose; le pouvoir lui-même n'est considéré que parce qu'il
conduit à la fortune; il ne faut pas être surpris non plus de

voir les hommes passer à côté ou par-dessus toute autre
considération quand il s'agit d'acquérir des richesses, de
voir par exemple les professeurs de philosophie faire bon
marché de la philosophie pour gagner de l'argent. On
reproche fréquemment aux hommes de tourner leurs vœux
principalement vers l'argent et de l'aimer plus que tout au
monde. Pourtant il est bien naturel, presque inévitable
d'aimer ce qui, pareil à un protée infatigable, est prêt à
tout instant à prendre la forme de l'objet actuel de nos
souhaits si mobiles ou de nos besoins si divers. Tout autre
bien, en effet, ne peut satisfaire qu'un seul désir, qu'un
seul besoin : les aliments ne valent que pour celui qui a
faim, le vin pour le bien portant, les médicaments pour le
malade, une fourrure pendant l'hiver, les femmes pour la
jeunesse, etc. Toutes ces choses ne sont donc que αγαθα
πρός τι, c'est-à-dire relativement bonnes. L'argent seul est
le bon absolu, car il ne pourvoit pas uniquement à *un seul
besoin « in concreto »*, mais *au besoin* en général, « *in
abstracto* ».

La fortune dont on dispose doit être considérée comme
un rempart contre le grand nombre des maux et des malheurs possibles, et non comme une permission et encore
moins comme une obligation d'avoir à se procurer les
plaisirs du monde. Les gens qui, sans avoir de fortune
patrimoniale, arrivent par leurs talents, quels qu'ils soient,
en position de gagner beaucoup d'argent, tombent presque
toujours dans cette illusion de croire que leur talent est un
capital stable et que l'argent que leur rapporte ce talent
est par conséquent l'intérêt dudit capital. Aussi ne réser-

vent-ils rien de ce qu'ils gagnent pour en constituer un capital à demeure, mais ils dépensent dans la même mesure qu'ils acquièrent. Il s'ensuit qu'ils tombent d'ordinaire dans la pauvreté, lorsque leurs gains s'arrêtent ou cessent complètement; en effet, leur talent lui-même, passager de sa nature comme l'est par exemple le talent pour presque tous les beaux-arts, s'épuise, ou bien encore les circonstances spéciales ou les conjonctures qui le rendaient productif ont disparu. Des artisans peuvent à la rigueur mener cette existence, car les capacités exigées pour leur métier ne se perdent pas facilement ou peuvent être suppléées par le travail de leurs ouvriers; de plus, leurs produits sont des objets de nécessité dont l'écoulement est toujours assuré ; un proverbe allemand dit avec raison : « Ein Handwerk hat einen goldenen Boden, » c'est-à-dire un bon métier vaut de l'or.

Il n'en est pas de même des artistes et des *virtuosi* de toute espèce. C'est justement pour cela qu'on les paye si cher, mais aussi et par la même raison devraient-ils placer en capital l'argent qu'ils gagnent; dans leur présomption, ils le considèrent comme n'en étant que les intérêts et courent ainsi à leur perte.

En revanche, les gens qui possèdent une fortune patrimoniale savent très bien, dès le principe, distinguer entre un capital et des intérêts. Aussi la plupart chercheront à placer sûrement leur capital, ne l'entameront en aucun cas et réserveront même, si possible, un huitième au moins sur les intérêts, pour obvier à une crise éventuelle. Ils se maintiennent ainsi le plus souvent dans l'aisance.

Rien de tout ce que nous venons de dire ne s'applique aux commerçants ; pour eux, l'argent est en lui-même l'instrument du gain, l'outil professionnel pour ainsi dire : d'où il suit que, même alors qu'ils l'ont acquis par leur propre travail, ils chercheront dans son emploi les moyens de le conserver ou de l'augmenter. Aussi la richesse est habituelle dans cette classe plus que dans aucune autre.

En général, on trouvera que, d'ordinaire, ceux qui se sont déjà colletés avec la vraie misère et le besoin, les redoutent incomparablement moins et sont plus enclins à la dissipation que ceux qui ne connaissent ces maux que par ouï-dire. A la première catégorie appartiennent tous ceux qui, n'importe par quel coup de fortune ou par des talents spéciaux quelconques, ont passé rapidement de la pauvreté à l'aisance ; à l'autre, ceux qui sont nés avec de la fortune et qui l'ont conservée. Tous ceux-ci s'inquiètent plus de l'avenir que les premiers et sont plus économes. On pourrait en conclure que le besoin n'est pas une aussi mauvaise chose qu'il paraît l'être, vu de loin. Cependant la véritable raison doit être plutôt la suivante : c'est que pour l'homme né avec une fortune patrimoniale la richesse apparaît comme quelque chose d'indispensable, comme l'élément de la seule existence possible, au même titre que l'air ; aussi la soignera-t-il comme sa propre vie et sera-t-il généralement rangé, prévoyant et économe. Au contraire, pour celui qui dès sa naissance a vécu dans la pauvreté, c'est celle-ci qui semblera la condition naturelle ; la richesse, qui, par n'importe quelle voie, pourra lui échoir plus tard, lui paraîtra un superflu, bon seulement pour en jouir et la

gaspiller ; il se dit que, lorsqu'elle aura disparu de nou
veau, il saura se tirer d'affaire sans elle tout comme auparavant, et que, de plus, il sera délivré d'un souci. C'est le
cas de dire avec Shakespeare :

> The adage must be verified,
> That beggars mounted run their horse to death.
> (*Henry VI*, P. 3, A. 1.)

(Il faut que le proverbe se vérifie : Le mendiant à cheval fait galoper
sa bête à mort.)

Ajoutons encore que ces gens-là possèdent non pas tant
dans leur tête que dans le cœur une ferme et excessive
confiance d'une part dans leur chance et d'autre part dans
leurs propres ressources, qui les ont déjà aidés à se tirer du
besoin et de l'indigence ; ils ne considèrent pas la misère,
ainsi que le font les riches de naissance, comme un abîme
sans fond, mais comme un bas-fond qu'il leur suffit de frapper du pied pour remonter à la surface. C'est par cette
même particularité humaine qu'on peut expliquer comment
des femmes, pauvres avant leur mariage, sont très souvent
plus exigeantes et plus dépensières que celles qui ont
fourni une grosse dot ; en effet, la plupart du temps, les filles
riches n'apportent pas seulement de la fortune, mais aussi
plus de zèle, pour ainsi dire plus d'instinct héréditaire à la
conserver que les pauvres. Toutefois ceux qui voudraient
soutenir la thèse contraire trouveront une autorité dans
la première satire de l'Arioste ; en revanche, le docteur
Johnson se range à mon avis : « A woman of fortune being
used to the handling of money, spends it judiciously : but

a woman who gets the command of money for the first
time upon her marriage, has such a gust in spending it,
that she throws it away with great profusion » (voir
Boswell, *Life of Johnson*, vol. III, p. 199, édit. 1821)
(Une femme riche, étant habituée à manier de l'argent, le
dépense judicieusement; mais celle qui par son mariage
se trouve placée pour la première fois à la tête d'une fortune,
trouve tant de goût à dépenser qu'elle jette l'argent avec
une grande profusion). Je conseillerais, en tout cas, à qui
épouse une fille pauvre, de lui léguer non pas un capital,
mais une simple rente, et surtout de veiller à ce que la
fortune des enfants ne tombe pas entre ses mains.

Je ne crois nullement faire quelque chose qui soit indigne de ma plume en recommandant ici le soin de conserver sa fortune, gagnée ou héritée; car c'est un avantage
inappréciable de posséder tout acquise une fortune, quand
elle ne suffirait même qu'à permettre de vivre aisément,
seul et sans famille, dans une véritable indépendance, c'est-
à-dire sans avoir besoin de travailler; c'est là ce qui constitue l'immunité qui exempte des misères et des tourments
attachés à la vie humaine; c'est l'émancipation de la cor-
vée générale qui est le destin propre des enfants de la
terre. Ce n'est que par cette faveur du sort que nous
sommes vraiment *homme né libre;* à cette seule condition, on est réellement *sui juris,* maître de son temps
et de ses forces, et l'on dira chaque matin : « *La journée
m'appartient.* » Aussi, entre celui qui a mille écus de
rente et celui qui en a cent mille, la différence est-elle infiniment moindre qu'entre le premier et celui qui n'a rien.

Mais la fortune patrimoniale atteint sa plus haute valeur
lorsqu'elle échoit à celui qui, doué de forces intellectuelles
supérieures, poursuit des dessins dont la réalisation ne s'ac-
commode pas à un travail pour vivre : placé dans ces conditions, cet homme est doublement doté par le sort ; il peut
maintenant vivre tout à son génie, et il payera au centuple
sa dette envers l'humanité en produisant ce que nul autre
ne pourrait produire et en créant ce qui constituera le bien
et en même temps l'honneur de la communauté humaine.
Tel autre, placé dans une situation aussi favorisée, méri-
tera bien de l'humanité par ses œuvres philanthropiques.
Quant à celui qui, possédant un patrimoine, ne produit
rien de semblable, dans quelque mesure que ce soit, fût-ce
à titre d'essai, ou qui par des études sérieuses ne se crée
pas au moins la possibilité de faire progresser une science,
celui-là n'est qu'un fainéant méprisable. Il ne sera pas
heureux non plus, car le fait d'être affranchi du besoin le
transporte à l'autre pôle de la misère humaine, l'ennui, qui
le torture tellement qu'il serait bien plus heureux si le
besoin lui avait imposé une occupation. Cet ennui le fera
se jeter facilement dans des extravagances qui lui ravi-
ront cette fortune dont il n'était pas digne. En réalité, une
foule de gens ne sont dans l'indigence que pour avoir dé-
pensé leur argent pendant qu'ils en avaient, afin de procurer un soulagement momentané à l'ennui qui les oppressait.

Les choses se passent tout autrement quand le but
qu'on poursuit est de s'élever haut dans le service de
l'Etat ; quand il s'agit, par conséquent, d'acquérir de la
faveur, des amis, des relations, au moyen desquels on.

puisse monter de degré en degré et arriver peut-être un
jour aux postes les plus élevés : en pareil cas, il vaut
mieux, au fond, être venu au monde sans la moindre
fortune. Pour un individu surtout qui n'est pas de la
noblesse et qui a quelque talent, être un pauvre gueux
constitue un avantage réel et une recommandation. Car
ce que chacun recherche et aime avant tout, non seulement dans la simple conversation, mais encore *à fortiori*
dans le service public, c'est l'infériorité de l'autre. Or il
n'y a qu'un gueux qui soit convaincu et pénétré de sa
infériorité profonde, entière, indiscutable, omnilatérale,
de sa totale insignifiance et de sa nullité, au degré voulu
par la circonstance. Un gueux seul s'incline assez souvent
et assez longtemps, et sait courber son échine en révé-
rences de 90 degrés bien comptés : lui seul endure tout
avec le sourire aux lèvres, seul il reconnaît que les mérites n'ont aucune valeur ; seul il vante comme chefs-
d'œuvre, publiquement, à haute voix ou en gros caractères d'impression, les inepties littéraires de ses supérieurs
ou des hommes influents en général ; seul il s'entend à
mendier ; par suite, lui seul peut être initié à temps,
c'est-à-dire dès sa jeunesse, à cette vérité cachée que
Gœthe nous a dévoilée en ces termes :

> Ueber's Niederträchtige
> Niemand sich beklage :
> Denn es ist das Mächtige,
> Was man dir auch sage.
>   (W. O., *Divan*.)

(Que nul ne se plaigne de la bassesse, car c'est la puissance, quoi
que l'on vous dise.) — (Trad. Porchat.)

Celui-là, au contraire, qui tient de ses parents une fortune suffisante pour vivre sera d'ordinaire récalcitrant; il est habitué à marcher *tête levée;* il n'a pas appris tous ces tours de souplesse; peut-être même s'avise-t-il de se prévaloir de certains talents qu'il possède et dont il devrait plutôt comprendre l'insuffisance en face de ce qui se passe avec le *médiocre et rampant* [1]; il est capable aussi de remarquer l'infériorité de ceux qui sont placés au-dessus de lui, et enfin, quand les choses en arrivent à être indignes, il devient rétif et ombrageux. On ne se pousse pas avec cela dans le monde, et il pourra lui arriver finalement de dire avec cet impudent Voltaire : « *Nous n'avons que deux jours à vivre; ce n'est pas la peine de les passer à ramper sous des coquins méprisables.* » Malheureusement, soit dit en passant, *coquin méprisable* est un *attribut* pour lequel il existe diantrement de *sujets* dans ce monde. Nous pouvons donc voir que ce que dit Juvénal :

> Haud facile emergunt, quorum virtutibus obstat
> Res angusta domi.
>
> (Sat. II, v. 164.)

(Difficilement le mérite se fait jour, quand il est aux prises avec le besoin.) — (Trad. éd. Dubochet.)

s'applique plutôt à la carrière des gens éminents qu'à celle des gens du monde.

Parmi les choses *que l'on possède,* je n'ai pas compté

1. En français dans l'original.

femme et enfants, car on est plutôt possédé par eux. On pourrait avec plus de raison y comprendre les amis; mais ici également le propriétaire doit, dans la même mesure, être aussi la propriété de l'autre.

CHAPITRE IV

I. — De l'opinion d'autrui.

Ce que nous représentons, ou, en d'autres termes, notre existence dans l'opinion d'autrui, est, par suite d'une faiblesse particulière de notre nature, généralement beaucoup trop prisé, bien que la moindre réflexion puisse nous apprendre qu'en soi cela est de nulle importance pour notre bonheur. Aussi a-t-on peine à s'expliquer la grande satisfaction intérieure qu'éprouve tout homme dès qu'il aperçoit une marque de l'opinion favorable des autres et dès qu'on flatte sa vanité, n'importe comment. Aussi infailliblement que le chat se met à filer quand on lui caresse le dos, aussi sûrement on voit une douce extase se peindre sur la figure de l'homme qu'on loue, surtout quand la louange porte sur le domaine de ses prétentions, et quand même elle serait un mensonge palpable. Les marques de l'approbation des autres le consolent

souvent d'un malheur réel ou de la parcimonie avec
laquelle coulent pour lui les deux sources principales de
bonheur dont nous avons traité jusqu'ici. Réciproquement, il est étonnant de voir combien il est infailliblement
chagriné, et bien des fois douloureusement affecté par
toute lésion de son ambition, en quelque sens, à quelque
degré ou sous quelque rapport que ce soit, par tout
dédain, par toute négligence, par le moindre manque
d'égards. En tant que servant de base au sentiment de
l'honneur, cette propriété peut avoir une influence salutaire sur la bonne conduite de beaucoup de gens, en guise
de succédané de leur moralité ; mais quant à son action
sur le bonheur réel de l'homme et surtout sur le repos de
l'âme et sur l'indépendance, ces deux conditions si nécessaires au bonheur, elle est plutôt perturbatrice et nuisible que favorable. C'est pourquoi, à notre point de vue,
il est prudent de lui poser des limites et, par de sages
réflexions et une juste appréciation de la valeur des biens,
de modérer cette grande susceptibilité à l'égard de l'opinion d'autrui, aussi bien pour le cas où on la caresse que
pour celui où on la froisse, car les deux tiennent au même
fil. Autrement, nous restons esclaves de l'opinion et du
sentiment des autres :

> Sic leve, sic parvum est, animum quod laudis avarum
> Subruit ac reficit.

(Tellement ce qui abat ou réconforte une âme avide de louange peut
être frivole et petit.)

Par conséquent, une juste appréciation de la valeur de
ce que l'on est en soi-même et par soi-même, comparée à

ce qu'on est seulement aux yeux d'autrui, contribuera
beaucoup à notre bonheur. Le premier terme de la comparaison comprend tout ce qui remplit le temps de notre
propre existence, le contenu intime de celle-ci et, partant,
tous les biens que nous avons examinés dans les chapitres intitulés *De ce que l'on est* et *De ce que l'on a. Car
le lieu* où se trouve la sphère d'action de tout cela, c'est
la propre conscience de l'homme. Au contraire, le *lieu* de
tout ce que nous sommes *pour les autres*, c'est la conscience d'autrui ; c'est la figure sous laquelle nous y appa-
raissons, ainsi que les notions qui s'y réfèrent [1]. Or ce
sont là des choses qui, directement, n'existent pas du tout
pour nous ; tout cela n'existe qu'indirectement, c'est-à-
dire qu'autant qu'il détermine la conduite des autres
envers nous. Et ceci même n'entre réellement en considération qu'autant que cela influe sur ce qui pourrait modifier ce que *nous sommes en et par nous-mêmes*. A part
cela, ce qui se passe dans une conscience étrangère nous
est, à ce titre, parfaitement indifférent, et, à notre tour,
nous y deviendrons indifférent à mesure que nous con-
naîtrons suffisamment la superficialité et la futilité des
pensées, les bornes étroites des notions, la petitesse des
sentiments, l'absurdité des opinions et le nombre considérable d'erreurs que l'on rencontre dans la plupart des
cervelles ; à mesure aussi que nous apprendrons par expé-

---

1. Les classes les plus élevées, dans leur éclat, leur splendeur et
leur faste, dans leur magnificence et leur ostentation de toute nature,
peuvent se dire : Notre bonheur est placé entièrement en dehors de
nous ; son lieu, ce sont les têtes des autres. (*Note de Schopenhauer.*)

rience avec quel mépris l'on parle, à l'occasion, de
chacun de nous, dès qu'on ne nous craint pas ou quand
on croit que nous ne le saurons pas ; mais surtout quand
nous aurons entendu une fois avec quel dédain une demi-
douzaine d'imbéciles parlent de l'homme le plus distingué.
Nous comprendrons alors qu'attribuer une haute valeur
à l'opinion des hommes, c'est leur faire trop d'honneur.

En tout cas, c'est être réduit à une misérable ressource
que de ne pas trouver le bonheur dans les classes de
biens dont nous avons déjà parlé et de devoir le chercher
dans cette troisième, autrement dit, dans ce qu'on est
non dans la réalité, mais dans l'imagination d'autrui. En
thèse générale, c'est notre nature animale qui est la base
de notre être, et par conséquent aussi de notre bonheur.
L'essentiel pour le bien-être, c'est donc la santé et ensuite
les moyens nécessaires à notre entretien, et par conséquent une existence libre de soucis. L'honneur, l'éclat, la
grandeur, la gloire, quelque valeur qu'on leur attribue,
ne peuvent entrer en concurrence avec ces biens essen-
tiels ni les remplacer ; bien au contraire, le cas échéant,
on n'hésiterait pas un instant à les échanger contre les
autres. Il sera donc très utile pour notre bonheur, de
connaître à temps ce fait si simple que chacun vit d'abord
et effectivement dans sa propre peau et non dans l'opinion des autres, et qu'alors naturellement notre condition réelle et personnelle, telle qu'elle est déterminée par
la santé, le tempérament, les facultés intellectuelles, le
revenu, la femme, les enfants, le logement, etc., est cent
fois plus importante pour notre bonheur que ce qu'il plaît

aux autres de faire de nous. L'illusion contraire rend
malheureux. S'écrier avec emphase : « L'honneur passe
avant la vie, » c'est dire en réalité : « La vie et la santé
ne sont rien; ce que les autres pensent de nous, voilà
l'affaire. » Tout au plus cette maxime peut-elle être considérée comme une hyperbole au fond de laquelle se
trouve cette prosaïque vérité que, pour avancer et se
maintenir parmi les hommes, l'*honneur*, c'est-à-dire leur
opinion à notre égard, est souvent d'une utilité indispensable : je reviendrai plus loin sur ce sujet. Lorsqu'on voit, au contraire, comment presque tout ce que
les hommes poursuivent pendant leur vie entière, au
prix d'efforts incessants, de mille dangers et de mille
amertumes, a pour dernier objet de les élever dans l'opinion, car non seulement les emplois, les titres et les cor-
dons, mais encore la richesse et même la science [1] et les
arts sont, au fond, recherchés principalement dans ce
seul but, lorsqu'on voit que le résultat définitif auquel
on travaille à arriver est d'obtenir plus de respect de la
part des autres, tout cela ne prouve, hélas! que la grandeur de la folie humaine.

Attacher beaucoup trop de valeur à l'opinion est une
superstition universellement dominante; qu'elle ait ses
racines dans notre nature même, ou qu'elle ait suivi la
naissance des sociétés et de la civilisation, il est certain
qu'elle exerce en tout cas sur toute notre conduite une
influence démesurée et hostile à notre bonheur. Cette

---

1. Scire tuum nihil est, nisi te scire hoc sciat alter (Ton savoir n'est
rien, si tu ne sais pas que les autres le savent. (*Note de l'auteur.*)

influence, nous pouvons la poursuivre depuis le point où
elle se montre sous la forme d'une déférence anxieuse
et servile pour le *qu'en-dira-t-on* jusqu'à celui où elle
plonge le poignard de Virginius dans le sein de sa fille,
ou bien où elle entraîne l'homme à sacrifier à sa gloire
posthume son repos, sa fortune, sa santé et jusqu'à sa
vie. Ce préjugé offre, il est vrai, à celui qui est appelé
à régner sur les hommes ou en général à les guider, une
ressource commode ; aussi le précepte d'avoir à tenir en
éveil ou à stimuler le sentiment de l'honneur occupe-t-il
une place principale dans toutes les branches de l'art de
dresser les hommes ; mais, à l'égard du bonheur propre
de l'individu, et c'est là ce qui nous occupe ici, il en est
tout autrement, et nous devons au contraire le dissuader
d'attacher trop de prix à l'opinion des autres. Si, néanmoins, ainsi que nous l'apprend l'expérience, le fait se
présente chaque jour ; si ce que la plupart des gens estiment le plus est précisément l'opinion d'autrui à leur
égard, et s'ils s'en préoccupent plus que de ce qui, *se
passant dans leur propre conscience,* existe immédiatement pour eux ; si donc, par un renversement de l'ordre
naturel, c'est l'opinion qui leur semble être la partie
réelle de leur existence, l'autre ne leur paraissant en
être que la partie idéale ; s'ils font de ce qui est dérivé
et secondaire l'objet principal, et si l'image de leur être
dans la tête des autres leur tient plus à cœur que leur
être lui-même ; cette appréciation directe de ce qui, directement, n'existe pour personne, constitue cette folie à
laquelle on a donné le nom de *vanité,* « *vanitas* », pour

indiquer par là le vide et le chimérique de cette tendance.
On peut facilement comprendre aussi, par ce que nous
avons dit plus haut, qu'elle appartient à cette catégorie
d'erreurs qui consistent à oublier le but pour les moyens,
comme l'avarice.

En effet, le prix que nous mettons à l'opinion et notre
constante préoccupation à cet égard dépassent presque
toute portée raisonnable, tellement que cette préoccupation
peut être considérée comme une espèce de *manie* ré-
pandue généralement, ou plutôt innée. Dans tout ce que
nous faisons comme dans tout ce que nous nous abstenons
de faire, nous considérons l'opinion des autres avant
toute chose presque, et c'est de ce souci qu'après un
examen plus approfondi nous verrons naître environ la
moitié des tourments et des angoisses que nous ayons
jamais éprouvés. Car c'est cette préoccupation que nous
retrouvons au fond de tout notre amour-propre, si souvent
lésé, parce qu'il est si maladivement susceptible, au fond
de toutes nos vanités et de toutes nos prétentions, comme
au fond de notre somptuosité et de notre ostentation. Sans
cette préoccupation, sans cette rage, le luxe ne serait pas
le dixième de ce qu'il est. Sur elle repose tout notre
orgueil, *point d'honneur* et « *puntiglio* », de quelque
espèce qu'il soit et à quelque sphère qu'il appartienne, —
et que de victimes ne réclame-t-elle pas souvent! Elle se
montre déjà dans l'enfant, puis à chaque âge de la vie;
mais elle atteint toute sa force dans l'âge avancé, parce
qu'à ce moment l'aptitude aux jouissances sensuelles ayant
tari, vanité et orgueil n'ont plus à partager l'empire

qu'avec l'avarice. Cette fureur s'observe le plus distinctement dans les Français, chez lesquels elle règne endémi-
quement et se manifeste souvent par l'ambition la plus
sotte, par la vanité nationale la plus ridicule et la fanfaron-
nade la plus éhontée; mais leurs prétentions s'annulent
par là même, car elles les livrent à la risée des autres
nations et ont fait un sobriquet du nom de *grande nation* [1].

Pour expliquer plus clairement tout ce que nous avons
exposé jusqu'ici sur la démence qu'il y a à se préoccuper démesurément de l'opinion d'autrui, je veux rapporter un exemple bien frappant de cette folie enracinée dans la nature humaine; cet exemple est favorisé
d'un effet de lumière résultant de la rencontre de circonstances propices et d'un caractère approprié; cela nous
permettra de bien évaluer la force de ce bizarre moteur
des actions humaines. C'est le passage suivant du rapport
détaillé publié par le *Times* du 31 mars 1846, sur l'exécution récente du nommé Thomas Wix, un ouvrier qui avait
assassiné son patron par vengeance : « Dans la matinée
du jour fixé pour l'exécution, le révérend chapelain de la
prison se rendit auprès de lui. Mais Wix, quoique très
calme, n'écoutait pas ses exhortations; sa seule préoccupation était de réussir à montrer un courage extrême en
présence de la foule qui allait assister à sa honteuse fin.
Et il y est parvenu. Arrivé dans le préau qu'il avait à
traverser pour atteindre le gibet élevé tout contre la

---

1. En français, dans l'original.

prison, il s'écria : « Eh bien, comme disait le Dr Dodd, je vais connaître bientôt le grand mystère! » — Quoique ayant les bras attachés, il monta sans aide l'échelle de la potence; arrivé au sommet, il fit à droite et à gauche des saluts aux spectateurs, et la multitude rassemblée y répondit, en récompense, par des acclamations formidables, etc. » Avoir la mort, sous sa forme la plus effrayante, devant les yeux avec l'éternité derrière elle, et ne se préoccuper uniquement que de l'effet que l'on produira sur la masse des badauds accourus et de l'opinion qu'on laissera après soi dans leurs têtes, n'est-ce pas là un échantillon unique d'ambition? Lecomte qui, dans la même année, fut guillotiné à Paris pour tentative de régicide, regrettait principalement, pendant son procès, de ne pouvoir se présenter vêtu convenablement devant la Chambre des pairs, et même, au moment de l'exécution, son grand chagrin était qu'on ne lui eût pas permis de se raser avant. Il en était de même jadis ; c'est ce que nous pouvons voir dans l'introduction (*declaracion*) dont Mateo Aleman fait précéder son célèbre roman *Guzman d'Alfarache*, où il rapporte que beaucoup de criminels égarés dérobent leurs dernières heures au soin du salut de leur âme, auquel ils devraient les employer exclusivement, pour terminer et apprendre par cœur un petit sermon qu'ils voudraient débiter du haut du gibet.

Nous pouvons retrouver notre propre image dans des traits pareils; car ce sont les exemples de taille colossale qui fournissent les explications les plus évidentes en toute matière. Pour nous tous, le plus souvent, nos

préoccupations, nos chagrins, les soucis rongeurs, nos
colères, nos inquiétudes, nos efforts, etc., ont en vue
presque entièrement l'opinion des autres et sont aussi
absurdes que ceux des pauvres diables cités plus haut.
L'envie et la haine partent également, en grande partie,
de la même racine.

Rien évidemment ne contribuerait davantage à notre
bonheur, composé principalement de calme d'esprit et
de contentement, que de limiter la puissance de ce mobile,
de l'abaisser à un degré que la raison puisse justifier (au
1/50 par exemple) et d'arracher ainsi de nos chairs cette
épine qui les déchire. Néanmoins la chose est bien difficile ; nous avons affaire ici à un travers naturel et inné :
« *Etiam sapientibus cupido gloriæ novissima exuitur*, »
dit Tacite (*Hist*. IV, 6) (La passion de la gloire est la
dernière dont les sages mêmes se dépouillent ; trad.,
édition Dubochet, Paris ; 1850). Le seul moyen de nous
délivrer de cette folie universelle, serait de la reconnaître
distinctement pour une folie, et, à cet effet, de nous
rendre bien clairement compte à quel point la plupart des
opinions, dans les têtes des hommes, sont le plus souvent
fausses, de travers, erronées et absurdes ; combien l'opinion des autres a peu d'influence réelle sur nous dans la
plupart des cas et des choses ; combien en général elle
est méchante, tellement qu'il n'est personne qui ne tombât
malade de colère s'il entendait sur quel ton on parle et
tout ce qu'on dit de lui ; combien enfin l'honneur lui-
même n'a, à proprement parler, qu'une valeur indirecte
et non immédiate, etc. Si nous pouvions réussir à opé-

rer la guérison de cette folie générale, nous gagne-
rions infiniment en calme d'esprit et en contentement,
et nous acquerrions en même temps une contenance plus
ferme et plus sûre, une allure beaucoup plus dégagée et
plus naturelle. L'influence toute bienfaisante d'une vie
retirée sur notre tranquillité d'âme et sur notre satisfaction, provient en grande partie de ce qu'elle nous soustrait à l'obligation de vivre constamment sous les regards
des autres et, par suite, nous enlève à la préoccupation
incessante de leur opinion possible : ce qui a pour
effet de nous rendre à nous-même. De cette façon, nous
échapperons également à beaucoup de malheurs réels
dont la cause unique est cette aspiration purement idéale
ou, plus correctement dit, cette déplorable folie; il nous
restera aussi la faculté de donner plus de soin aux biens
réels que nous pourrons goûter alors sans en être distrait. Mais, « χαλεπα τα καλα », nous l'avons déjà dit.

Cette folie de notre nature, que nous venons de décrire,
pousse trois rejetons principaux : l'ambition, la vanité et
l'orgueil. Entre ces deux derniers, la différence consiste
en ce que l'*orgueil* est la conviction déjà fermement acquise de notre propre haute valeur sous tous les rapports;
la *vanité*, au contraire, est le désir de faire naître cette
conviction chez les autres et, d'ordinaire, avec le secret
espoir de pouvoir par la suite nous l'approprier aussi.
Ainsi l'orgueil est la haute estime de soi-même, procé-
dant *de l'intérieur*, donc directe; la vanité, au contraire,
est la tendance à l'acquérir *du dehors*, donc indirectement. C'èst pourquoi la vanité rend causeur; l'orgueil,

taciturne. Mais le vaniteux devrait savoir que la haute
opinion d'autrui, à laquelle il aspire, s'obtient beaucoup
plus vite et plus sûrement en gardant un silence continu
qu'en parlant, quand on aurait les plus belles choses du
monde à dire. N'est pas orgueilleux qui veut ; tout au plus
peut affecter l'orgueil qui veut ; mais ce dernier sortira
bientôt de son rôle, comme de tout rôle emprunté. Car ce
qui rend réellement orgueilleux, c'est uniquement la ferme,
l'intime, l'inébranlable conviction de mérites supérieurs
et d'une valeur à part. Cette conviction peut être erronée,
ou bien reposer sur des mérites simplement extérieurs
et conventionnels ; peu importe à l'orgueil, pourvu qu'elle
soit réelle et sérieuse. Puisque l'orgueil a sa racine dans
la *conviction*, il sera, comme toute notion, en dehors de
notre *volonté libre*. Son pire ennemi, je veux dire son
plus grand obstacle, est la *vanité* qui brigue l'approbation
d'autrui pour fonder ensuite sur celle-ci la propre haute
opinion de soi-même, tandis que l'orgueil suppose une
opinion déjà fermement assise.

Quoique l'orgueil soit généralement blâmé et décrié, je
suis néanmoins tenté de croire que cela vient principalement de ceux qui n'ont rien dont ils puissent s'enorgueillir. Vu l'impudence et la stupide arrogance de la
plupart des hommes, tout être qui possède des mérites
quelconques fera très bien de les mettre en vue lui-même,
afin de ne pas les laisser tomber dans un oubli complet ;
car celui qui, bénévolement, ne cherche pas à s'en prévaloir et se conduit avec les gens comme s'il était en tout
leur semblable, ne tardera pas à être en toute sincérité

considéré par eux comme de leurs égaux. Je voudrais re-
commander d'en agir ainsi à ceux-là surtout dont les mérites sont de l'ordre le plus élevé, des mérites réels, par
conséquent purement personnels, attendu que ceux-ci ne
peuvent pas, comme les décorations et les titres, être rap-
pelés à tout instant à la mémoire par une impression des
sens; autrement, ils verront trop souvent se réaliser le
sus Minervam (le pourceau qui en remontre à Minerve).

Un excellent proverbe arabe dit : « *Plaisante avec
l'esclave, il te montrera bientôt le derrière.* » La maxime
d'Horace : « *Sume superbiam quæsitam meritis* » (Con-
serve le noble orgueil qui revient au mérite) n'est pas non
plus à dédaigner. La modestie est bien une vertu inventée
principalement à l'usage des coquins, car elle exige que
chacun parle de soi comme s'il en était un : cela établit
une égalité de niveau admirable et produit la même apparence que s'il n'y avait en général que des coquins.

Cependant l'orgueil au meilleur marché, c'est l'orgueil
national. Il trahit chez celui qui en est atteint l'absence de
qualités *individuelles* dont il puisse être fier, car, sans
cela, il n'aurait pas recours à celles qu'il partage avec
tant de millions d'individus. Quiconque possède des mérites personnels distingués reconnaîtra, au contraire, plus
clairement les défauts de sa propre nation, puisqu'il l'a
toujours présente à la vue. Mais tout piteux imbécile, qui n'a
rien au monde dont il puisse s'enorgueillir, se rejette sur
cette dernière ressource, d'être fier de la nation à laquelle il se trouve appartenir par hasard; c'est là-dessus
qu'il se rattrape, et, dans sa gratitude, il est prêt à dé-

fendre πυξ χαι λαξ (du poing et du pied) tous les défauts et toutes les sottises propres à cette nation.

Ainsi, sur cinquante Anglais, par exemple, on en trouvera à peine un seul qui élève la voix pour vous approuver quand vous parlerez avec un juste mépris du bigotisme stupide et dégradant de sa nation; mais ce seul individu sera certainement un homme de tête. Les Allemands n'ont pas l'orgueil national [1] et prouvent ainsi cette honnêteté dont ils ont la réputation; en revanche, c'est tout le contraire que prouvent ceux d'entre les Allemands qui professent et affectent ridiculement cet orgueil, comme le font principalement les *deutschen Brüder* et les démocrates, qui flattent le peuple afin de le séduire. On prétend bien que les Allemands auraient inventé la poudre; mais je ne suis pas de cet avis. Lichtenberg pose aussi la question suivante : « Pourquoi un homme qui n'est pas un Allemand se fera-t-il rarement passer pour tel? et pourquoi, quand il veut se faire passer pour quelque chose, se fera-t-il passer d'ordinaire pour Français ou Anglais? Au reste, l'individualité, dans tout homme, est chose autrement importante que la nationalité et mérite mille fois plus que cette der-

---

1. Je trouve dans la traduction roumaine des *Aphorismes* par *T. Maioresco* (voy. *Convorbirile Literare*, 10ᵉ année, page 130; Jassy, 1876) une note relative à ce passage et rappelant que « Schopenhauer a publié ses *Aphorismes* en 1851. » J'ai cru de mon devoir de le mentionner ici, car cette date a une haute importance : elle dégage l'impartialité du philosophe allemand que les passages concernant la « vanité française » et le « bigotisme anglais » auraient pu compromettre quelque peu aux yeux des lecteurs. C'est à ce titre que j'ai voulu donner aussi la date dont il est question, rappelée, avec une intention si manifeste, par M. Maioresco. (*Note du trad.*)

nière d'être prise en considération. Honnêtement, on ne
pourra jamais dire grand bien d'un caractère national,
puisque « national » veut dire qu'il appartient à une foule.
C'est plutôt la petitesse d'esprit, la déraison et la perversité de l'espèce humaine qui seules ressortent dans chaque
pays, sous une forme différente, et c'est celle-ci que l'on
appelle le caractère national. Dégoûté de l'un, nous en
louons un autre, jusqu'au moment où celui-ci nous inspire
le même sentiment. Chaque nation se moque de l'autre, et
toutes ont raison.

La matière de ce chapitre peut être classée, nous
l'avons dit, en *honneur*, *rang* et *gloire*.

II. — Le rang.

Quant au *rang*, quelque important qu'il paraisse aux
yeux de la foule et des « *philistins*, » et quelque grande
que puisse être son utilité comme rouage dans la machine
de l'Etat, nous en aurons fini avec lui en peu de mots,
pour atteindre notre but. C'est une valeur de convention,
ou, plus correctement, une valeur simulée; son action a
pour résultat une considération simulée, et le tout est une
comédie pour la foule. Les décorations sont des lettres de
change tirées sur l'opinion publique ; leur valeur repose
sur le crédit du tireur. En attendant, et sans parler de
tout l'argent qu'elles épargnent à l'Etat en remplaçant les
récompenses pécuniaires, elles n'en sont pas moins une
institution des plus heureuses, supposé que leur distribution se fasse avec discernement et équité. En effet, la

foule a des yeux et des oreilles, mais elle n'a guère davantage ; elle a surtout infiniment peu de jugement, et
sa mémoire même est courte. Certains mérites sont tout à
fait hors de la portée de sa compréhension ; il y en a
d'autres qu'elle comprend et acclame à leur apparition,
mais qu'elle a bien vite fait d'oublier. Cela étant, je trouve
tout à fait convenable, partout et toujours, de crier à la
foule, par l'organe d'une croix ou d'une étoile : « Cet
homme que vous voyez n'est pas de vos pareils ; il a des
mérites ! » Cependant, par une distribution injuste, déraisonnable ou excessive, les décorations perdent leur prix ;
aussi un prince devrait-il apporter autant de circonspection à en accorder qu'un commerçant à signer des lettres
de change. L'inscription : « *Pour le mérite,* » sur une
croix, est un pléonasme ; toute décoration devrait être
« pour le mérite, ça va sans dire » [1].

III. — L'honneur.

La discussion de l'*honneur* sera beaucoup plus difficile
et plus longue que celle du rang. Avant tout, nous aurons
à le définir. Si à cet effet je disais : « L'honneur est la
conscience extérieure, et la conscience est l'honneur intérieur », cette définition pourrait peut-être plaire à quelques-uns ; mais ce serait là une explication brillante
plutôt que nette et bien fondée. Aussi dirai-je : « L'honneur est, objectivement, l'opinion qu'ont les autres de
notre valeur, et, subjectivement, la crainte que nous ins-

[1]. En français dans l'original.

pire cette opinion. En cette dernière qualité, il a souvent
une action très salutaire, quoique nullement fondée en
morale pure, sur l'homme d'honneur. »

La racine et l'origine de ce sentiment de l'honneur et
de la honte, inhérent à tout homme qui n'est pas encore
entièrement corrompu, et le motif de la haute valeur attribuée à l'honneur, vont être exposés dans les considérations qui suivent. L'homme ne peut, à lui seul, que très
peu de chose : il est un Robinson abandonné ; ce n'est
qu'en communauté avec les autres qu'il est et peut beaucoup. Il se rend compte de cette condition dès l'instant
où sa conscience commence tant soit peu à se développer, et aussitôt s'éveille en lui le désir d'être compté
comme un membre utile de la société, capable de con-
courir « pro parte virili » à l'action commune, et ayant
droit ainsi à participer aux avantages de la communauté
humaine. Il y réussit en s'acquittant d'abord de ce qu'on
exige et attend de tout homme en toute position, et ensuite de ce qu'on exige et attend de lui dans la position
spéciale qu'il occupe. Mais il reconnaît tout aussi vite que
ce qui importe, ce n'est pas d'être un homme de cette
trempe dans sa propre opinion, mais dans celle des autres.
Voilà l'origine de l'ardeur avec laquelle il brigue l'*opinion*
favorable d'autrui et du prix élevé qu'il y attache.

Ces deux tendances se manifestent avec la spontanéité
d'un sentiment inné, que l'on appelle le sentiment de
l'honneur et, dans certaines circonstances, le sentiment
de la pudeur (*verecundia*). C'est là le sentiment qui lui
chasse le sang aux joues dès qu'il se croit menacé de

perdre dans l'opinion des autres, bien qu'il se sache inno-
cent, et alors même que la faute dévoilée n'est qu'une
infraction relative, c'est-à-dire ne concerne qu'une obligation bénévolement assumée. D'autre part, rien ne
fortifie davantage en lui le courage de vivre que la certitude acquise ou renouvelée de la bonne opinion des
hommes, car elle lui assure la protection et le secours
des forces réunies de l'ensemble qui constitue un rempart infiniment plus puissant contre les maux de la vie
que ses seules forces.

Des relations diverses, dans lesquelles un homme peut
se trouver avec d'autres individus et qui mettent ceux-ci
dans le cas de lui accorder de la confiance, par conséquent
d'avoir, comme on dit, bonne opinion de lui, naissent plusieurs espèces d'honneur. Les principales de ces relations
sont le mien et le tien, les devoirs auxquels on s'oblige,
enfin le rapport sexuel, auxquelles correspondent l'*honneur bourgeois*, l'*honneur de la fonction* et l'*honneur
sexuel*, dont chacun présente encore des sous-genres.

L'*honneur bourgeois* [1] possède la sphère la plus étendue : il consiste dans la présupposition que nous respec-
terons absolument les droits de chacun et que, par conséquent, nous n'emploierons jamais, à notre avantage, des
moyens injustes ou illicites. Il est la condition de la participation à tout commerce pacifique avec les hommes. Il
suffit, pour le perdre, d'une seule action qui lui soit fortement et manifestement contraire ; comme conséquence,

---

1. Schopenhauer va justifier cette qualification quelques lignes plus
bas. (*Note du trad.*)

toute peine criminelle nous le ravit également, à la seule
condition que la peine ait été juste. L'honneur repose cependant toujours, en dernière analyse, sur la conviction
de l'immutabilité du caractère moral, en vertu de laquelle
une seule mauvaise action garantit une qualité identique
de moralité pour toutes les actions ultérieures, dès que
des circonstances semblables se présenteront encore :
c'est ce qu'indique aussi l'expression anglaise « *charac-
ter* », qui signifie renom, réputation, honneur. Voilà pourquoi aussi la perte de l'honneur est irréparable, à moins
qu'elle ne soit due à une calomnie ou à de fausses apparences. Aussi y a-t-il des lois contre la calomnie, les libelles
et contre les injures également; car l'injure, la simple insulte, est une calomnie sommaire, sans indication de motifs : en grec, on pourrait très bien rendre cette pensée
ainsi : « Εστι η λοιδορια διαβολη συντομος » (L'injure est une
calomnie abrégée); cette maxime ne se trouve cependant
exprimée nulle part. Il est de fait que celui qui injurie
n'a rien de réel ni de vrai à produire contre l'autre,
sans quoi il l'énoncerait comme prémisses et abandon-
nerait tranquillement, à ceux qui l'écoutent, le soin de
tirer la conclusion; mais au contraire, il donne la conclusion et reste devoir les prémisses; il compte sur la supposition dans l'esprit des auditeurs qu'il procède ainsi
pour abréger seulement.

L'honneur bourgeois tire, il est vrai, son nom de la classe
bourgeoise, mais son autorité s'étend sur toutes les classes
indistinctement, sans en excepter même les plus élevées :
nul ne peut s'en passer; c'est une affaire des plus sérieuses,

que l'on doit bien se garder de prendre à la légère. Quiconque viole la foi et la loi demeure à jamais un homme
sans foi ni loi, quoi qu'il fasse et quoi qu'il puisse être;
les fruits amers que la perte de l'honneur apporte avec soi
ne tarderont pas à se produire.

L'*honneur* a, dans un certain sens, un caractère *négatif*, par opposition à la *gloire* dont le caractère est *positif*,
car l'honneur n'est pas cette opinion qui porte sur certaines
qualités spéciales, n'appartenant qu'à un seul individu; mais
c'est celle qui porte sur des qualités d'ordinaire présuppo-
sées, que cet individu est tenu de posséder également.
L'honneur se contente donc d'attester que ce sujet ne fait
pas exception, tant que la gloire affirme qu'il en est une.
La gloire doit donc s'acquérir; l'honneur au contraire n'a
besoin que de ne pas se perdre. Par conséquent absence
de gloire, c'est de l'obscurité, du *négatif;* absence d'honneur, c'est de la honte, du *positif.* Mais il ne faut pas
confondre cette condition négative avec la passivité; tout
au contraire, l'honneur a un caractère tout actif. En effet,
il procède uniquement de *son sujet :* il est fondé sur
la *propre* conduite de celui-ci et non sur les actions d'autrui ou sur des faits extérieurs; il est donc « των εφ'ημιν »
(une qualité intérieure). Nous verrons bientôt que c'est là
une marque distinctive entre le véritable honneur et l'honneur chevaleresque ou faux honneur. Du dehors, il n'y a
d'attaque possible contre l'honneur que par la calomnie; le
seul moyen de défense, c'est une réfutation accompagnée
de la publicité nécessaire pour démasquer le calomniateur.

Le respect que l'on accorde à l'âge semble reposer sur

ce que l'honneur des jeunes gens, quoique admis par supposition, n'est pas encore mis à l'épreuve et par conséquent n'existe à proprement parler qu'à crédit, tandis que
pour les hommes plus âgés on a pu constater dans le cours
de leur vie si par leur conduite ils ont su garder leur honneur. Car ni les années par elles-mêmes, — les animaux
atteignant eux aussi un âge avancé et souvent plus avancé
que l'homme, — ni l'expérience non plus comme simple
connaissance plus intime de la marche de ce monde, ne
justifient suffisamment le respect des plus jeunes pour les
plus âgés, respect que l'on exige pourtant universellement ;
la simple faiblesse sénile donnerait droit au ménagement
plutôt qu'à la considération. Il est remarquable néanmoins
qu'il y a dans l'homme un certain respect inné, réellement
instinctif, pour les cheveux blancs. Les rides, signe bien
plus certain de la vieillesse, ne l'inspirent nullement. On
n'a jamais fait mention de rides respectables ; l'on dit toujours : de vénérables cheveux blancs.

L'honneur n'a qu'une valeur indirecte. Car, ainsi que
je l'ai développé au commencement de ce chapitre, l'opinion des autres à notre égard ne peut avoir de valeur pour
nous qu'en tant qu'elle détermine ou peut déterminer
éventuellement leur conduite envers nous. Il est vrai que
c'est ce qui arrive toujours aussi longtemps que nous
vivons avec les hommes ou parmi eux. En effet, comme
dans l'état de civilisation c'est à la société seule que nous
devons notre sûreté et notre avoir, comme en outre nous
avons, dans toute entreprise, besoin des autres, et qu'il
nous faut avoir leur confiance pour qu'ils entrent en relation

avec nous, leur opinion sera d'un grand prix à nos yeux;
mais ce prix sera toujours indirect, et je ne saurais admettre qu'elle puisse avoir une valeur directe. C'est aussi
l'avis de Cicéron (*Fin.*, III, 17) : *De bona autem fama
Chrysippus quidem et Diogenes, detracta utilitate, ne
digitum quidem, ejus causa, porrigendum esse dice-
bant. Quibus ego vehementer assentior* (Quant à la bonne
renommée, Chrysippe et Diogène disaient que, si l'on re-
tranchait l'utilité qui en revient, elle ne vaudrait pas la
peine qu'on remuât pour elle le bout du doigt, et pour
moi je suis fort de leur sentiment). Helvetius aussi, dans
son chef-d'œuvre *De l'esprit* (disc. III, chap. 13), développe longuement cette vérité et arrive à la conclusion suivante : *Nous n'aimons pas l'estime pour l'estime, mais
uniquement pour les avantages qu'elle procure.* Or, le
moyen ne pouvant valoir plus que la fin, cette maxime
pompeuse : *L'honneur avant la vie*, ne sera jamais, comme
nous l'avons déjà dit, qu'une hyperbole.

Voilà pour ce qui concerne l'honneur bourgeois.

L'*honneur de la fonction*, c'est l'opinion générale qu'un
homme revêtu d'un emploi possède effectivement toutes
les qualités requises et s'acquitte ponctuellement et en
toutes circonstances des obligations de sa charge. Plus,
dans l'État, la sphère d'action d'un homme est importante
et étendue, plus le poste qu'il occupe est élevé et influent,
et plus grande doit être aussi l'opinion que l'on a des qualités intellectuelles et morales qui l'en rendent digne ; par
conséquent, le degré d'honneur qu'on lui accorde et qui se

manifeste par des titres, par des décorations, etc., devra
s'élever, et l'humilité dans la conduite des autres envers
lui s'accentuer progressivement. C'est la position d'un
homme qui détermine constamment, mesuré à la même
échelle, le degré particulier d'honneur qui lui est dû ; ce
degré peut néanmoins être modifié par la facilité plus ou
moins grande des masses à comprendre l'importance de
cette position. Mais on attribuera toujours plus d'honneur
à celui qui a des obligations toutes spéciales à remplir,
comme celles d'une fonction, par exemple, qu'au simple
bourgeois dont l'honneur repose principalement sur des
qualités négatives.

L'honneur de la fonction exige, en outre, que celui qui
occupe une charge la fasse respecter, à cause de ses collè-
gues et de ses successeurs ; pour y parvenir, il doit, comme
nous l'avons dit, s'acquitter ponctuellement de ses devoirs ;
mais, de plus, il ne doit laisser impunie aucune attaque
contre le poste ou contre lui-même, en tant que fonc-
tionnaire : il ne permettra donc jamais qu'on vienne dire
qu'il ne remplit pas scrupuleusement les devoirs de sa
fonction, ou que celle-ci n'est d'aucune utilité pour le pays ;
il devra, au contraire, en faisant châtier le coupable par
les tribunaux, prouver que ces attaques étaient injustes.

Comme sous-ordres de cet honneur, nous trouvons celui
de l'employé, du médecin, de l'avocat, de tout professeur
public, de tout gradué même, bref, de quiconque, en vertu
d'une déclaration officielle, a été proclamé capable de
quelque travail intellectuel et qui, par là même, s'est
obligé à l'exécuter ; en un mot, l'honneur en cette qualité

même de tous ceux que l'on peut comprendre sous la désignation d'*engagés publics*. Dans cette catégorie il faut donc mettre aussi le véritable *honneur militaire*, qui consiste en ce que tout homme qui s'est engagé à défendre la patrie commune possède réellement les qualités voulues, ainsi avant tout le courage, la bravoure et la force, et qu'il est résolument prêt à la défendre jusqu'à la mort et à n'abandonner à aucun prix le drapeau auquel il a prêté serment. J'ai donné ici à l'*honneur de la fonction* une signification très large, car, dans l'acception ordinaire, cette expression désigne le respect dû par les citoyens à la fonction elle-même.

L'*honneur sexuel* me semble demander à être examiné de plus près, et les principes en doivent être recherchés jusqu'à sa racine ; cela viendra confirmer en même temps que tout honneur repose, en définitive, sur des considérations d'utilité. Envisagé dans sa nature, l'honneur sexuel se divise en honneur des femmes et honneur des hommes, et constitue, des deux parts, un *esprit de corps* bien entendu. Le premier est de beaucoup le plus important des deux, car, dans la vie des femmes, le rapport sexuel est l'affaire principale. Ainsi donc, l'*honneur féminin* est, quand on parle d'une fille, l'opinion générale qu'elle ne s'est donnée à aucun homme, et, pour une femme mariée, qu'elle ne s'est donnée qu'à celui auquel elle est unie par mariage.

L'importance de cette opinion se fonde sur les considérations suivantes. Le sexe féminin réclame et attend

du sexe masculin absolument tout, tout ce qu'il désire
et tout ce qui lui est nécessaire ; le sexe masculin ne
demande à l'autre, avant tout et directement, qu'une
unique chose. Il a donc fallu s'arranger de telle façon que
le sexe masculin ne pût obtenir cette unique chose qu'à la
charge de prendre soin de tout, et par-dessus le marché
aussi des enfants à naître ; c'est sur cet arrangement que
repose le bien-être de tout le sexe féminin. Pour que
l'arrangement puisse s'exécuter, il faut nécessairement que
toutes les femmes tiennent ferme ensemble et montrent de
l'*esprit de corps*. Elles se présentent alors comme un
seul tout, en rangs serrés, devant la masse entière du sexe
masculin, comme devant un ennemi commun qui, ayant,
de par la nature et en vertu de la prépondérance de ses
forces physiques et intellectuelles, la possession de tous
les biens terrestres, doit être vaincu et conquis, afin
d'arriver, par sa possession, à posséder en même temps
les biens terrestres. Dans ce but, la maxime d'honneur de
tout le sexe féminin est que toute cohabitation en dehors
du mariage sera absolument interdite aux hommes, afin
que chacun de ceux-ci soit contraint au mariage comme à
une espèce de capitulation et qu'ainsi toutes les femmes
soient pourvues. Ce résultat ne peut être obtenu en entier
que par l'observation rigoureuse de la maxime ci-dessus ;
aussi le sexe féminin tout entier veille-t-il avec un véritable
« esprit de corps » à ce que tous ses membres l'exécu-
tent fidèlement. En conséquence, toute fille qui, par le
concubinage, se rend coupable de trahison envers son
sexe, est repoussée par le corps entier et notée d'infamie,

car le bien-être de la communauté péricliterait si le procédé se généralisait ; on dit alors : Elle a perdu son honneur. Aucune femme ne doit plus la fréquenter; on l'évite
comme une pestiférée. Le même sort attend la femme
adultère, parce qu'elle a violé la capitulation consentie par
le mari, et qu'un tel exemple rebute les hommes de conclure de ces conventions, alors que cependant le salut de
toutes les femmes en dépend. Mais, de plus, comme une
pareille action comprend une tromperie et un grossier
manquement de parole, la femme adultère perd non seulement l'honneur sexuel, mais encore l'honneur bourgeois.
C'est pourquoi l'on peut bien dire, comme pour l'excuser :
« une fille tombée » ; on ne dira jamais : « une femme
tombée » ; le séducteur peut rendre l'honneur à la première par le mariage, mais jamais l'adultère à sa com-
plice, après divorce. Après cet exposé si clair, on reconnaîtra que la base du principe de l'honneur féminin est un
« esprit de corps » salutaire, nécessaire même, mais néanmoins bien calculé et fondé sur l'intérêt ; on pourra bien
lui attribuer la plus haute importance dans la vie de la
femme, on pourra lui accorder une grande valeur relative,
mais jamais une valeur absolue, dépassant celle de la vie
avec ses destinées ; on n'admettra jamais, non plus, que
cette valeur aille jusqu'à devoir être payée au prix même
de l'existence. On ne pourra donc approuver ni Lucrèce
ni Virginius, avec leur exaltation dégénérant en farces
tragiques. La péripétie, dans le drame d'Emilia Galotti [1],

---

1. De W. Lessing. *(Note du trad.)*

pour la même raison a quelque chose de tellement révoltant que l'on sort du spectacle, tout à fait mal disposé.
En revanche, et en dépit de l'honneur sexuel, on ne peut
s'empêcher de sympathiser avec *la Clärchen* dans *Egmont*.
Cette façon de pousser à l'extrême le principe de l'honneur féminin appartient, comme tant d'autres, à l'oubli de
la fin pour les moyens ; on attribue à l'honneur sexuel, par
de telles exagérations, une valeur absolue, alors que, plus
que tout autre honneur, il n'en a qu'une relative ; on est
même porté à dire qu'elle est purement conventionnelle
quand on lit Thomasius, « *De concubinatu* » ; on y
voit que, jusqu'à la réformation de Luther, dans presque
tous les pays et de tout temps, le concubinage a été un état
permis et reconnu par la loi, et où la concubine ne cessait
pas d'être honorable : sans parler de la Mylitta de Babylone
(voy. Hérodote, I, 199), etc. Il est aussi telles convenances
sociales qui rendent impossible la formalité extérieure du
mariage, surtout dans les pays catholiques où le divorce
n'existe pas ; mais, dans tous les pays, cet obstacle existe
pour les souverains ; à mon avis cependant, entretenir une
maîtresse est, de leur part, une action bien plus morale
qu'un mariage morganatique ; les enfants issus de semblables unions peuvent élever des prétentions dans le cas
où la descendance légitime viendrait à s'éteindre, d'où
résulte la possibilité, bien que très éloignée, d'une guerre
civile. Au surplus, le mariage morganatique, c'est-à-dire
conclu en dépit de toutes les convenances extérieures, est,
en définitive, une concession faite aux femmes et aux
prêtres, deux classes auxquelles il faut se garder, autant

qu'on le peut, de concéder quelque chose. Considérons
encore que tout homme, dans son pays, peut épouser la
femme de son choix ; il en est un seul à qui ce droit
naturel est ravi ; ce pauvre homme, c'est le souverain. Sa
main appartient au pays ; on ne l'accorde qu'en vue de la
raison d'Etat, c'est-à-dire de l'intérêt de la nation. Et
cependant ce prince est homme ; il aimerait aussi à suivre
une fois le penchant de son cœur. Il est injuste et ingrat
autant que bourgeoisement vulgaire de défendre ou de
reprocher au souverain de vivre avec sa maîtresse, bien
entendu aussi longtemps qu'il ne lui accorde aucune
influence sur les affaires. De son côté aussi, cette maîtresse, par rapport à l'honneur sexuel, est pour ainsi dire
une femme exceptionnelle, en dehors de la règle commune ; elle ne s'est donnée qu'à un seul homme ; elle
l'aime, elle en est aimée, et il ne pourra jamais la prendre
pour femme. Ce qui prouve surtout que le principe de
l'honneur féminin n'a pas une origine purement naturelle,
ce sont les nombreux et sanglants sacrifices qu'on lui
apporte par l'infanticide et par le suicide des mères. Une
fille qui se donne illégitimement viole, il est vrai, sa foi
envers son sexe entier ; mais cette foi n'a été qu'acceptée
tacitement, elle n'a pas été jurée. Et comme, dans la plupart des cas, c'est son propre intérêt qui en souffre le plus
directement, sa folie est alors infiniment plus grande que
sa dépravation.

L'honneur sexuel des hommes est provoqué par celui
des femmes, à titre d'esprit de corps opposé ; tout homme
qui se soumet au mariage, c'est-à-dire à cette capitulation

si avantageuse pour la partie adverse, contracte l'obligation de veiller désormais à ce qu'on respecte la capitulation, afin que ce pacte lui-même ne vienne à perdre de sa
solidité si l'on prenait l'habitude de ne le garder que négligemment; il ne faut pas que les hommes, après avoir
tout livré, arrivent à ne pas même être assurés de l'unique
chose qu'ils ont stipulée en retour, savoir la possession
exclusive de l'épouse. L'honneur du mari exige alors qu'il
venge l'adultère de sa femme, et le punisse au moins par
la séparation. S'il le supporte, bien qu'il en ait connaissance, la communauté masculine le couvre de honte; mais
celle-ci n'est, à beaucoup près, pas aussi pénétrante que
celle de la femme qui a perdu son honneur sexuel. Elle
est, tout au plus, une *levioris notæ macula* (une souillure de moindre importance), car les relations sexuel-
les sont une affaire secondaire pour l'homme, vu la mul-
tiplicité et l'importance de ses autres relations. Les
deux grands poètes dramatiques des temps modernes ont
chacun pris deux fois pour sujet cet honneur masculin :
Shakespeare dans *Othello* et le *Conte d'une nuit d'hiver*
et Calderon dans *El medico de su honora* (Le médecin de
son honneur) et dans *A secreto agravio secreta ven-
ganza* (A outrage secret, secrète vengeance). Du reste,
cet honneur ne demande que le châtiment de la femme et
non celui de l'amant; la punition de ce dernier n'est que
opus supererogationis (par-dessus le marché) ce qui confirme bien que son origine est dans « l'esprit *de corps* »
des maris.

L'honneur, tel que je l'ai considéré jusqu'ici dans ses
genres et dans ses principes, se trouve régner généralement chez tous les peuples et à toutes les époques, quoiqu'on puisse découvrir quelques modifications locales et
temporaires des principes de l'honneur féminin. Mais il
existe un genre d'honneur entièrement différent de celui
qui a cours généralement et partout, dont ni les Grecs ni
les Romains n'avaient la moindre idée, pas plus que les
Chinois, les Hindous ni les mahométans jusqu'aujourd'hui
encore. En effet, il est né au moyen âge et ne s'est accli-
maté que dans l'Europe chrétienne ; ici même, il n'a pénétré que dans une fraction minime de la population, savoir,
parmi les classes supérieures de la société et parmi leurs
émules. C'est l'*honneur chevaleresque* ou le *point d'honneur*. Sa base diffère totalement de celle de l'honneur dont
nous avons traité jusqu'ici ; sur quelques points, elle en est
même l'opposé, puisque l'un fait l'*homme honorable*, et
l'autre, par contre, l'*homme d'honneur*. Je vais donc
exposer ici, séparément, leurs principes, sous forme de
code ou miroir de l'honneur chevaleresque.

1° L'honneur ne consiste pas dans l'opinion d'autrui sur
notre mérite, mais uniquement dans les *manifestations*
de cette opinion ; peu importe que l'opinion manifestée
existe réellement ou non, et encore moins qu'elle soit, ou
non, fondée. Par conséquent, le monde peut avoir la pire
opinion sur notre compte à cause de notre conduite ; il
peut nous mépriser tant que bon lui semble ; cela ne nuit
en rien à notre honneur, aussi longtemps que personne
ne se permet de le dire à haute voix. Mais, à l'inverse,

si même nos qualités et nos actions forçaient tout le monde à nous estimer hautement (car cela ne dépend pas de son libre arbitre), il suffira d'un seul individu — fût-ce le plus méchant ou le plus bête — qui énonce son dédain à notre égard, et voilà du coup notre honneur endommagé, perdu même à jamais, si nous ne le réparons. Un fait qui démontre surabondamment qu'il ne s'agit nullement de l'opinion elle-même, mais uniquement de sa manifestation extérieure, c'est que les paroles offensantes peuvent être retirées, qu'au besoin on peut en demander le pardon, et alors elles sont comme si elles n'avaient jamais été prononcées; la question de savoir si l'opinion qui les avait provoquées a changé en même temps et pourquoi elle se serait modifiée ne fait rien à l'affaire; on n'annule que la manifestation, et alors tout est en règle. Le résultat que l'on a en vue n'est donc pas de mériter le respect, mais de l'extorquer.

2° L'honneur d'un homme ne dépend pas de *ce qu'il fait*, mais de *ce qu'on lui fait*, de ce qui lui arrive. Nous avons étudié plus haut l'honneur qui règne partout; ses principes nous ont démontré qu'il dépend exclusivement de ce qu'un homme dit ou fait lui-même; en revanche, l'honneur chevaleresque résulte de ce qu'un autre dit ou fait. Il est donc placé dans la main, ou simplement suspendu au bout de la langue du premier venu : pour peu que celui-ci y porte la main, l'honneur est, à tout instant, en danger de se perdre pour toujours, à moins que l'offensé ne le reprenne par la violence. Nous parlerons tout à l'heure des formalités à accomplir pour le remettre en place. Toutefois cette procédure ne peut être suivie qu'au péril de la vie, de la liberté, de la fortune et du repos de l'âme. La conduite d'un homme fût-elle la plus honorable et la plus noble, son âme la plus pure et sa tête la plus éminente, tout cela n'empêchera pas que son honneur ne puisse être perdu, sitôt qu'il plaira à un individu quelconque de l'injurier ; et, sous la seule réserve de n'avoir pas encore violé les préceptes de l'honneur en question, cet individu pourra être le plus vil coquin, la brute la plus stupide, un fainéant, un joueur, un homme perdu de dettes, bref un être qui n'est pas digne que l'autre le regarde. C'est même d'ordinaire à une créature de cette espèce qu'il plaira d'insulter, car Sénèque (*De constantia*, 11) a justement observé que « ut quisque contemptissimus et ludibrio est, ita solutissimæ linguæ est » (Plus un homme est méprisé, plus il sert de jouet, plus sa langue est sans frein) ; et c'est contre l'homme éminent que nous avons décrit plus haut qu'un être vil s'acharnera de préférence, parce que les contraires se haïssent et que l'aspect de qualités supérieures éveille habituellement une sourde rage dans l'âme des misérables ; c'est pourquoi Gœthe dit :

> Was Klagst du über Feinde ?
> Sollten Solche je werden Freunde.
> Denen das Wesen, wie du bist,
> Im Stillen ein ewiger Vorwurf ist ?

(Pourquoi te plaindre de tes ennemis ? Pourraient-ils jamais être tes amis, des hommes pour lesquels une nature comme la tienne est, en secret, un reproche éternel ?) — (Trad. Porchat, vol. I, p. 564.)

On voit combien les gens de cette espèce doivent de reconnaissance au principe de l'honneur qui les met de

niveau avec ceux qui leur sont supérieurs à tous égards.
Qu'un pareil individu lance une injure, c'est-à-dire attribue à l'autre quelque vilaine qualité ; si celui-ci n'efface
pas bien vite l'insulte avec du sang, elle passera, provisoirement, pour un jugement objectivement vrai et fondé,
pour un décret ayant force de loi ; l'affirmation pourra
même rester à jamais vraie et valable. En d'autres termes,
l'insulté reste (aux yeux de tous les « hommes d'honneur »)
ce que l'insulteur (fût-il le dernier des hommes) a dit qu'il
était, car il a « empoché l'affront » (c'est là le « terminus
technicus »). Dès lors, les « hommes d'honneur » le mé-
priseront profondément ; ils le fuiront comme s'il avait
la peste ; ils refuseront, par exemple, hautement et publiquement d'aller dans une société où on le reçoit, etc.
Je crois pouvoir avec certitude faire remonter au moyen
âge l'origine de ce louable sentiment. En effet, C. W. de
Wachter (vid. *Beiträge zur deutschen Geschichte*, be-
sonders des deutschen Strafrechts, 1845) nous apprend
que jusqu'au xvᵉ siècle, dans les procès criminels, ce
n'était pas au dénonciateur à prouver la culpabilité, c'était
au dénoncé à prouver son innocence. Cette preuve pouvait
se faire par le serment de purgation, pour lequel il lui
fallait des assistants (*consacramentales*) qui jurassent
être convaincus qu'il était incapable d'un parjure. S'il ne
pouvait pas trouver d'assistants, ou si l'accusateur les ré-
cusait, alors intervenait le jugement de Dieu, qui consistait d'ordinaire dans le duel. Car le « dénoncé » devenait
alors un « insulté » et devait se purger de l'insulte. Voilà
donc l'origine de cette notion de « l'insulte » et de toute

cette procédure telle qu'elle est pratiquée encore aujòur-
d'hui parmi les « hommes d'honneur », sauf le serment.

Cela nous explique aussi la profonde indignation obligée
qui saisit les « hommes d'honneur » quand ils s'entendent
accuser de mensonge, ainsi que la vengeance sanglante
qu'ils en tirent; ce qui semble d'autant plus étrange que
le mensonge est une chose de tous les jours. En Angleterre surtout, le fait s'est élevé à la hauteur d'une superstition profondément enracinée (quiconque menace de mort
celui qui l'accuse de mensonge devrait, en réalité, n'avoir
jamais menti de sa vie). Dans ces procès criminels du
moyen âge, il y avait une procédure plus sommaire encore;
elle consistait en ce que l'accusé répliquait à l'accusateur :
« Tu en as menti; » après quoi, on en appelait immédiatement au jugement de Dieu : de là dérive, dans le
code de l'honneur chevaleresque, l'obligation d'avoir sur
l'heure à en appeler aux armes, quand on vous a adressé
le reproche d'avoir menti. Voilà pour ce qui concerne
l'injure. Mais il existe quelque chose de pire que l'injure,
quelque chose de tellement horrible que je dois demander
pardon aux « hommes d'honneur » d'oser seulement le
mentionner dans ce code de l'honneur chevaleresque ;
je n'ignore pas que, rien que d'y penser, ils auront la
chair de poule, et que leurs cheveux se dresseront sur
leurs têtes, car cette chose est le *Summum malum*, de
tous les maux le plus grand sur terre, plus redoutable
que la mort et la damnation. Il peut arriver, en effet,
horribile dictu, il peut arriver qu'un individu applique
à un autre une claque ou un coup. C'est là une épou-

vantable catastrophe; elle amène une mort si complète
de l'honneur que, si l'on peut à la rigueur guérir par de
simples saignées toutes les autres lésions de l'honneur,
celle-ci, pour sa guérison radicale, exige que l'on tue complètement.

3° L'honneur ne s'inquiète pas de ce que peut être
l'homme en soi et par soi, ni de la question de savoir si
la condition morale d'un être ne peut pas se modifier
quelque jour, et autres semblables pédanteries d'école.
Lorsque l'honneur a été endommagé ou perdu pour un
moment, il peut être promptement et entièrement rétabli,
mais à la condition qu'on s'y prenne au plus vite; cette
unique panacée, c'est le duel. Si, toutefois, l'auteur du
dommage n'appartient pas aux classes sociales qui professent le code de l'honneur chevaleresque, ou s'il a violé ce
code en quelque occasion, il y a, surtout quand le dommage a été causé par des voies de fait, mais alors même
qu'il ne l'a été que par des paroles, il y a, disons-nous,
une opération infaillible à entreprendre : c'est, si l'on est
armé, de lui passer sur-le-champ ou encore, à la rigueur,
une heure après, son arme au travers du corps; de cette
façon, l'honneur est rétabli. Mais parfois l'on veut éviter
cette opération, parce que l'on appréhende les désagréments qui en pourraient résulter; alors si l'on n'est pas
bien sûr que l'offenseur se soumette aux lois de l'honneur chevaleresque, on a recours à un remède palliatif
qui s'appelle l'*avantage*. Celui-ci consiste, lorsque l'adversaire a été grossier, à l'être notablement plus que lui;
si pour cela les injures ne suffisent pas, on a recours aux

coups : et même ici il y a encore un *climax*, une gradation dans le traitement de l'honneur : on guérit les souf-
flets par des coups de bâton, ceux-ci par des coups de
fouet de chasse; contre ces derniers mêmes, il y a des
gens qui recommandent, comme d'une efficacité éprouvée,
de cracher au visage. Mais, dans le cas où l'on n'arrive
pas à temps avec ces remèdes-là, il faut sans faute procéder aux opérations sanglantes. Cette méthode de traitement palliatif se base, au fond, sur la maxime suivante :

4° De même qu'être insulté est une honte, de même
insulter est un honneur. Ainsi, que la vérité, le droit et
la raison soient du côté de mon adversaire, mais que je
l'injurie; aussitôt il n'a plus qu'à aller au diable avec tous
ses mérites; le droit et l'honneur sont de mon côté, et lui,
par contre, a provisoirement perdu l'honneur, jusqu'à ce
qu'il le rétablisse; par le droit et la raison, croyez-vous?
non pas, par le pistolet ou l'épée. Donc, au point de vue
de l'honneur, la grossièreté est une qualité qui supplée ou
domine toutes les autres; le plus grossier a toujours raison :
quid multa? Quelque bêtise, quelque inconvenance, quelque infamie qu'on ait pu commettre, une grossièreté leur
enlève ce caractère et les légitime séance tenante. Que
dans une discussion, ou dans une simple conversation,
un autre déploie une connaissance plus exacte de la question, un amour plus sévère de la vérité, un jugement plus
sain, plus de raison, en un mot qu'il mette en lumière des
mérites intellectuels qui nous mettent dans l'ombre, nous
n'en pouvons pas moins effacer d'un coup toutes ces

supériorités, voiler notre indigence d'esprit et être supérieur à notre tour en devenant grossier et offensant. Car une grossièreté terrasse tout argument et éclipse tout esprit. Si donc notre adversaire ne se met pas aussi de la partie et ne réplique pas par une grossièreté encore plus grande, auquel cas nous en arrivons au noble assaut pour l'*avantage*, c'est nous qui sommes victorieux, et l'honneur est de notre côté : vérité, instruction, jugement, intelligence, esprit, tout cela doit plier bagage et fuir devant la divine grossièreté. Aussi les « hommes d'honneur », dès que quelqu'un émet une opinion différente de la leur ou déploie plus de raison qu'ils n'en peuvent mettre en campagne, feront-ils mine immédiatement d'enfourcher ce cheval de combat ; lorsque, dans une controverse, ils manquent d'arguments à vous opposer, ils chercheront quelque grossièreté, ce qui fait le même office et est plus facile à trouver : après quoi ils s'en vont triomphants. Après ce que nous venons d'exposer, n'a-t-on pas raison de dire que le principe de l'honneur ennoblit le ton de la société ?

La maxime dont nous venons de nous occuper repose à son tour sur la suivante, qui est à proprement dire le fondement et l'âme du présent code.

5° La cour suprême de justice, celle devant laquelle, dans tous les différends touchant l'honneur, on peut en appeler de toute autre instance, c'est la force physique, c'est-à-dire l'animalité. Car toute grossièreté est à vrai dire un appel à l'animalité, en ce sens qu'elle prononce l'incompétence de la lutte des forces intellectuelles ou du

droit moral, et qu'elle la remplace par celle des forces
physiques; dans l'espèce *homme*, que Franklin définit *a
toolmaking animal* (un animal qui confectionne des ou-
tils), cette lutte s'effectue par le duel, au moyen d'armes
spécialement confectionnées dans ce but, et elle amène
une décision sans appel. Cette maxime fondamentale est
désignée, comme on sait, par l'expression *droit de la
force*, qui implique une ironie, comme en allemand le mot
Aberwitz (absurdité), qui indique une espèce de « Witz »
(esprit) qui est loin d'être du « Witz »; dans ce même
ordre d'idées, l'honneur chevaleresque devrait s'appeler
l'*honneur de la force*.

6° En traitant de l'*honneur bourgeois*, nous l'avons
trouvé très scrupuleux sur les chapitres du tien et du
mien, des obligations contractées et de la parole donnée;
en revanche, le présent code professe sur tous ces points
les principes les plus noblement libéraux. En effet, il est
une *seule parole* à laquelle on ne doit pas manquer : c'est
la « parole d'honneur », c'est-à-dire la parole après
laquelle on a dit : « sur l'honneur, » d'où résulte la présomption que l'on peut manquer à toute autre parole.
Mais dans le cas même où l'on aurait violé sa parole
d'honneur, l'honneur peut au besoin être sauvé au moyen
de la panacée en question, le duel : nous sommes tenu de
nous battre avec ceux qui soutiennent que nous avons
donné notre parole d'honneur. En outre, il n'existe qu'*une
seule dette* qu'il faille payer sans faute : c'est la dette de
jeu, qui, pour ce motif, s'appelle « une dette d'honneur. » Quant aux autres dettes, on en flouerait juifs et

chrétiens, que cela ne nuirait en rien à l'honneur chevaleresque [1].

Tout esprit de bonne foi reconnaîtra à première vue que ce code étrange, barbare et ridicule de l'honneur

[1]. Un manuscrit de Schopenhauer, intitulé *Adversaria*, contient le premier projet de cette dissertation, sous le titre : *Esquisse d'une dissertation sur l'honneur*. L'éloquence et l'élévation de pensées et de sentiment m'ont engagé à donner ici la traduction de ce passage :

« Voilà donc ce code ! Et voilà l'effet étrange et grotesque que produisent, quand on les ramène à des notions précises et qu'on les énonce clairement, ces principes auxquels obéissent aujourd'hui encore, dans l'Europe chrétienne, tous ceux qui appartiennent à la soi-disant bonne société et au soi-disant bon ton. Il en est même beaucoup de ceux à qui ces principes ont été inoculés dès leur tendre jeunesse, par la parole et par l'exemple, qui y croient plus fermement encore qu'à leur catéchisme ; qui leur portent la vénération la plus profonde et la plus sincère ; qui sont prêts, à tout moment, à leur sacrifier leur bonheur, leur repos, leur santé et leur vie ; qui sont convaincus que leur racine est dans la nature humaine, qu'ils sont innés, qu'ils existent *à priori* et sont placés au-dessus de tout examen Je suis loin de vouloir porter atteinte à leur cœur ; mais je dois déclarer que cela ne témoigne pas en faveur de leur intelligence. Aussi ces principes devraient-ils, moins qu'à toute autre, convenir à cette classe sociale destinée à représenter l'intelligence, à devenir le « sel de la terre », et qui se prépare en conséquence pour cette haute mission ; je veux parler de la jeunesse académique, qui, en Allemagne, hélas ! obéit à ces préceptes plus que toute autre classe. Je ne viens pas appeler ici l'attention des jeunes étudiants sur les conséquences funestes ou immorales de ces maximes ; on doit l'avoir déjà souvent fait. Je me bornerai donc à leur dire ce qui suit : Vous, dont la jeunesse a été nourrie de la langue et de la sagesse de l'Hellade et du Latium, vous, dont on a eu le soin inappréciable d'éclairer de bonne heure la jeune intelligence des rayons lumineux émanés des sages et des nobles de la belle antiquité, quoi, c'est vous qui voulez débuter dans la vie en prenant pour règle de conduite ce code de la déraison et de la brutalité ? Voyez-le, ce code, quand on le ramène, ainsi que je l'ai fait ici, à des notions claires, comme il est étendu, là, à vos yeux, dans sa pitoyable nullité ; faites-en la pierre de touche, non de votre cœur, mais de votre raison. Si celle-ci ne le rejette pas, alors votre tête n'est pas apte à cultiver un champ où les qualités indispensables sont une force énergique de jugement qui rompe facilement les liens du préjugé, et une raison clairvoyante qui sache distinguer nettement le vrai du faux là même où la différence est profondément cachée et non pas, comme ici, où elle est palpable ; s'il en est ainsi, mes bons amis, cherchez quelque autre moyen honnête de vous tirer d'affaire dans le monde, faites-vous soldats, ou apprenez quelque métier, car tout métier est d'or. »

ne saurait avoir sa source dans l'essence de la nature humaine ou dans une manière sensée d'envisager les rapports des hommes entre eux. C'est ce que confirme aussi le domaine très limité de son autorité : ce domaine, qui ne date que du moyen âge, se borne à l'Europe, et ici même il n'embrasse que la noblesse, la classe militaire et leurs émules. Car ni les Grecs, ni les Romains, ni les populations éminemment civilisées de l'Asie, dans l'antiquité pas plus que dans les temps modernes, n'ont su et ne savent le premier mot de cet honneur-là et de ses principes. Tous ces peuples ne connaissent que ce que nous avons appelé l'honneur bourgeois. Chez eux, l'homme n'a d'autre valeur que celle que lui donne sa conduite entière, et non celle que lui donne ce qu'il plaît à une mauvaise langue de dire sur son compte. Chez tous ces peuples, ce que dit ou fait un individu peut bien anéantir *son propre* honneur, mais jamais celui d'un autre. Un coup, chez tous ces peuples, n'est pas autre chose qu'un coup, tel que tout cheval ou tout âne en peut appliquer, et de plus dangereux encore : un coup pourra, à l'occasion, éveiller la colère ou porter à s'en venger sur l'heure, mais il n'a rien de commun avec l'honneur. Ces nations ne tiennent pas des livres où l'on passe en compte les coups ou les injures, ainsi que les *satisfactions* que l'on a eu soin, ou qu'on a négligé d'en tirer. Pour la bravoure et le mépris de la vie, elles ne le cèdent en rien à celles de l'Europe chrétienne. Les Grecs et les Romains étaient certes des héros accomplis, mais ils ignoraient entièrement le « point d'honneur ». Le duel n'était pas

chez eux l'affaire des classes nobles, mais celle de vils
gladiateurs, d'esclaves abandonnés et de criminels con-
damnés, que l'on excitait à se battre, en les faisant
alterner avec des bêtes féroces, pour l'amusement du
peuple. A l'introduction du christianisme, les jeux de
gladiateurs furent abolis, mais à leur place et en plein
christianisme on a institué le duel par l'intermédiaire du
jugement de Dieu. Si les premiers étaient un sacrifice
cruel offert à la curiosité publique, le duel en est un tout
aussi cruel, au préjugé général, sacrifice où l'on n'immole
pas des criminels, des esclaves ou des prisonniers, mais
des hommes libres et des nobles.

Une foule de traits que l'histoire nous a conservés
prouvent que les anciens ignoraient absolument ce préjugé. Lorsque, par exemple, un chef teuton provoqua
Marius en duel, ce héros lui fit répondre que, « s'il était
las de la vie, il n'avait qu'à se pendre », lui proposant
toutefois un gladiateur émérite avec lequel il pourrait
batailler à son aise (Freinsh., *Suppl.* in Liv., l. LXVIII,
c. 12). Nous lisons dans Plutarque (*Thèm.*, 11) qu'Eu-
rybiade, commandant de la flotte, dans une discussion
avec Thémistocle, aurait levé la canne pour le frapper;
nous ne voyons pas que celui-ci ait tiré son épée, mais
qu'il dit : « Πατα ξον μεν ουν, αχουσον δε » (Frappe, mais écoute).
Quelle indignation le lecteur « homme d'honneur » ne
doit-il pas éprouver en ne trouvant pas dans Plutarque la
mention que le corps des officiers athéniens aurait immédiatement déclaré ne plus vouloir servir sous ce Thémistocle ! Aussi un écrivain français de nos jours dit-il avec

raison : « Si quelqu'un s'avisait de dire que Démosthène fut un homme d'honneur, on sourirait de pitié…. Cicéron n'était pas un homme d'honneur non plus » (*Soirées littéraires*, par C. Durand, Rouen, 1828, vol. II, p. 300). De plus, le passage de Platon (*De leg.*, IX, les 6 dernières pages, ainsi que XI, p. 131, édit. Bipont) sur les αικια, c'est-à-dire les voies de fait, prouve assez qu'en cette matière les anciens ne soupçonnaient même pas ce sentiment du point d'honneur chevaleresque. Socrate, à la suite de ses nombreuses disputes, a été souvent en butte à des coups, ce qu'il supportait avec calme; un jour, ayant reçu un coup de pied, il l'accepta sans se fâcher et dit à quelqu'un qui s'en étonnait : « Si un âne m'avait frappé, irais-je porter plainte? » (Diog. Laerce, II, 21.) Une autre fois, comme quelqu'un lui disait : « Cet homme vous invective; ne vous injurie-t-il pas? » il lui répondit : « Non, car ce qu'il dit ne s'applique pas à moi. » (*Ibid.*, 36.) — Stobée (*Florileg.*, éd. Gaisford, vol. I, p. 327-330) nous a conservé un long passage de Musonius qui permet de se rendre compte de la manière dont les anciens envisageaient les injures : ils ne connaissaient d'autre satisfaction à obtenir que par la voie des tribunaux, et les sages dédaignaient même celle-ci. On peut voir dans le *Gorgias* de Platon (p. 86, éd. Bip.) qu'en effet c'était là l'unique réparation exigée pour un soufflet; nous y trouvons aussi (p. 133) rapportée l'opinion de Socrate. Cela ressort encore de ce que raconte Aulu-Gelle (XX, 1) d'un certain Lucius Veratius qui s'amusait, par espièglerie et sans motif aucun, à donner un soufflet aux citoyens

romains qu'il rencontrait dans la rue; pour éviter de
longues formalités, il se faisait accompagner, à cet effet,
d'un esclave porteur d'un sac de monnaie de cuivre et
chargé de payer, séance tenante, au passant étonné
l'amende légale de 25 as. Cratès, le célèbre philosophe
cynique, avait reçu du musicien Nicodrome un si vigoureux soufflet que son visage en était tuméfié et ecchymosé;
alors il s'attacha au front une planchette avec cette inscription : « Νικοδρομος εποιει » (Nicodrome a fait cela), ce
qui couvrit ce joueur de flûte d'une honte extrême pour
s'être livré à une pareille brutalité (D. Laërce, VI, 89)
contre un homme que tout Athènes révérait à l'égal d'un
dieu-lare (Apul., *Flor.*, p. 126, éd. Bip.). Nous avons, à
ce sujet, une lettre de Diogène de Sinope, adressée à
Mélesippe, dans laquelle, après lui avoir raconté qu'il a
été battu par des Athéniens ivres, il ajoute que cela ne lui
fait absolument rien (Nota Casaub. ad D. Laërte, VI, 33).
Sénèque, dans le livre *De constantia sapientis*, depuis
le chapitre X et jusqu'à la fin, traite en détail de *contumelia* (de l'outrage), pour établir que le sage le méprise.
Au chapitre XIV, il dit : « *At sapiens colaphis percussus,
quid faciet? Quod Cato, cum illi os percussum esset :
non excanduit, non vindicavit injuriam : nec remisit
quidem, sed factam negavit* » (Mais le sage qui reçoit
un soufflet, que fera-t-il? Ce que fit Caton quand il fut
frappé au visage; il ne prit pas feu, il ne vengea pas son
injure, il ne la pardonna même pas, mais il nia qu'elle
eût été commise).

« Oui, vous écriez-vous, mais c'étaient des sages ! »

Et vous, vous êtes des fous? — D'accord.

Nous voyons donc que tout ce principe de l'honneur
chevaleresque était inconnu aux anciens précisément
parce qu'ils envisageaient, de tout point, les choses sous
leur aspect naturel, sans préventions et sans se laisser
berner par de sinistres et impies sornettes de ce genre.
Aussi, dans un coup au visage, ne voyaient-ils rien autre
que ce qu'il est en réalité, un petit préjudice physique,
tandis que pour les modernes il est une catastrophe et
un thème à tragédies, comme, par exemple, dans le *Cid*
de Corneille et dans un drame allemand plus récent,
intitulé *La force des circonstances*, mais qui devrait
s'appeler plutôt *La force du préjugé*. Mais si, un jour,
un soufflet est donné dans l'Assemblée nationale à
Paris, alors l'Europe entière en retentit. Les réminis-
cences classiques ainsi que les exemples de l'antiquité,
rapportés plus haut, doivent avoir tout à fait mal disposé
les « hommes d'honneur »; nous leur recommandons,
comme antidote, de lire dans *Jacques le Fataliste*, ce
chef-d'œuvre de Diderot, l'histoire de *Monsieur Desglands* [1]; ils y trouveront un type hors ligne d'honneur
chevaleresque moderne qui pourra les délecter et les
édifier à plaisir.

---

1. Voici comment Schopenhauer résume cette histoire :
« Deux hommes d'honneur, dont l'un s'appelait Desglands, courti-
saient la même femme : ils sont assis à table à côté l'un de l'autre et
vis-à-vis de la dame, dont Desglands cherche à fixer l'attention par les
discours les plus animés ; pendant ce temps, les yeux de la personne
aimée cherchent constamment le rival de Desglands, et elle ne lui prête à
lui-même qu'une oreille distraite. La jalousie provoque chez Desglands,
qui tient à la main un œuf à la coque, une contraction spasmodique;
l'œuf éclate, et son contenu jaillit au visage du rival. Celui-ci fait un geste

De tout ce qui précède, il résulte des preuves suffisantes
que le principe de l'honneur chevalesque n'est pas un
principe primitif, basé sur la nature propre de l'homme;
il est artificiel, et son origine est facile à découvrir. C'est
l'enfant de ces siècles où les poings étaient plus exercés
que les têtes, et où les prêtres tenaient la raison enchaînée,
de ce moyen âge enfin tant vanté, et de sa chevalerie. En
ce temps, en effet, le bon Dieu n'avait pas la seule mission
de veiller sur nous ; il devait aussi juger pour nous. Aussi
les causes judiciaires délicates se décidaient par *Ordalies*
ou *jugements de Dieu*, qui consistaient, à peu d'exceptions
près, dans les combats singuliers, non seulement entre
chevaliers, mais même entre bourgeois, ainsi que le prouve
un joli passage dans le *Henry VI* de Shakespeare (2ᵉ
partie, acte 2, sc. 3). Le combat singulier ou jugement
de Dieu était une instance supérieure à laquelle on pouvait en appeler de toute sentence judiciaire. De cette
façon, au lieu de la raison, c'était la force et l'adresse physiques, autrement dit la nature animale, que l'on érigeait
en tribunal, et ce n'était pas ce qu'un homme avait fait,
mais ce qui lui était arrivé, qui décidait s'il avait tort ou
raison, exactement comme procède le principe d'honneur
chevaleresque aujourd'hui encore en vigueur. Si l'on con-

de la main ; mais Desglands la saisit et lui dit à l'oreille : « Je le tiens
pour reçu. » Il se fait un profond silence. Le lendemain Desglands paraît la joue droite couverte d'un grand rond de taffetas noir. Le duel
eut lieu, et le rival de Desglands fut grièvement, mais non mortel-
lement blessé. Desglands diminua alors son taffetas noir de quelques
lignes. Après guérison du rival, second duel ; Desglands le saigna
de nouveau et rétrécit encore son emplâtre. Ainsi cinq à six fois de
suite : après chaque duel, Desglands diminuait le rond de taffetas,
jusqu'à la mort du rival. »

servait encore des doutes sur cette origine du duel et de
ses formalités, on n'aurait, pour les lever entièrement,
qu'à lire l'excellent ouvrage de J.-G. Mellingen, *The his-
tory of duelling*, 1849. De nos jours encore, parmi les
gens qui règlent leur vie sur ces préceptes, — on sait
que, d'ordinaire, ce ne sont précisément ni les plus ins-
truits ni les plus raisonnables, — il en est pour qui l'issue
du duel représente effectivement la sentence divine dans
le différend qui a amené le combat ; c'est là évidemment
une opinion née d'une longue transmission héréditaire et
traditionnelle.

Abstraction faite de son origine, le principe d'honneur
chevaleresque a pour but immédiat de se faire accorder,
par la menace de la force physique, les témoignages extérieurs de l'estime que l'on croit trop difficile ou superflu
d'acquérir réellement. C'est à peu près comme si quelqu'un chauffait avec sa main la boule d'un thermomètre
et voulait prouver, par l'ascension de la colonne de mercure, que sa chambre est bien chauffée. A considérer la
chose de plus près, en voici le principe : de même que
l'honneur bourgeois, ayant en vue les rapports pacifiques
des hommes entre eux, consiste dans l'opinion que nous
méritons pleine *confiance*, parce que nous respectons
scrupuleusement les droits de chacun, de même l'honneur
chevaleresque consiste dans l'opinion que nous sommes
à craindre, comme étant décidé à défendre nos propres
droits à outrance. La maxime qu'il vaut mieux inspirer la
crainte que la confiance ne serait pas si fausse, vu le peu
de fond que l'on peut faire de la justice des hommes, si

nous vivions dans l'état de nature où chacun doit par soi-
même garder sa personne et défendre ses droits. Mais
elle ne trouve plus d'application dans notre époque de civilisation, où l'État a pris sur lui la protection de la personne et de la propriété; elle n'est plus là que comme ces
châteaux et ces donjons de l'époque du droit manuaire,
inutiles et abandonnés, au milieu de campagnes bien
cultivées, de chaussées animées, voire même de voies
ferrées. L'honneur chevaleresque, par là même qu'il professe la maxime précédente, s'est rejeté nécessairement
sur ces préjudices à la personne que l'Etat ne punit que
légèrement, ou ne punit pas du tout, en vertu du principe :
De minimis lex non curat, ces délits ne causant qu'un
dommage insignifiant, et n'étant même parfois que de
simples taquineries. Pour maintenir son domaine dans une
sphère très élevée, il a attribué à la personne une valeur
dont l'exagération est hors de toute proportion avec la
nature, la condition et la destinée de l'homme; il pousse
cette valeur jusqu'à faire de l'individu quelque chose de
sacré, et, trouvant tout à fait insuffisantes les peines prononcées par l'Etat contre les petites offenses à la personne,
il prend sur lui de les punir lui-même, par des punitions
toujours corporelles et même par la mort de l'offenseur.
Il y a évidemment, au fond, l'orgueil le plus démesuré et
l'outrecuidance la plus révoltante à oublier la nature réelle
de l'homme et à prétendre le revêtir d'une inviolabilité et
d'une irréprochabilité absolues. Mais tout homme décidé
à maintenir de semblables principes par la violence et qui
professe la maxime : *Qui m'insulte ou me frappe doit*

périr, mérite pour cela seul d'être expulsé de tout pays [1].
Il est vrai qu'on met en avant toute sorte de prétextes
pour farder cet orgueil incommensurable. De deux hommes
intrépides, dit-on, aucun ne cédera; dans la plus légère
collision, ils en viendraient aux injures, puis aux coups et
enfin au meurtre : il est donc préférable, par égard pour
les convenances, de franchir les degrés intermédiaires et
de recourir immédiatement aux armes. Les détails de la
procédure ont été formulés alors en un système d'un pé-
dantisme rigide, ayant ses lois et ses règles et qui est
bien la force la plus lugubre du monde; on peut y voir,
sans contredit, le panthéon glorieux de la folie. Mais le

---

1. L'honneur chevaleresque est l'enfant de l'orgueil et de la folie (la
vérité opposée à ces préceptes se trouve nettement exprimée dans la
comédie *El principe constante* par ces mots : *Esa es la herencia de
Adan* *).
Il est frappant que cet extrême orgueil ne se rencontre qu'au sein
de cette religion qui impose à ses adhérents l'extrême humilité ; ni les
époques antérieures, ni les autres parties du monde ne connaissent ce
principe de l'honneur chevaleresque. Cependant ce n'est pas à la religion qu'il faut en attribuer la cause, mais au régime féodal sous l'empire duquel tout noble se considérait comme un petit souverain; il ne
reconnaissait aucun juge parmi les hommes, qui fût placé au-dessus
de lui ; il apprenait à attribuer à sa personne une inviolabilité et une
sainteté absolues ; c'est pourquoi tout attentat contre cette personne,
un coup, une injure, lui semblait un crime méritant la mort. Aussi le
principe de l'honneur et le duel n'étaient-ils à l'origine qu'une affaire
concernant les nobles ; elle s'étendit plus tard aux officiers, auxquels
s'adjoignirent ensuite parfois, mais jamais d'une manière constante, les
autres classes plus élevées, dans le but de ne pas être dépréciées. Les
ordalies, quoiqu'elles aient donné naissance aux duels, ne sont pas
l'origine du principe de l'honneur ; elles n'en sont que la conséquence
et l'application : quiconque ne reconnaît à aucun homme le droit de
le juger en appelle au Juge divin. — Les ordalies elles-mêmes n'appartiennent pas exclusivement au christianisme; on les retrouve fréquemment dans le brahmanisme, bien que le plus souvent aux époques re-
culées ; cependant il en existe encore des vestiges aujourd'hui. (*Note
de l'auteur.*)

* Le sens propre de ces mots est que la misère est le lot des fils d'Adam. (*Trad.*)

point de départ même est faux; dans les choses de minime importance (les affaires graves restant toujours dé-
férées à la décision des tribunaux), de deux hommes intrépides il y en a toujours un qui cède, savoir le plus sage :
quand il ne s'agit que d'opinions, on ne s'en occupera
même pas. Nous en trouvons la preuve dans le peuple, ou,
pour mieux dire, dans toutes les nombreuses classes sociales qui n'admettent pas le principe de l'honneur chevaleresque; ici, les différends suivent leur cours naturel, et
cependant l'homicide y est cent fois moins fréquent que
dans la fraction minime, 1/1000 à peine, qui s'y soumet :
les rixes mêmes sont rares. On prétend, en outre, que ce
principe, avec ses duels, est un pilier qui maintient le bon
ton et les belles manières dans la société; qu'il est un
rempart qui met à l'abri des éclats de la brutalité et de la
grossièreté. Cependant, à Athènes, à Corinthe, à Rome, il
y avait de la bonne et même de la très bonne société, des
manières élégantes et du bon ton, sans qu'il eût été nécessaire d'y implanter l'honneur chevaleresque en guise de
croquemitaine. Il est vrai de dire aussi que les femmes
ne régnaient pas dans la société antique comme chez nous.
Outre le caractère frivole et puéril que prend ainsi l'entretien, puisqu'on en bannit tout sujet de conversation
nourrie et sérieuse, la présence des femmes dans notre
société contribue certainement pour une grande part encore à accorder au courage personnel le pas sur toute
autre qualité, tandis qu'en réalité il n'est qu'un mérite
très subordonné, une simple vertu de sous-lieutenant,
dans laquelle les animaux mêmes nous sont supérieurs;

en effet, ne dit-on pas : « courageux comme un lion? »
Mais il y a plus : au rebours de l'assertion précédemment
rapportée, le principe de l'honneur chevaleresque est souvent le refuge assuré de la malhonnêteté et de la méchanceté dans les affaires graves, et en même temps, dans les
petites, un asile de l'insolence, de l'impudence et de la
grossièreté, pour la bonne raison que personne ne se
soucie de risquer sa vie en voulant les châtier. En témoignage, nous voyons le duel dans toute sa fleuraison et pratiqué avec le sérieux le plus sanguinaire chez cette nation
précisément qui, dans ses relations politiques et finan-
cières, a montré un manque d'honnêteté réelle : c'est à
ceux qui en ont fait l'épreuve qu'il faut demander de
quelle nature sont les relations privées avec les individus
de cette nation; et, pour ce qui est de leur urbanité et de
leur culture sociale, elles ont de longue date une célébrité
comme modèles négatifs.

Tous ces motifs qu'on allègue sont donc mal fondés. On
pourrait affirmer avec plus de raison que, de même que le
chien gronde quand on le gronde et caresse quand on le
caresse, de même il est dans la nature de l'homme de
rendre hostilité pour hostilité et d'être exaspéré et irrité
par les manifestations du dédain ou de la haine. Cicéron l'a
déjà dit : « *Habet quemdam aculeum contumelia, quem
pati prudentes ac viri boni difficillime possunt* » (Toute
injure a un aiguillon dont les prudents et les sages même
supportent difficilement la piqûre), et en effet nulle part
au monde (si nous en exceptons quelques sectes pieuses)
on ne supporte avec calme des injures, ou, à plus forte

raison, des coups. Néanmoins, la nature ne nous enseigne
rien qui aillé au delà d'une représaille équivalente à l'offense ; elle ne nous apprend pas à punir de mort celui qui
nous accuserait de mensonge, de bêtise ou de lâcheté. La
vieille maxime germanique : « *A un soufflet par un
stylet*, » est une superstition chevaleresque révoltante. En
tout cas, c'est à la colère qu'il appartient de rendre ou de
venger les offenses, et non pas à l'honneur ou au devoir,
auxquels le principe de l'hónneur chevaleresque en impose l'obligation. Il est très certain plutôt qu'un reproche
n'offense que dans la mesure où il porte ; ce qui le prouve,
c'est que la moindre allusion, frappant juste, blesse beaucoup plus profondément que l'accusation la plus grave
quand elle n'est pas fondée. Par conséquent, quiconque a
la conscience assurée de n'avoir pas mérité un reproche
peut le dédaigner et le dédaignera. Le principe de l'honneur lui demande, au contraire, de montrer une susceptibilité qu'il n'éprouve pas et de venger dans le sang des
offenses qui ne le blessent nullement. C'est tout de même
avoir une bien mince opinion de sa propre valeur que
de chercher à étouffer toute parole qui tendrait à la mettre
en doute. La véritable estime de soi donnera le calme et le
mépris réel des injures ; à son défaut, la prudence et la
bonne éducation nous commandent de sauver l'apparence
et de dissimuler notre colère. Si en outre nous parvenons
à nous dépouiller de cette superstition du principe d'honneur chevaleresque, si personne n'admettait plus qu'une
insulte fut capable d'enlever ou de restituer quoi que ce
soit à l'honneur ; si l'on était convaincu qu'un tort, une

brutalité ou une grossièreté ne sauraient être justifiés à l'instant par l'empressement qu'on mettrait à en donner satisfaction, c'est-à-dire à se battre, alors tout le monde arriverait bientôt à comprendre que, lorsqu'il s'agit d'invectives et d'injures, c'est le vaincu qui sort vainqueur d'un tel combat, et que, comme dit Vincenzo Monti, il en est des injures comme des processions d'église qui reviennent toujours à leur point de départ. Il ne suffirait plus alors, comme actuellement, de débiter une grossièreté pour mettre le droit de son côté; le jugement et la raison auraient alors une bien autre autorité, pendant qu'aujourd'hui ils doivent, avant de parler, voir s'ils ne heurtent pas en quoi que ce soit l'opinion des esprits bornés et des imbéciles qu'irrite et alarme déjà leur seule apparition; sans quoi l'intelligence peut se trouver dans e cas de jouer, sur un coup de dés, la tête où elle réside contre le cerveau plat où loge la stupidité. Alors la supériorité intellectuelle occuperait réellement dans la société la primauté qui lui est due et que l'on donne aujourd'hui, bien que d'une manière déguisée, à la supériorité physique et au courage à la hussarde; il y aurait aussi, pour les hommes éminents, un motif de moins pour fuir la société, comme ils le font actuellement. Un tel revirement donnerait naissance *au véritable bon ton* et fonderait la *véritable bonne société*, dans la forme où, sans doute, elle a existé à Athènes, à Corinthe et à Rome. A qui voudrait en connaître un échantillon, je recommande de lire le *Banquet* de Xénophon.

Le dernier argument à la défense du code chevaleresque

sera indubitablement ainsi conçu : « Allons donc! mais
alors un homme pourrait bien, Dieu nous garde! donner
un coup à un autre homme! » A quoi je pourrais répondre,
sans phrases, que le cas s'est présenté bien assez souvent
dans ces 999/1000 de la société chez qui ce code n'est
pas admis, sans qu'un seul individu en soit mort, tandis
que, chez ceux qui en suivent les préceptes, chaque coup,
dans la règle, devient une affaire mortelle.

Mais je veux examiner la question plus en détail. Je me
suis bien souvent donné de la peine pour trouver dans
la nature animale ou intellectuelle de l'homme quelque
raison valable ou seulement plausible, fondée non sur de
simples façons de parler, mais sur des notions distinctes,
qui puisse justifier cette conviction, enracinée dans une
portion de l'espèce humaine, qu'un coup est une chose
horrible : toutes mes recherches ont été vaines. Un coup
n'est et ne sera jamais qu'un petit mal physique que tout
homme peut occasionner à un autre, sans rien prouver
par là, sinon qu'il est plus fort ou plus adroit, ou que
l'autre n'était pas sur ses gardes. L'analyse ne fournit
rien au delà. En outre, je vois ce même chevalier pour
qui un coup reçu de la main d'un homme semble de tous
les maux le plus grand, recevoir un coup dix fois plus
violent de son cheval et assurer, en traînant la jambe et
dissimulant sa douleur, que ce n'est rien. Alors j'ai supposé que cela tenait à la main de l'homme. Cependant je
vois notre chevalier, dans un combat, recevoir de la main
d'un homme des coups d'estoc et de taille et assurer encore que ce sont des bagatelles qui ne valent pas la peine

d'en parler. Plus tard, j'apprends même que des coups de plat de lame ne sont à beaucoup près pas aussi terribles que des coups de bâton, tellement que tout récemment encore les élèves des écoles militaires étaient passibles des premiers et jamais des autres. Mais il y a plus : à une réception de chevalier, le coup de plat de lame est un très grand honneur. Et voilà que j'ai épuisé tous mes motifs psychologiques et moraux, et il ne me reste plus à considérer la chose que comme une ancienne superstition, profondément enracinée, comme un nouvel exemple, à côté de tant d'autres, de tout ce qu'on peut en faire accroire aux hommes. C'est ce que prouve encore ce fait bien connu, qu'en Chine les coups de canne sont une punition civile, très fréquemment employée même à l'égard des fonctionnaires de tous les degrés; ce qui démontre que, là-bas, la nature humaine, même chez les gens les plus civilisés, ne parle pas comme chez nous [1].

En outre, un examen impartial de la nature humaine nous apprend que *frapper* est aussi naturel à l'homme que mordre l'est aux animaux carnassiers et donner des coups de tête aux bêtes à cornes; l'homme est à proprement parler un *animal frappeur*. Aussi sommes-nous révoltés quand parfois nous apprenons qu'un homme en a mordu un autre; par contre, donner ou recevoir des coups est chez l'homme un effet aussi naturel que fré-

---

1. Vingt ou trente coups de canne sur le derrière, c'est. pour ainsi dire, le pain quotidien des Chinois. C'est une correction paternelle du mandarin, laquelle n'a rien d'infamant, et qu'ils reçoivent avec actions de grâces. (*Lettres édifiantes et curieuses*, éd. 1819, vol. XI, p. 454.) (*Citation de l'auteur*).

quent. On comprend facilement que les gens d'une éducation supérieure cherchent à se soustraire à de pareils
effets, en dominant réciproquement leur penchant naturel. Mais il y a vraiment de la cruauté à faire accroire à
une nation entière, ou même seulement à une classe d'individus, que recevoir un coup est un malheur épouvan-
table, qui doit être suivi de meurtre et d'homicide. Il y a
trop de maux réels en ce monde pour qu'il soit permis
d'augmenter leur nombre et d'en créer d'imaginaires qui
en amènent de trop réels à leur suite; c'est ce que fait
cependant ce sot et méchant préjugé. Comme conséquence, je ne puis que désapprouver les gouvernements et
les corps législatifs qui lui viennent en aide en travaillant
avec ardeur à faire abolir, pour le civil comme pour le
militaire, les punitions corporelles. Ils croient agir en
cela dans l'intérêt de l'humanité, quand, tout au contraire, ils travaillent ainsi à consolider cet égarement
dénaturé et funeste auquel tant de victimes ont déjà été
sacrifiées. Pour toutes fautes, sauf les plus graves, infliger
des coups est la punition qui, chez l'homme, se présente
la première à l'esprit; c'est donc la plus naturelle; qui ne
se soumet pas à la raison se soumettra aux coups. Punir
par une bastonnade modérée celui qu'on ne peut atteindre
dans sa fortune, quand il n'en a pas, ni dans sa liberté,
quand on a besoin de ses services, est un acte aussi juste
que naturel. Aussi n'apporte-t-on aucune bonne raison
à l'encontre; on se contente d'invoquer la *dignité de
l'homme*, façon de parler qui ne s'appuie pas sur quelque notion claire, mais toujours et encore sur le fatal

préjugé dont nous parlions plus haut. Un fait récent des
plus comiques vient confirmer cet état de choses : plusieurs Etats viennent de remplacer, dans l'armée, les
coups de canne par les coups de latte; ces derniers, tout
comme les autres, produisent indubitablement une douleur physique et sont censés néanmoins n'être ni infa-
mants ni déshonorants.

En stimulant ainsi le préjugé qui nous occupe, on
encourage en même temps le principe de l'honneur chevaleresque et du même coup le duel, pendant que d'autre
part on s'efforce ou plutôt on prétend s'efforcer d'abolir
le duel par des lois [1]. Aussi voyons-nous ce fragment
du droit du plus fort, transporté à travers les temps, du
moyen âge jusque dans le xixe siècle, s'étaler aujour-
d'hui encore scandaleusement au grand jour; il est temps
enfin de l'en expulser honteusement. Aujourd'hui, quand

---

1. Voici, selon moi, quel est le véritable motif pour lequel les gouvernements ne s'efforcent qu'en apparence de proscrire les duels, chose
bien facile, surtout dans les universités, et d'où vient qu'ils prétendent
ne pouvoir réussir : l'Etat n'est pas en mesure de payer les services de
ses officiers et de ses employés civils à leur valeur entière en argent ;
aussi fait-il consister l'autre moitié de leurs émoluments en *honneur*,
représenté par des titres, des uniformes et des décorations. Pour maintenir ce prix idéal de leurs services à un cours élevé, il faut, par tous
les moyens, entretenir, aviver et même exalter quelque peu le sentiment de l'honneur ; comme à cet effet l'honneur bourgeois ne suffit
pas, pour la simple raison qu'il est la propriété commune de tout le
monde, on appelle au secours l'honneur chevaleresque que l'on stimule,
comme nous l'avons montré. En Angleterre, où les gages des militaires
et des civils sont beaucoup plus forts que sur le continent, on n'a
pas besoin d'un pareil expédient ; aussi, depuis une vingtaine d'années
surtout, le duel y est-il presque complètement aboli ; et, dans les rares
occasions où il s'en produit encore, on s'en moque comme d'une folie.
Il est certain que la grande *Anti-duelling Society*, qui compte parmi
ses membres, une foule de lords, d'amiraux et de généraux, a beaucoup contribué à ce résultat, et le Moloch doit se passer de victimes.
— (*Note de l'auteur.*)

il est interdit d'exciter méthodiquement des chiens ou des
coqs à se battre les uns contre les autres (en Angleterre,
au moins, ces combats sont punis), il nous est donné de
voir des créatures humaines, excitées contre leur gré, à
des combats à mort : c'est ce ridicule préjugé, ce principe absurde de l'honneur chevaleresque, ce sont ses stu-
pides représentants et ses champions qui, pour la première misère venue, imposent aux hommes l'obligation
de se battre entre eux comme des gladiateurs. Je propose
à nos puristes allemands de remplacer le mot *Durll*,
dérivé probablement, non pas du latin *duellum*, mais de
l'espagnol *duelo*, peine, plainte, grief, par le mot de *Rit-
tersetze* (combat de chevaliers, comme on dit : combats
de coqs ou de bull-dogs). On a, certes, ample matière
à rire de voir les allures pédantes avec lesquelles on
accomplit toutes ces folies. Il n'en est pas moins révoltant
que ce principe, avec son code absurde, constitue un Etat
dans l'Etat, qui, ne reconnaissant d'autre droit que celui
du plus fort, tyrannise les classes sociales qui sont sous
sa domination, en établissant un tribunal permanent de la
Sainte-Wehme ; chacun peut être cité par chacun à com-
paraître ; les motifs de la citation, faciles à trouver, font
l'office de sbires du tribunal, et la sentence prononce la
peine de mort contre les deux parties. C'est, naturellement,
le repaire du fond duquel l'être le plus méprisable, à
la seule condition d'appartenir aux classes soumises aux
lois de l'honneur chevaleresque, pourra menacer, voire
même tuer les hommes les plus nobles et les meilleurs,
qui sont précisément ceux qu'il hait nécessairement.

Puisqu'aujourd'hui la justice et la police ont gagné à peu près assez d'autorité pour qu'un coquin ne puisse plus nous arrêter sur les grands chemins pour nous crier : La bourse ou la vie ! il serait temps que le bon sens prît assez d'autorité, lui aussi, pour que le premier coquin venu ne puisse plus, au milieu de notre existence la plus paisible, nous troubler en nous criant : L'honneur ou la vie ! Il faut enfin délivrer les classes supérieures du poids qui les accable ; il faut nous affranchir tous de cette angoisse de savoir que nous pouvons, à tout instant, être appelés à payer de notre vie la brutalité, la grossièreté, la bêtise ou la méchanceté de tel individu à qui il aura plu de les déchaîner contre nous. Il est criant, il est honteux de voir deux jeunes écervelés sans expérience, tenus d'expier dans leur sang leur moindre querelle. Voici un fait qui prouve à quelle hauteur s'est élevée la tyrannie de cet Etat dans l'Etat et où en est arrivé le pouvoir de ce préjugé : on a vu souvent des gens se tuer de désespoir pour n'avoir pu rétablir leur honneur chevaleresque offensé, soit parce que l'offenseur était de trop haute ou de trop basse condition, soit pour toute autre cause de disproportion qui rendait le duel impossible ; une telle mort n'est-elle pas tragi-comique ?

Tout ce qui est faux et absurde se révèle finalement par là que, arrivé à son développement parfait, il porte comme fleur une contradiction ; pareillement, dans le cas présent, la contradiction s'épanouit sous la forme de la plus criante antinomie ; en effet, le duel est défendu à l'officier, et néanmoins celui-ci est puni de destitution lorsque, le cas échéant, il refuse de se battre.

Puisque j'y suis, je veux aller plus loin avec mon franc-parler. Examinée avec soin et sans prétention, cette grande différence, que l'on fait sonner si haut, entre tuer son adversaire dans un combat au grand jour et à armes égales ou par embûche, est fondée simplement sur ce que, comme nous l'avons dit, cet Etat dans l'Etat ne reconnaît d'autre droit que celui du plus fort et en a fait la base de son code après l'avoir élevé à la hauteur d'un jugement de Dieu. Ce qu'on appelle en effet un combat loyal ne prouve pas autre chose, si ce n'est qu'on est le *plus fort* ou le *plus adroit*. La justification que l'on cherche dans la publicité du duel présuppose donc que le *droit du plus fort* est réellement un *droit*. Mais, en réalité, la circonstance que mon adversaire sait mal se défendre me donne bien la *possibilité*, mais non le *droit* de le tuer; ce droit, ou autrement dit ma *justification morale*, ne peut découler que des *motifs* que j'ai de lui arracher la vie. Admettons maintenant que ces motifs existent et soient suffisants; alors il n'y a plus aucune raison de se préoccuper qui de nous deux manie le mieux le pistolet ou l'épée, alors il est indifférent que je le tue de telle ou telle façon, par devant ou par derrière. Car, moralement parlant, le droit du plus fort n'a pas plus de poids que le droit du plus rusé, et c'est ce dernier dont on fait usage quand on tue dans un guet-apens : ici, le droit du poing vaut exactement le droit de la tête. Remarquons, en outre, que dans le duel même on pratique les deux droits, car toute feinte, dans l'es-

crime, est une ruse. Si je me tiens pour moralement autorisé à arracher la vie à un homme, c'est une sottise de
m'en rapporter encore à la chance s'il sait manier les
armes mieux que moi, car, dans ce cas, c'est lui au contraire qui, après m'avoir offensé, me tuera par-dessus le
marché. Rousseau est d'avis qu'il faut venger une offense
non par un duel, mais par l'assassinat ; il émet cette opinion, avec beaucoup de précautions, dans la 21e note, si
mystérieusement conçue, du IVe livre de l'*Emile* 1. Mais
il est encore si fortement imbu du préjugé chevaleresque,
qu'il considère le reproche de mensonge comme justi-
fiant déjà l'assassinat, tandis qu'il devrait savoir que tout
homme a mérité ce reproche d'innombrables fois, et lui
tout le premier et au plus haut degré. Il est évident que ce
préjugé, qui autorise à tuer l'offenseur à la condition que
le combat se fasse au grand jour et à armes égales, considère le droit de la force comme étant réellement un droit,
et le duel comme un jugement de Dieu. L'Italien, au

1. Voici cette fameuse note, à laquelle Schopenhauer fait allusion :
« Un soufflet et un démenti reçus et endurés ont des effets civils
que nul sage ne peut prévenir et dont nul tribunal ne peut venger
l'offensé. L'insuffisance des lois lui rend donc en cela son indépendance ; il est alors seul magistrat, seul juge entre l'offenseur et lui :
il est seul interprète et ministre de la loi naturelle ; il se doit justice
et peut seul se la rendre, et il n'y a sur la terre nul gouvernement
assez insensé pour le punir de se l'être faite en pareil cas. Je ne dis
pas qu'il doive s'aller battre, c'est une extravagance ; je dis qu'il se
doit justice et qu'il en est le seul dispensateur. Sans tant de vains
édits contre les duels, si j'étais souverain, je réponds qu'il n'y aurait
jamais ni soufflet ni démenti donné dans mes Etats, et cela par un
moyen fort simple dont les tribunaux ne se mêleront point. Quoi qu'il
en soit, Emile sait en pareil cas la justice qu'il se doit à lui-même, et
l'exemple qu'il doit à la sûreté des gens d'honneur. Il ne dépend pas
de l'homme le plus ferme d'empêcher qu'on ne l'insulte, mais il dépend
de lui d'empêcher qu'on ne se vante longtemps de l'avoir insulté. »

moins, qui, enflammé de colère, fond sans façons à coups
de couteau sur l'homme qui l'a offensé, agit d'une manière
logique et naturelle : il est plus rusé, mais pas plus méchant que le duelliste. Si l'on voulait m'opposer que ce
qui me justifie de tuer mon adversaire en duel, c'est que de
son côté il s'efforce d'en faire autant, je répondrais qu'en
le provoquant je l'ai mis dans le cas de légitime défense.
Se mettre ainsi mutuellement et intentionnellement dans
le cas de légitime défense ne signifie rien autre, au fond,
que chercher un prétexte plausible pour le meurtre. On
pourrait trouver plutôt une justification dans la maxime :
« *Volenti non fit injuria* » (On ne fait pas tort à qui con-
sent), puisque c'est d'un commun accord que l'on risque
sa vie; mais à cela on peut répliquer que *volens* n'est
pas exact, car la tyrannie du principe d'honneur chevaleresque et de son code absurde est l'alguazil qui a traîné
les deux champions, ou l'un des deux au moins, jusque
devant ce tribunal sanguinaire de la Sainte-Wehme.

Je me suis étendu longuement sur l'honneur chevaleresque ; mais je l'ai fait dans une bonne intention et parce
que la philosophie est l'Hercule qui seul peut combattre
les monstres moraux et intellectuels sur terre. Deux choses
principalement distinguent l'état de la société moderne de
celui de la société antique, et cela au détriment de la
première, à qui elles prêtent une teinte sérieuse, sombre,
sinistre, qui ne voilait pas l'antiquité, ce qui fait que
celle-ci apparaît, candide et sereine, comme le matin de
la vie. Ce sont : le principe de l'honneur chevaleresque et

le mal vénérien, *par nobile fratrum!* A eux deux ils ont
empoisonné νεικος και φιλια de la vie. De fait, l'influence de la
maladie vénérienne est beaucoup plus étendue qu'il ne
semble au premier abord, en ce que cette influence n'est
pas seulement physique, mais aussi morale. Depuis que le
carquois de l'amour porte ainsi des flèches empoisonnées,
il s'est introduit dans la relation mutuelle des sexes un
élément hétérogène, hostile, je dirais diabolique, qui fait
qu'elle est imprégnée d'une sombre et craintive méfiance;
les effets indirects d'une telle altération dans le fondement
de toute communauté humaine se font sentir également, à
des degrés divers, dans toutes les autres relations sociales;
mais leur analyse détaillée m'entraînerait trop loin. Analogue, bien que d'une toute autre nature, est l'influence du
principe de l'honneur chevaleresque, cette force sérieuse
qui rend la société moderne raide, morne et inquiète,
puisque toute parole fugitive y est scrutée et ruminée. Mais
ce n'est pas tout! Ce principe est un minotaure universel auquel il faut sacrifier annuellement un grand mombre de fils
de nobles maisons, pris non dans un seul Etat, comme
pour le monstre antique, mais dans tous les pays de l'Europe. Aussi est-il temps enfin d'attaquer courageusement
la Chimère corps à corps, comme je viens de le faire.
Puisse le xixe siècle exterminer ces deux monstres des
temps modernes! Nous ne désespérons pas de voir les
médecins y arriver, pour l'un, au moyen de la prophylac-
tique. Mais c'est à la philosophie qu'il appartient d'anéantir la Chimère en redressant les idées; les gouvernements n'ont pu y réussir par le maniement des lois, et du

reste le raisonnement philosophique seul peut attaquer le
mal dans sa racine. Jusque-là, si les gouvernements veulent
sérieusement abolir le duel et si le mince succès de leurs
efforts ne tient qu'à leur impuissance, je viens leur.proposer
une loi dont je garantis l'efficacité et qui ne réclame ni opérations sanglantes, ni échafauds, ni potences, ni prisons
perpétuelles. C'est au contraire un petit, tout petit remède
homœopathique des plus faciles ; le voici : « Quiconque en-
verra ou acceptera un cartel recevra *à la chinoise*, en plein
jour, devant le corps de garde, douze coups de bâton de
la main du caporal ; les porteurs du cartel ainsi que les
seconds en recevront chacun six. Pour les suites éven-
tuelles des duels accomplis, on suivra la procédure criminelle ordinaire. » Quelque *chevalier* m'objectera peut-être
qu'après avoir subi une pareille punition maint « homme
d'honneur » sera capable de se brûler la cervelle ; à cela je
réponds : Il vaut mieux qu'un tel fou se tue lui-même que
de tuer un autre homme. Mais je sais très bien qu'au fond
les gouvernements ne poursuivent pas sérieusement l'abo-
lition des duels. Les appointements des employés civils,
mais surtout ceux des officiers (sauf les grades élevés), sont
bien inférieurs à la valeur de ce qu'ils produisent. On leur
solde la différence en honneur. Celui-ci est représenté par
des titres et des décorations, et, dans une acception plus
large, par l'honneur de la fonction en général. Or, pour cet
honneur, le duel est un excellent cheval de main dont le
dressage commence déjà dans les universités. C'est de leur
sang que les victimes payent le déficit des appointements.

Pour ne rien omettre, mentionnons encore ici l'*honneur*

national. C'est l'honneur de tout un peuple considéré
comme membre de la communauté des peuples. Cette communauté ne reconnaissant d'autre forum que celui de la
force, et chaque membre ayant par conséquent à sauve-
garder soi-même ses droits, l'honneur d'une nation ne
consiste pas seulement dans l'opinion bien établie qu'elle
mérite confiance (le crédit), mais encore qu'elle est assez
forte pour qu'on la craigne ; aussi une nation ne doit-elle
laisser impunie aucune atteinte à ses droits. L'honneur
national combine donc le point d'honneur bourgeois avec
celui de l'honneur chevaleresque.

IV. — La gloire.

Dans ce qu'on *représente*, il nous reste à examiner
en dernier lieu la gloire. Honneur et gloire sont jumeaux,
mais à la façon des Dioscures dont l'un, Pollux, était
immortel, et dont l'autre, Castor, était mortel : l'honneur
est le frère mortel de l'immortelle gloire. Il est évident
que ceci ne doit s'entendre que de la gloire la plus haute,
de la gloire vraie et de bon aloi, car il y a certes maintes
espèces éphémères de gloire. En outre, l'honneur ne s'applique qu'à des qualités que le monde exige de tous ceux
qui se trouvent dans des conditions pareilles, la gloire qu'à
des qualités qu'on ne peut exiger de personne ; l'honneur
ne se rapporte qu'à des mérites que chacun peut s'attribuer
publiquement, la gloire qu'à des mérites que nul ne peut
s'attribuer soi-même. Pendant que l'honneur ne va pas au-
delà des limites où nous sommes personnellement connus,

la gloire, à l'inverse, précède dans son vol la connaissance
de l'individu et la porte à sa suite aussi loin qu'elle parviendra elle-même. Chacun peut prétendre à l'honneur; à
la gloire, les exceptions seules, car elle ne s'acquiert que
par des productions exceptionnelles. Ces productions peuvent être des *actes* ou des *œuvres :* de là deux routes
pour aller à la gloire. Une grande âme par-dessus tout
nous ouvre la voie des actes; un grand esprit nous rend
capable de suivre celle des œuvres. Chacune des deux a
ses avantages et ses inconvénients propres. La différence
capitale, c'est que les actions passent, les œuvres demeu-
rent. L'action la plus noble n'a toujours qu'une influence
temporaire; l'œuvre de génie par contre subsiste et agit,
bienfaisante et élevant l'âme, à travers tous les âges. Des
actions, il ne reste que le souvenir qui devient toujours
de plus en plus faible, défiguré et indifférent; il est même
destiné à s'effacer graduellement en entier, si l'histoire
ne le recueille pour le transmettre, pétrifié, à la postérité.
Les œuvres, en revanche, sont immortelles par elles-
mêmes, et les ouvrages écrits surtout peuvent vivre à travers tous les temps. Le nom et le souvenir d'Alexandre
le Grand sont seuls vivants aujourd'hui; mais Platon
et Aristote, Homère et Horace sont eux-mêmes présents;
ils vivent et agissent directement. Les Védas, avec leurs
Upanischades, sont là devant nous; mais, de toutes les
actions accomplies de leur temps, pas la moindre notion
n'est parvenue jusqu'à nous [1]. Un autre désavantage des

1. Aussi est-ce faire un mauvais compliment lorsque, ainsi qu'il est
de mode aujourd'hui, croyant faire honneur à des *œuvres,* on les inti-

actions, c'est qu'elles dépendent de l'occasion qui, avant
tout, doit leur donner la possibilité de se produire : d'où
il résulte que leur gloire ne se règle pas uniquement sur
leur valeur intrinsèque, mais encore sur les circonstances
qui leur prêtent l'importance et l'éclat. Elle dépend, en
outre, lorsque, comme à la guerre, les actions sont purement personnelles, du témoignage d'un petit nombre
de témoins oculaires ; or il peut se faire qu'il n'y ait pas
eu de témoins, ou que ceux-ci parfois soient injustes ou
prévenus. D'autre part, les actions, étant quelque chose
de pratique, ont l'avantage d'être à la portée de la faculté
de jugement de tous les hommes ; aussi leur rend-on immédiatement justice dès que les données sont exactement
fournies, à moins toutefois que les motifs n'en puissent
être nettement connus ou justement appréciés que plus
tard, car, pour bien comprendre une action, il faut en
connaître le motif.

Pour les œuvres, c'est l'inverse ; leur production ne
dépend pas de l'occasion, mais uniquement de leur au-

titule des *actes*. Car les œuvres sont, par leur essence, d'une espèce supérieure. Un acte n'est toujours qu'une action basée sur un *motif*, par
conséquent, quelque chose d'isolé, de transitoire, et appartenant à cet
élément général et primitif du monde, à la *volonté*. Une grande et belle
œuvre est une chose durable, car son importance est universelle, et
elle procède de l'intelligence, de cette intelligence innocente, pure, qui
s'élève comme un parfum au-dessus de ce bas monde de la volonté.
Parmi les avantages de la gloire des actions, il y a aussi celui de se produire ordinairement d'un coup avec un grand éclat, si grand parfois que
l'Europe entière en retentit, tandis que la gloire des œuvres n'arrive
que lentement et insensiblement faible, d'abord, puis de plus en plus
forte, et n'atteint souvent toute sa puissance qu'après un siècle ; mais
alors elle reste pendant des milliers d'années, parce que les œuvres restent aussi. L'autre gloire, la première explosion passée, s'affaiblit graduellement, est de moins en moins connue et finit par ne plus exister
que dans l'histoire à l'état de fantôme. — (*Note de l'auteur.*)

.teur, et elles restent ce qu'elles sont en elles-mêmes et
par elles-mêmes, aussi longtemps qu'elles durent. Ici, en
.revanche, la difficulté consiste dans la faculté de les juger,
.et la difficulté est d'autant plus grande que les œuvres
sont d'une qualité plus élevée : souvent, il y a manque de
.juges compétents; souvent aussi, ce sont les juges impar-
tiaux et honnêtes qui font défaut. De plus, ce n'est pas
une unique instance qui décide de leur gloire; il y a toujours lieu à appel. En effet, si, comme nous l'avons dit, la
·mémoire des actions arrive seule à la postérité et telle que
les contemporains l'ont transmise, les œuvres au contraire y arrivent elles-mêmes et telles qu'elles sont, sauf
les fragments disparus : ici donc, plus de possibilité de
dénaturer les données, et, si même à leur apparition le
milieu a pu exercer quelque influence nuisible, celle-ci
.disparaît plus tard. Pour mieux dire même, c'est le temps
qui produit, un à un, le petit nombre de juges vraiment
compétents, appelés, comme des êtres exceptionnels qu'ils
.sont, à en juger de plus exceptionnels encore : ils dépo-
sent successivement dans l'urne leurs votes significatifs,
et par là s'établit, après des siècles parfois, un jugement
pleinement fondé et que la suite des temps ne peut plus
infirmer. On le voit, la gloire des œuvres est assurée, infaillible. Il faut un concours de circonstances extérieures
.et un hasard pour que l'auteur arrive, de son vivant, à la
.gloire; le cas sera d'autant plus rare que le genre des
œuvres est plus élevé et plus difficile. Aussi Sénèque a-t-
.il dit (Ep. 79), dans un langage incomparable, que la
.gloire suit aussi infailliblement le mérite que l'ombre suit

le corps, bien qu'elle marche, comme l'ombre, tantôt devant, tantôt derrière. Après avoir développé cette pensée,
il ajoute : « Etiamsi omnibus tecum viventibus *silentium*
livor indixerit, venient qui sine offensa, sine gratia, judi-
cent » (Quand nos contemporains *se tairaient de nous*
par envie, il en viendra d'autres qui, sans faveur et sans
passions, nous rendront justice) ; ce passage nous montre
en même temps que l'art d'étouffer méchamment les mérites par le silence et par une feinte ignorance, dans le
but de cacher au public ce qui est bon, au profit de ce
qui est mauvais, était déjà pratiqué par la canaille de
l'époque où vivait Sénèque, comme il l'est par la canaille
de la nôtre, et qu'aux uns, comme aux autres, c'est *l'en-*
vie qui leur clôt la bouche.

D'ordinaire, la gloire est d'autant plus tardive qu'elle
sera plus durable, car tout ce qui est exquis mûrit lentement. La gloire appelée à devenir éternelle est comme le
chêne qui croît lentement de sa semence ; la gloire facile,
éphémère, ressemble aux plantes annuelles, hâtives ;
quant à la fausse gloire, elle est comme ces mauvaises
herbes qui poussent à vue d'œil et qu'on se hâte d'ex-
tirper. Cela tient à ce que plus un homme appartient à la
postérité, autrement dit à l'humanité entière en général,
plus il est étranger à son époque ; car ce qu'il crée n'est
pas destiné spécialement à celle-ci comme telle, mais
comme étant une partie de l'humanité collective ; aussi,
de pareilles œuvres n'étant pas teintées de la couleur lo-
cale de leur temps, il arrive souvent que l'époque contemporaine les laisse passer inaperçues. Ce que celle-ci

apprécie, ce sont plutôt ces œuvres qui traitent des choses
fugitives du jour ou qui servent le caprice du moment;
celles-là lui appartiennent en entier, elles vivent et meurent avec elle. Aussi l'histoire de l'art et de la littérature
nous apprend généralement que les plus hautes productions de l'esprit humain ont, de règle, été accueillies avec
défaveur et sont restées dédaignées jusqu'au jour où des
esprits élevés, attirés par elles, ont reconnu leur valeur et
leur ont assigné une considération qu'elles ont conservée
dès lors. En dernière analyse, tout cela repose sur ce que
chacun ne peut réellement comprendre et apprécier que
ce qui lui est homogène. Or l'homogène pour l'homme
borné, c'est ce qui est borné ; pour le trivial, c'est le trivial ;
pour l'esprit diffus, c'est le diffus, et pour l'insensé l'absurde ; ce que chacun préfère, ce sont ses propres œuvres,
comme étant entièrement de la même nature.

Déjà le vieil Epicharme, le poète fabuleux , chantait
ainsi :

> Θαυματον ουδεν εστι, με ταυθ' ουτω λεγειν
> Και ανδανειν αυτοισιν αυτους, και δοκειν
> Καλως πεφυκεναι, και γαρ ο κυων κυνι,
> Καλλιστον ειμεν φαινεται, και βους βοϊ
> Ονος δε ονω καλλιστον, υς δε υΐ.

Ce qu'il faut traduire, afin que cela ne soit perdu pour personne [1] :

---

1. Pour comprendre le sens de ces mots de Schopenhauer, le lecteur
français a besoin de savoir que le philosophe pessimiste, dans son profond dédain des ignorants, ne traduit jamais les citations latines, et
ne traduit les grecques qu'en latin ; c'est donc une exception qu'il fait
ici pour le « fabuleux » Epicharme. — (Trad.)

« Il n'est pas étonnant que je parle dans mon sens, et ceux qui se plaisent à eux-mêmes croient qu'ils sont remplis de mérites louables ; de même rien ne semble plus beau au chien que le chien, au bœuf que le bœuf, à l'âne que l'âne et au cochon que le cochon. »

Le bras le plus vigoureux lui-même, quand il lance un corps léger, ne peut lui communiquer assez de mouvement pour voler loin et frapper fort ; le corps retombera inerte et tout près, parce que l'objet, manquant de masse matérielle propre, ne peut admettre la force extérieure ; tel sera aussi le sort des grandes et belles pensées, des chefs-d'œuvre du génie, quand, pour les admettre, il ne se rencontre que de petits cerveaux, des têtes faibles ou de travers. C'est là ce que les sages de tous les temps ont sans cesse déploré tout d'une voix. Jésus, fils de Sirach, par exemple, dit : « *Qui parle à un fou parle à un endormi. Quand il a fini de parler, l'autre demande : Qu'est-ce qu'il y a ?* » — Dans Hamlet : « *A knavish speech sleeps in a fools ear* (Un discours fripon dort dans l'oreille d'un sot). — Goethe, à son tour :

> Das glücklichste Wort es wird verhöhnt,
> Wenn der Hörer ein Schiefohr ist.

(Le mot le plus heureux est déprécié quand l'auditeur a l'oreille de travers.)

Et le même :

> Du wirkest nicht, Alles bleibt so stumpf,
> Sei guter Dinge !
> Der Stein im Sumpf
> Macht keine Ringe.

(Tu ne peux agir, tout demeure inerte ; ne te désole pas ! Le caillou jeté dans un bourbier ne fait pas de ronds.)

Voici maintenant Lichtenberg : « *Quand une tête et un livre en se heurtant rendent un son creux, cela vient-il toujours du livre?* » Le même dit ailleurs : « *De tels ouvrages sont des miroirs; quand un singe s'y mire, ils ne peuvent réfléchir les traits d'un apôtre.* »

Rapportons encore la belle et touchante plainte du vieux papa Gellert; elle le mérite bien :

> Dass oft die allerbesten Gaben
> Die wenigsten Bewund rer haben,
> Und dass der grösste Theil der Welt
> Das Schlechte für das Gute hält ;
> Dies Uebel sieht man alle Tage.
> Iedoch, wie wehrt man dieser Pest ?
> Ich zweifle, dass sich diese Plage
> Aus unsrer Welt verdrängen lässt.
> Ein einzig Mittel ist auf Erden,
> Allein es ist unendlich schwer :
> Die Narren müssen weise werden ;
> Und seht ! sie werden's nimmermehr.
> Nie kennen sie den Werth der Dinge.
> Ihr Auge schliesst, nicht ihr Verstand :
> Sie loben ewig das Geringe,
> Weil sie das Gute nie gekannt.

(Que de fois les meilleures qualités trouvent le moins d'admirateurs, et que de fois la plupart du monde prend le mauvais pour le bon! C'est là un mal que l'on voit tous les jours. Mais comment éviter cette peste ? Je doute que cette calamité puisse être chassée de ce monde. Il n'est qu'un seul moyen sur terre, mais il est infiniment difficile : c'est que les fous deviennent sages. Mais quoi ! ils ne le deviendront jamais. Ils ne connaissent pas la valeur des choses ; c'est par la vue, ce n'est pas par la raison qu'ils jugent. Ils louent constamment ce qui est petit, car ils n'ont jamais connu ce qui est bon.)

A cette incapacité intellectuelle des hommes qui fait, comme le dit Goethe, qu'il est moins rare de voir naître une œuvre éminente que de la voir reconnue et appréciée, vient s'ajouter encore leur perversité morale se manifestant par l'envie. Car par la gloire qu'on acquiert, il y a un homme de plus qui s'élève au-dessus de ceux de son espèce; ceux-ci sont donc rabaissés d'autant, de manière que tout mérite extraordinaire obtient sa gloire aux dépens de ceux qui n'ont pas de mérites :

> Wenn wir Andern Ehre geben, .
> Müssen wir uns selbst entadeln.
>   (Gœthe, *Divan*, O. O.)

(Quand nous rendons honneur aux autres, nous devons nous déprécier nous-même.)

Voilà qui explique pourquoi, dès qu'apparaît une œuvre supérieure dans n'importe quel genre, toutes les nombreuses médiocrités s'allient et se conjurent pour l'empêcher de se faire connaître, et pour l'étouffer si c'est possible. Leur mot d'ordre tacite est : « *A bas le mérite.* » Ceux-là mêmes qui ont eux aussi des mérites et qui sont déjà en possession de la gloire qui leur en revient ne voient pas volontiers poindre une gloire nouvelle dont l'éclat diminuerait d'autant l'éclat de la leur. Goethe lui-même a dit :

> Hätt' ich gezandert zu werden,
> Bis man mir's Leben gegönnt,
> Ich wäre noch nicht auf Erden,
> Wie ihr begreifen Könnt,
> Wenn ihr seht wie sie sich geberden,
> Die, um etwas zu scheinen,
> Mich gerne nöchten verneinen.

(Si j'avais attendu pour naître que l'on m'accordât la vie, je ne serais pas encore de ce monde, comme vous pouvez le comprendre en voyant comment se démènent ceux-là qui, pour paraître quelque chose, me renieraient volontiers.)

Ainsi donc, pendant que l'*honneur* trouve le plus souvent des juges équitables, pendant que l'envie ne l'attaque pas et qu'on l'accorde même à tout homme par avance, à crédit, la *gloire*, d'autre part, doit être conquise de haute lutte, en dépit de l'envie, et c'est un tribunal de juges décidément défavorables qui décerne la palme. Nous pouvons et nous voulons partager l'honneur avec chacun, mais la gloire acquise par un autre diminue la nôtre ou nous en rend la conquête plus pénible. En outre, la difficulté d'arriver à la gloire par des œuvres est en raison inverse du nombre d'individus dont se compose le public de ces œuvres, et cela pour des motifs faciles à saisir. Aussi la peine est-elle plus grande pour les œuvres dont le but est d'instruire que pour celles qui ne se proposent que d'amuser. C'est pour les ouvrages de philosophie que la difficulté est la plus grande, parce que l'enseignement qu'ils promettent, douteux d'une part, sans profit matériel de l'autre, s'adresse, pour commencer, à un public composé exclusivement de concurrents. Il ressort de ce que nous venons de dire sur les difficultés pour arriver à la gloire, que le monde verrait naître peu ou point d'œuvres immortelles, si ceux qui en peuvent produire ne le faisaient pas pour l'amour même de ces œuvres, pour leur propre satisfaction, et s'ils avaient besoin pour cela du stimulant de la gloire. Bien plus, quiconque doit produire le bon et le vrai et fuir le mauvais bravera l'opinion des masses et de leurs organes; donc il les méprisera. Aussi a-t-on très justement fait observer, Osorio (*De gloria*) entre autres, que la gloire fuit devant ceux qui la cherchent et suit ceux

qui la négligent, parce que les premiers s'accommodent au
goût de leurs contemporains, tandis que les autres l'affron-
tent.

Autant il est difficile d'acquérir la gloire, autant est-il
facile de la conserver. En cela aussi elle est en opposition
avec l'honneur. Celui-ci s'accorde à chacun, même à
crédit, et l'on n'a plus qu'à le garder. Mais là est la tâche,
car une seule action indigne le fait perdre irrévocablement. Au contraire, la gloire ne peut réellement jamais
être perdue, car l'action ou l'œuvre qui l'ont amenée demeure à jamais accomplie, et la gloire en reste à l'auteur,
quand même à l'ancienne il n'en ajouterait plus de nouvelle. Si néanmoins elle s'éteint, si l'auteur lui survit,
c'est qu'elle était fausse, c'est-à-dire qu'il ne l'avait pas
méritée ; elle venait d'une évaluation exagérée et momentanée du mérite ; c'était une gloire dans le genre de celle
de Hegel et que Lichtenberg décrit en disant qu'elle avait
été « *proclamée à son de trompette par une coterie
d'amis et de disciples et répercutée par l'écho des cerveaux creux ; mais comme la postérité sourira quand,
un jour, frappant à la porte de ces cages à mots bariolés, de ces charmants nids d'une mode envolée, de ces
demeures de conventions expirées, elle trouvera tout,
tout absolument vide, et pas une pensée pour répondre
avec confiance :* Entrez ! »

En définitive, la gloire se fonde sur ce qu'un homme est
en comparaison des autres. Elle est donc par essence
quelque chose de relatif et ne peut avoir aussi qu'une valeur relative. Elle disparaîtrait totalement si les autres de-

venaient ce que l'homme célèbre est déjà. Une chose ne
peut avoir de valeur absolue que si elle garde son prix en
toute circonstance; dans le cas présent, ce qui aura une
valeur absolue, ce sera donc ce qu'un homme est directement et par lui-même : c'est là par conséquent ce qui constituera nécessairement la valeur et la félicité d'un grand
cœur et d'un grand esprit. Ce qu'il y a de précieux, ce
n'est donc pas la gloire, mais c'est de la mériter. Les conditions qui en rendent digne sont, pour ainsi dire, la sub-
stance; la gloire n'est que l'accident; cette dernière agit
sur l'homme célèbre comme symptôme extérieur qui vient
confirmer à ses yeux la haute opinion qu'il a de lui-même;
on pourrait dire que, semblable à la lumière qui ne devient
visible que réfléchie par un corps, toute supériorité n'acquiert la pleine conscience d'elle-même que par la gloire.
Mais le symptôme même n'est pas infaillible, vu qu'il
existe de la gloire sans mérite et du mérite sans gloire.
Lessing dit à ce sujet d'une façon charmante : « *Il y a des
hommes célèbres, il y en a qui méritent de l'être.* »
Ce serait en vérité une bien misérable existence que celle
dont la valeur ou la dépréciation dépendraient de ce
qu'elle paraît aux yeux des autres, et telle serait la vie du
héros et du génie si le prix de leur existence consistait
dans la gloire, c'est-à-dire dans l'approbation d'autrui.
Tout être vit et existe avant tout pour son propre compte,
par conséquent principalement en soi et par soi. Ce qu'un
homme est, n'importe comment, il l'est tout d'abord et
par-dessus tout en soi; si, considérée ainsi, la valeur en
est minime, c'est qu'elle l'est aussi, considérée en général.

L'image au contraire de notre être, tel qu'il se réfléchit
dans les têtes des autres hommes, est quelque chose de
secondaire, de dérivé, d'éventuel, ne se rapportant que fort
indirectement à l'original. En outre, les têtes des masses
sont un local trop misérable pour que notre vrai bonheur
y puisse trouver sa place. On ne peut y rencontrer qu'un
bonheur chimérique. Quelle société mélangée ne voit-on
pas réunie dans ce temple de la gloire universelle! Capi-
taines , ministres, charlatans, escamoteurs, danseurs,
chanteurs, millionnaires et juifs : oui, les mérites de tous
ces gens-là y sont bien plus sincèrement appréciés, y trouvent bien plus d'*estime sentie* que les mérites intellectuels, surtout ceux d'ordre supérieur, qui n'obtiennent
de la grande majorité qu'une *estime sur parole*. Au
point de vue eudémonologique, la gloire n'est donc que le
morceau le plus rare et le plus savoureux servi à notre
orgueil et à notre vanité. Mais on trouve surabondamment
d'orgueil et de vanité chez la plupart des hommes, bien
qu'on les dissimule; peut-être même rencontre-t-on ces
deux conditions au plus haut degré chez ceux qui possèdent à n'importe quel titre des droits à la gloire et qui le
plus souvent doivent porter bien longtemps dans leur
âme la conscience incertaine de leur haute valeur, avant
d'avoir l'occasion de la mettre à l'épreuve et ensuite de la
faire reconnaître : jusqu'alors, ils ont le sentiment de subir
une secrète injustice [1]. En général, et comme nous l'avons

---

1. Comme notre plus grand plaisir consiste en ce qu'on nous admire,
mais comme les autres ne consentent que très difficilement à nous
admirer même alors que l'admiration serait pleinement justifiée, il en

dit au commencement de ce chapitre, le prix attaché à
l'opinion est tout à fait disproportionné et déraisonnable,
à ce point que Hobbes a pu dire, en termes très énergiques, mais très justement : « *Toute jouissance de l'âme,
toute satisfaction vient de là que, se comparant aux
autres, on puisse avoir une haute opinion de soi-même.* »
(*De cive*, I, 5.) Ainsi s'explique le grand prix que l'on attache à la gloire, et les sacrifices que l'on fait dans le seul
espoir d'y arriver un jour :

> Fame is the spur, that the clear spirit doth raise
> (That lust infirmity of noble minds)
> To scorn delights and live laborious days.

(La renommée est l'éperon qui pousse les esprits éminents [dernière
faiblesse des nobles âmes] à dédaigner les plaisirs et à consacrer leur
vie au travail.)

Et ailleurs il dit :

> how hard it is to climb
> The hights were Fame's proud temple shines, afar

(Qu'il est dur de grimper aux sommets où brille au loin le temple de
la Renommée.)

C'est pourquoi aussi la plus vaniteuse de toutes les
nations a toujours à la bouche le mot « gloire » et considère celle-ci comme le mobile principal des grandes
actions et des grandes œuvres. Seulement, comme la
gloire n'est incontestablement que le simple écho, l'image,
l'ombre, le symptôme du mérite, et comme en tout cas

résulte que celui-là est le plus heureux qui, n'importe comment, est
arrivé à s'admirer sincèrement soi-même. Seulement il ne doit pas se
laisser égarer par les autres. — (*Note de l'auteur.*)

ce qu'on admire doit avoir plus de valeur que l'admiration, il s'ensuit que ce qui rend vraiment heureux ne réside pas dans la gloire, mais dans ce qui nous l'attire, dans le mérite même, ou, pour parler plus exactement, dans le caractère et les facultés qui fondent le mérite soit dans l'ordre moral soit dans l'ordre intellectuel. Car ce qu'un homme peut être de meilleur, c'est nécessairement pour lui-même qu'il doit l'être; ce qui se réfléchit de son être dans la tête des autres, ce qu'il vaut dans leur opinion n'est qu'accessoire et d'un intérêt subordonné pour lui. Par conséquent, celui qui ne fait que mériter la gloire, quand même il ne l'obtient pas, possède amplement la chose principale et a de quoi se consoler de ce qui lui manque. Ce qui rend un homme digne d'envie, ce n'est pas d'être tenu pour grand par ce public si incapable de juger et souvent si aveugle, c'est d'être grand; le suprême bonheur non plus n'est pas de voir son nom aller à la postérité, mais de produire des pensées qui méritent d'être recueillies et méditées dans tous les siècles. C'est là ce qui ne peut lui être enlevé, « των εφ' ημιν »; le reste est « των ουκ εφ' ημιν ».

Quand, au contraire, l'admiration même est l'objet principal, c'est que le sujet n'en est pas digne. Tel est en effet le cas pour la fausse gloire, c'est-à-dire la gloire non méritée. Celui qui la possède doit s'en contenter pour tout aliment, puisqu'il n'a pas les qualités dont cette gloire ne doit être que le symptôme, le simple reflet. Mais il se dégoûtera souvent de cette gloire même : il arrive un moment où, en dépit de l'illusion sur son

propre compte que la vanité lui procure, il sera pris de
vertige sur ces hauteurs qu'il n'est pas fait pour habiter,
ou bien il s'éveille en lui un vague soupçon de n'être que
du cuivre doré ; il est saisi de la crainte d'être dévoilé et
humilié comme il le mérite, surtout alors qu'il peut lire
déjà sur le front des sages le jugement de la postérité. Il
ressemble à un homme possédant un héritage en vertu
d'un faux testament. Le retentissement de la gloire vraie,
de celle qui vivra à travers les âges futurs, n'arrive jamais
aux oreilles de celui qui en est l'objet, et pourtant on le
tient pour heureux. C'est que ce sont les hautes facultés
auxquelles il doit sa gloire, c'est le loisir de les développer, c'est-à-dire d'agir en conformité de sa nature,
c'est d'avoir pu ne s'occuper que des sujets qu'il aimait
ou qui l'amusaient, c'est là ce qui l'a rendu heureux ; ce
n'est aussi que dans ces conditions que se produisent les
œuvres qui iront à la gloire. C'est donc sa grande âme,
c'est la richesse de son intelligence, dont l'empreinte dans
ses œuvres force l'admiration des temps à venir, qui
sont la base de son bonheur ; ce sont encore ses pensées
dont la méditation fera l'étude et les délices des plus
nobles esprits à travers d'innombrables siècles. Avoir
mérité la gloire, voilà ce qui en fait la valeur comme aussi
la propre récompense. Que des travaux appelés à la gloire
éternelle l'aient parfois obtenue déjà des contemporains,
c'est là un fait dû à des circonstances fortuites et qui n'a
pas grande importance. Car les hommes manquent d'ordinaire de jugement propre, et surtout ils n'ont pas les
facultés voulues pour apprécier les productions d'un ordre

élevé et difficile ; aussi suivent-ils toujours sur ces matières l'autorité d'autrui, et la gloire suprême est accordée
de pure confiance par quatre-vingt-dix-neuf admirateurs
sur cent. C'est pourquoi l'approbation des contemporains,.
quelque nombreuses que soient leurs voix, n'a que peu
de prix pour le penseur; il n'y distingue toujours que
l'écho de quelques voix peu nombreuses qui ne sont elles-
mêmes parfois qu'un effet du moment. Un virtuose se
sentirait-il bien flatté par les applaudissements approbatifs
de son public s'il apprenait que, sauf un ou deux individus, l'auditoire est composé en entier de sourds qui,
pour dissimuler mutuellement leur infirmité, applaudissent
bruyamment dès qu'ils voient remuer les mains du seul
qui entend? Que serait-ce donc s'il apprenait aussi que
ces chefs de claque ont souvent été achetés pour procurer
le plus éclatant succès au plus misérable racleur! Ceci
nous explique pourquoi la gloire contemporaine subit si
rarement la métamorphose en gloire immortelle; d'Alem-
bert rend la même pensée dans sa magnifique description
du temple de la gloire littéraire : « *L'intérieur du temple
n'est habité que par des morts qui n'y étaient pas de
leur vivant, et par quelques vivants que l'on met à la
porte, pour la plupart, dès qu'ils sont morts.* »

Pour le dire en passant, élever un monument à un
homme de son vivant, c'est déclarer que pour ce qui le
concerne on ne se fie pas à la postérité. Quand malgré
tout un homme arrive pendant sa vie à une gloire que les
générations futures confirmeront, ce ne sera jamais que
dans un âge avancé : il y a bien quelques exceptions à

cette règle pour les artistes et les poètes, mais il y en a beaucoup moins pour les philosophes. Les portraits d'hommes célèbres pour leurs œuvres, peints généralement à une époque où leur célébrité était déjà établie, confirment la règle précédente ; ils nous les représentent d'ordinaire vieux et tout blancs, les philosophes nommément. Au point de vue eudémonologique, toutefois, la chose est parfaitement justifiée. Avoir gloire et jeunesse à la fois, c'est trop pour un mortel. Notre existence est si pauvre que ses biens doivent être répartis avec plus de ménagement. La jeunesse a bien assez de richesse propre ; elle peut s'en contenter. C'est dans la vieillesse, quand jouissances et plaisirs sont morts, comme les arbres pendant l'hiver, que l'arbre de la gloire vient bourgeonner à propos, comme une verdure d'hiver ; on peut encore comparer la gloire à ces poires tardives qui se développent pendant l'été, mais qu'on ne mange qu'en hiver. Il n'y a pas de plus belle consolation pour le vieillard que de voir toute la force de ses jeunes années s'incorporer dans des œuvres qui ne vieilliront pas comme sa jeunesse.

Examinons maintenant de plus près la route qui conduit à la gloire par les sciences, celles-ci étant la branche le plus à notre portée ; nous pourrons établir à leur égard la règle suivante. La supériorité intellectuelle dont témoigne la gloire scientifique se manifeste toujours par une combinaison neuve de certaines données. Ces dernières peuvent être d'espèces très diverses, mais la gloire attachée à leur combinaison sera d'autant plus grande et plus étendue qu'elles-mêmes seront plus généralement connues et plus accessibles à chacun. Si ces données sont, par exemple, des chiffres, des courbes, une question spéciale de physique, de zoologie, de botanique ou d'anatomie, des passages corrompus d'auteurs anciens, des inscriptions à demi effacées ou dont l'alphabet nous manque, ou des points obscurs d'histoire, dans tous ces cas la gloire qu'on acquerra à les combiner judicieusement ne s'étendra guère plus loin que la connaissance même de ces données et par conséquent ne dépassera pas le cercle d'un petit nombre d'hommes qui vivent d'ordinaire dans la retraite et sont jaloux de la gloire dans leur profession spéciale. Si, au contraire, les données sont de celles que tout le monde connaît, si ce sont par exemple des facultés essentielles et universelles de l'esprit ou du cœur humain, ou bien des forces naturelles dont l'action se passe constamment sous nos yeux, ou bien encore la marche, familière à tous, de la nature en général, alors la gloire de les avoir mises en plus grande lumière par une combinaison neuve, importante et évidente, se répandra avec le temps dans le sein de l'humanité civilisée presque tout entière. Car, si les données sont accessibles à chacun, leur combinaison généralement le sera aussi. Néanmoins la gloire sera toujours en rapport avec la difficulté à surmonter. En effet, plus les hommes à qui les données sont connues seront nombreux, plus il sera difficile de les combiner d'une manière neuve et juste à la fois, puisqu'une infinité d'esprits s'y seront déjà essayés et auront épuisé les combinaisons possibles. En revanche, les données inaccessibles au grand public, et dont la connaissance ne s'acquiert que par des voies longues et laborieuses, admettront encore le plus souvent des combinaisons nouvelles; quand on les aborde avec une raison droite et un jugement sain, on peut aisément avoir la chance d'arriver à une combinaison neuve et juste. Mais la gloire ainsi obtenue aura, à peu de chose près, pour limite le cercle même de la connaissance de ces données. Car la solution des problèmes de cette nature exige, à la vérité, beaucoup de travail et d'étude; d'autre part, les données pour les problèmes de la première espèce, où la gloire à acquérir est précisément la plus élevée et la plus vaste, sont connues de tout le monde et sans effort; mais, s'il faut peu de travail pour les connaître, il faudra d'autant plus de talent, de génie même pour les combiner. Or il n'y a pas de travail qui, pour la valeur propre ou pour celle qu'on lui attribue, puisse soutenir la comparaison avec le talent ou le génie.

Il résulte de là que ceux qui se savent doués d'une raison solide et d'un jugement droit, sans avoir pourtant le sentiment de posséder une intelligence hors ligne, ne doivent pas reculer devant les longues études et les recherches laborieuses; ils pourront s'élever par là au-dessus des hommes à la portée desquels se trouvent les données universellement connues, et atteindre des régions écartées, accessibles seulement à l'activité du savant. Car ici le nombre des concurrents est infiniment moindre, et un esprit quelque peu supérieur trouvera bientôt l'occasion d'une combinaison neuve et juste; le mérite de sa découverte pourra même s'appuyer en même temps sur la

difficulté d'arriver à la connaissance des données. Mais
la multitude ne percevra que de loin le bruit des applaudissements que ces travaux vaudront à leur auteur de la
part de ses confrères en science, seuls connaisseurs en la
matière. En poursuivant jusqu'à son terme la route ici
indiquée, on peut même déterminer le point où les données,
par leur extrême difficulté d'acquisition, suffisent à
elles seules, en dehors de toute combinaison, pour fonder
une gloire. Tels sont les voyages dans les pays très éloignés
et peu visités ; on devient célèbre par ce qu'on a vu, non
par ce qu'on a pensé. Ce système a encore ce grand
avantage qu'il est plus facile de communiquer aux autres
les choses qu'on a vues que celles qu'on a pensées, de
même que le public comprend plus aisément les premières
que les secondes ; on trouve aussi de cette façon plus
de lecteurs. Car, ainsi qu'Asmus l'a déjà dit :

> Wenn jemand eine Reise thut,
> So kann er was erzählen.

(Après un grand voyage, on a bien des choses à raconter.)

Mais il en résulte aussi que, lorsqu'on fait la connaissance personnelle d'hommes célèbres de cette espèce, on
se rappelle souvent l'observation d'Horace :

> Cœlum, non animum, mutant, qui trans mare currunt.
> (Ep. I, 11, v. 27.)

(C'est changer de climat, ce n'est pas changer d'humeur, que de
courir au delà des mers.)

En ce qui concerne maintenant l'homme doué de hautes
facultés, celui qui seul peut oser aborder la solution de ces

grands et difficiles problèmes traitant des choses générales et universelles, celui-là fera bien d'une part d'élargir
le plus possible son horizon, mais d'autre part il devra
l'étendre également dans toutes les directions, sans ·
s'égarer trop profondément dans quelqu'une de ces
régions plus spéciales, connues seulement de peu d'individus ; en d'autres mots, sans pénétrer trop avant dans
les détails spéciaux d'une seule science, et bien moins
encore faire de la micrologie, dans quelque branche que
ce soit. Car il n'a pas besoin de s'adonner aux choses
difficilement accessibles pour échapper à la foule des
concurrents ; ce qui est à la portée de tous lui fournira
précisément matière à des combinaisons neuves, importantes et vraies. Mais, par là même, son mérite pourra être
apprécié par tous ceux qui connaissent les données, et c'est
la plus grande partie du genre humain. Voilà la raison de
l'immense différence entre la gloire réservée aux poètes et
aux philosophes et celle accessible aux physiciens, chi-
mistes, anatomistes, minéralogues, zoologues, philolo-
gues, historiens et autres.

CHAPITRE V

Ici moins que partout j'ai la prétention d'être complet;
sans quoi j'aurais à répéter les nombreuses, et en partie
excellentes, règles de la vie données par les penseurs de
tous les temps, depuis Theognis et le pseudo-Salomon [1]
jusqu'à La Rochefoucauld; je ne pourrais pas éviter non
plus beaucoup de lieux communs des plus rebattus. J'ai
renoncé aussi presque entièrement à tout ordre systématique. Que le lecteur s'en console, car en pareilles
matières un traité complet et systématique eût été infailliblement ennuyeux. Je n'ai consigné que ce qui m'est
venu tout d'abord à l'esprit, ce qui m'a semblé digne
d'être communiqué et ce qui, autant que je me le rap-
pelais, n'avait pas encore été dit, pas aussi complètement du moins et pas sous cette même forme ; je ne fais
donc que glaner dans ce vaste champ où d'autres ont ré-
colté avant moi.

1. L'*Ecclésiaste;* trad.

Toutefois pour apporter un peu de suite dans cette grande
variété d'opinions et de conseils relatifs à mon sujet, je les
classerai en maximes générales et en maximes concernant notre conduite envers nous-même, puis envers les
autres et enfin en face de la marche des choses et du sort
en ce monde.

I. — Maximes générales.

1° Je considère comme la règle suprême de toute sagesse dans la vie la proposition énoncée par Aristote dans
sa *Morale à Nicomaque* (VII, 12) : « ο φρονιμος το αλυπον
διωκει, ου το ηδυ, » ce qui peut se traduire ainsi : *Le sage
poursuit l'absence de douleur et non le plaisir*. La vérité
de cette sentence repose sur ce que tout plaisir et tout
bonheur sont de nature négative, la douleur par contre de
nature positive. J'ai développé et prouvé cette thèse dans
mon ouvrage principal, vol. I, § 58. Je veux cependant
l'expliquer encore par un fait d'observation journalière.
Quand notre corps tout entier est sain et intact, sauf une
petite place blessée ou douloureuse, la conscience cesse
de percevoir la santé du tout; l'attention se dirige tout entière sur la douleur de la partie lésée, et le plaisir, déterminé par le sentiment total de l'existence, s'efface. De
même, quand toutes nos affaires marchent à notre gré, sauf
une seule qui va à l'encontre, c'est celle-ci, fût-elle de
minime importance, qui nous trotte constamment par la
cervelle, c'est sur elle que se reporte toujours notre
pensée et rarement sur les autres choses, plus importantes,

qui marchent à notre souhait. Dans les deux cas, c'est la *volonté* qui est lésée, la première fois telle qu'elle *s'objective* dans l'organisme, la seconde fois dans les efforts de l'homme ; nous voyons, dans les deux cas, que sa satisfaction n'agit jamais que négativement, et que, par conséquent, elle n'est pas éprouvée directement du tout ; c'est tout au plus par voie réflexe qu'elle arrive à la conscience. Ce qu'il y a de positif au contraire, c'est l'empêchement de la volonté, lequel se manifeste directement aussi. Tout plaisir consiste à supprimer cet empêchement, à s'en affranchir, et ne saurait être, par conséquent, que de courte durée.

Voilà donc sur quoi repose l'excellente règle d'Aristote rapportée ci-dessus, d'avoir à diriger notre attention non sur les jouissances et les agréments de la vie, mais sur les moyens d'échapper autant qu'il est possible aux maux innombrables dont elle est semée. Si cette voie n'était pas la vraie, l'aphorisme de Voltaire : « *Le bonheur n'est qu'un rêve et la douleur est réelle,* » serait aussi faux qu'il est juste en réalité. Aussi, quand on veut arrêter le bilan de sa vie au point de vue eudémonologique, il ne faut pas établir son compte d'après les plaisirs qu'on a goûtés, mais d'après les maux auxquels on s'en soustrait. Bien plus, l'eudémonologie, c'est-à-dire un traité de la vie heureuse, doit commencer par nous enseigner que son nom même est un euphémisme, et que par « vivre heureux » il faut entendre seulement « moins malheureux », en un mot, supportablement. Et, de fait, la vie n'est pas là pour qu'on en jouisse, mais pour qu'on subisse, pour

qu'on s'en acquitte ; c'est ce qu'indiquent aussi bien
des expressions telles que, en latin : « *degere vitam* »,
« *vitam defungi* »; en italien : « *si scampa cori* »;
en allemand : « *man muss suchen, durch zukommen* »,
« *er wird schon durch die Welt kommen* », et autres
semblables. Oui, c'est une consolation, dans la vieillesse,
que d'avoir derrière soi le labeur de la vie. L'homme
le plus heureux est donc celui qui parcourt sa vie sans
douleurs trop grandes, soit au moral soit au physique,
et non pas celui qui a eu pour sa part les joies les plus
vives ou les jouissances les plus fortes. Vouloir mesurer sur celles-ci le bonheur d'une existence, c'est recourir à une fausse échelle. Car les plaisirs sont et restent
négatifs ; croire qu'ils rendent heureux est une illusion
que l'envie entretient et par laquelle elle se punit elle-
même. Les douleurs au contraire sont senties positivement,
c'est leur absence qui est l'échelle du bonheur de la vie.
Si, à un état libre de douleur vient s'ajouter encore l'absence de l'ennui, alors on atteint le bonheur sur terre
dans ce qu'il a d'essentiel, car le reste n'est plus que chimère. Il suit de là qu'il ne faut jamais acheter de plaisirs
au prix de douleurs, ni même de leur menace seule, vu
que ce serait payer du *négatif* et du *chimérique* avec du
positif et du *réel*. En revanche, il y a bénéfice à sacrifier
des plaisirs pour éviter des douleurs. Dans l'un et l'autre
cas, il est indifférent que les douleurs suivent ou précèdent
les plaisirs. Il n'y a vraiment pas de folie plus grande que
de vouloir transformer ce théâtre de misères en un lieu de
plaisance, et de poursuivre des jouissances et des joies au

lieu de chercher à éviter la plus grande somme possible
de douleurs. Que de gens cependant tombent dans cette
folie! L'erreur est infiniment moindre chez celui qui, d'un
œil trop sombre, considère ce monde comme une espèce
d'enfer et n'est occupé qu'à s'y procurer un logis à
l'épreuve des flammes. Le fou court après les plaisirs de
la vie et trouve la déception ; le sage évite les maux. Si
malgré ces efforts il n'y parvient pas, la faute en est alors
au destin et non à sa folie. Mais pour peu qu'il y réussisse,
il ne sera pas déçu, car les maux qu'il aura écartés sont
des plus réels. Dans le cas même où le détour fait pour leur
échapper eût été trop grand et où il aurait sacrifié inuti-
lement des plaisirs, il n'a rien perdu en réalité : car ces
derniers sont chimériques, et se désoler de leur perte serait petit ou plutôt ridicule.

Pour avoir méconnu cette vérité à la faveur de l'opti-
misme, on a ouvert la source de bien des calamités. En effet,
dans les moments où nous sommes libres de souffrances,
des désirs inquiets font briller à nos yeux les chimères d'un
bonheur qui n'a pas d'existence réelle et nous induisent à les
poursuivre : par là nous attirons la douleur qui est incontestablement réelle. Alors nous nous lamentons sur cet état
exempt de douleurs que nous avons perdu et qui se trouve
maintenant derrière nous comme un Paradis que nous
avons laissé échapper à plaisir, et nous voudrions vainement
rendre non-avenu ce qui est avenu. Il semble ainsi qu'un
méchant démon soit constamment occupé, par les mirages
trompeurs de nos désirs, à nous arracher à cet état exempt
de souffrances, qui est le bonheur suprême et réel. Le

jeune homme s'imagine que ce monde qu'il n'a pas encore
vu est là pour être goûté, qu'il est le siège d'un bonheur
positif qui n'échappe qu'à ceux qui n'ont pas l'adresse de
s'en emparer. Il est fortifié dans sa croyance par les romans et les poésies, et par cette hypocrisie qui mène le
monde, partout et toujours, par les apparences extérieures.
Je reviendrai tout à l'heure là-dessus. Désormais, sa vie
est une chasse au bonheur positif, menée avec plus ou
moins de prudence ; et ce bonheur positif est, à ce titre,
censé composé de plaisirs positifs. Quant aux dangers auxquels on s'expose, eh bien, il faut en prendre son parti.
Cette chasse entraîne à la poursuite d'un gibier qui n'existe
en aucune façon, et finit d'ordinaire par conduire au malheur bien réel et bien positif. Douleurs, souffrances, maladies, pertes, soucis, pauvreté, déshonneur et mille autres
peines, voilà sous quelles formes se présente le résultat. Le
désabusement arrive trop tard. Si au contraire on obéit à
la règle ici exposée, si l'on établit le plan de sa vie en vue
d'éviter les souffrances, c'est-à-dire d'écarter le besoin, la
maladie et toute autre peine, alors le but est réel ; on pourra
obtenir quelque chose, et d'autant plus que le plan aura été
moins dérangé par la poursuite de cette chimère du bonheur positif. Ceci s'accorde avec ce que Gœthe, dans les
affinités électives, fait dire à Mittler, qui est toujours occupé
du bonheur des autres : « *Celui qui veut s'affranchir d'un*
mal sait toujours ce qu'il veut : celui qui cherche mieux
qu'il n'a est aussi aveugle qu'un cataracté. » Ce qui rappelle ce bel adage français : « *le mieux est l'ennemi du*
bien. » C'est de là également que l'on peut déduire l'idée

fondamentale du cynisme, tel que je l'ai exposée dans mon
grand ouvrage, tome II, chap. 16. Qu'est-ce en effet qui
portait les cyniques à rejeter toutes jouissances, si ce n'est
la pensée des douleurs dont elles s'accompagnent de près
ou de loin? Eviter celles-ci leur semblait autrement important que se procurer les premières. Profondément péné-
trés et convaincus de la condition négative de tout plaisir
et positive de toute souffrance, ils faisaient tout pour
échapper aux maux, et pour cela jugeaient nécessaire de
repousser entièrement et intentionnellement les jouissances qu'ils considéraient comme des pièges tendus pour
nous livrer à la douleur.

Certes nous naissons tous en Arcadie, comme dit Schiller, c'est-à-dire nous abordons la vie pleins de prétentions
au bonheur, au plaisir, et nous entretenons le fol espoir
d'y arriver. Mais, règle générale, arrive bientôt le destin,
qui nous empoigne rudement et nous apprend que rien
n'est *à nous*, que tout est *à lui*, en ce qu'il a un droit in-
contesté non seulement sur tout ce que nous possédons
et acquérons, sur femme et enfants, mais même sur nos
bras et nos jambes, sur nos yeux et nos oreilles, et jusque
sur ce nez que nous portons au milieu du visage. En tout
cas, il ne se passe pas longtemps, et l'expérience vient nous
faire comprendre que bonheur et plaisir sont une « *Fata
Morgana* » qui, visible de loin seulement, disparaît quand
on s'en approche, mais qu'en revanche souffrance et douleur ont de la réalité, qu'elles se présentent immédiatement et par elles-mêmes, sans prêter à l'illusion ni à l'attente. Si la leçon porte ses fruits, alors nous cessons de

courir après le bonheur et le plaisir, et nous nous atta-
chons plutôt à fermer, autant que possible, tout accès à
la douleur et à la souffrance. Nous reconnaissons aussi que
ce que le monde peut nous offrir de mieux, c'est une existence sans peine, tranquille, supportable, et c'est à une
telle vie que nous bornons nos exigences, afin d'en pouvoir jouir plus sûrement. Car, pour ne pas devenir très
malheureux, le moyen le plus certain est de ne pas demander à être très heureux. C'est ce qu'a reconnu Merck,
l'ami de jeunesse de Gœthe, quand il a écrit : « *Cette
vilaine prétention à la félicité, surtout dans la mesure
où nous la rêvons, gâte tout ici-bas. Celui qui peut s'en
affranchir et ne demande que ce qu'il a devant soi, celui-
là pourra se faire jour à travers la mêlée.* » (*Corresp. de
Merck.*) Il est donc prudent d'abaisser à une échelle très
modeste ses prétentions aux plaisirs, aux richesses, au
rang, aux honneurs, etc., car ce sont elles qui nous atti-
rent les plus grandes infortunes ; c'est cette lutte pour le
bonheur, pour la splendeur et les jouissances. Mais une
telle conduite est déjà sage et avisée par là seul qu'il est
très facile d'être extrêmement malheureux et qu'il est,
non pas difficile, mais tout à fait impossible, d'être
très heureux. Le chantre de la sagesse a dit avec raison :

> Auream quisquis mediocritatem
> Diligit, tutus caret obsoleti
> Sordibus tecti, caret invidenda
>   Sobrius aula.
>
> Sævius ventis agitatur ingens
> Pinus : et celsæ graviore casu

Decidunt turres : feriuntque summos
Fulgura montes.
                    (Horace, l. II, od. 10.)

(Celui qui aime la médiocrité, plus précieuse que l'or, ne cherche
pas le repos sous le misérable toit d'une chaumière, et, sobre en ses
désirs, fuit les palais que l'on envie. Le chêne altier est plus souvent
battu par l'orage ; les hautes tours s'écroulent avec plus de fracas, et
c'est la cime des monts que va frapper la foudre.)

Quiconque, s'étant pénétré. des enseignements de ma
philosophie, sait que toute notre existence est une chose
qui devrait plutôt ne pas être et que la suprême sagesse
consiste à la nier et à la repousser, celui-là ne fondera de
grandes espérances sur aucune chose ni sur aucune situation, ne poursuivra avec emportement rien au monde
et n'élèvera de grandes plaintes au sujet d'aucun mécompte,
mais il reconnaîtra la vérité de ce que dit Platon (*Rép.*,
X, 604) : « ουτε τι των ανθρωπινων αξιον μεγαλης σπουδης » (Rien
des choses humaines n'est digne d'un grand empressement), et cette autre vérité du poète persan :

As-tu perdu l'empire du monde ?
Ne t'en afflige point ; ce n'est rien.
As-tu conquis l'empire du monde?
Ne t'en réjouis pas ; ce n'est rien.
Douleurs et félicités, tout passe,
Passe à côté du monde, ce n'est rien.
                    (Anwari Soheili.)

(Voir l'épigraphe du *Gulistan* de Sardi, traduit en allemand par
Graf.)

Ce qui augmente particulièrement la difficulté de se
pénétrer de vues aussi sages, c'est cette hypocrisie du
monde dont j'ai parlé plus haut, et rien ne serait utile

comme de la dévoiler de bonne heure à la jeunesse. Les
magnificences sont pour la plupart de pures apparences,
comme des décors de théâtre, et l'essence de la chose
manque. Ainsi des vaisseaux pavoisés et fleuris, des
coups de canon, des illuminations, des timbales et des
trompettes, des cris d'allégresse, etc., tout cela est l'enseigne, l'indication, l'hiéroglyphe de la *joie;* mais le
plus souvent la joie n'y est pas : elle seule s'est excusée
de venir à la fête. Là où réellement elle se présente, là
elle arrive d'ordinaire sans se faire inviter ni annoncer,
elle vient d'elle-même et *sans façons*, s'introduisant
en silence, souvent pour les motifs les plus insignifiants
et les plus futiles, dans les occasions les plus journalières, parfois même dans des circonstances qui ne
sont rien moins que brillantes ou glorieuses. Comme
l'or en Australie, elle se trouve éparpillée, çà et là, selon
le caprice du hasard, sans règle ni loi, le plus souvent
en poudre fine, très rarement en grosses masses. Mais
aussi, dans toutes ces manifestations dont nous avons
parlé, le seul but est de faire accroire aux autres que
la joie est de la fête; l'intention, c'est de produire l'illusion dans la tête d'autrui.

Comme de la joie, ainsi de la tristesse. De quelle allure mélancolique s'avance ce long et lent convoi! La file
des voitures est interminable. Mais regardez un peu à l'intérieur : elles sont toutes vides, et le défunt n'est, en réalité, conduit au cimetière que par tous les cochers de la
ville. Parlante image de l'amitié et de la considération en
ce monde! Voilà ce que j'appelle la fausseté, l'inanité et

l'hypocrisie de la conduite humaine. Nous en avons encore un exemple dans les réceptions solennelles avec les
nombreux invités en habits de fête; ceux-ci sont l'enseigne de la noble et haute société : mais, à sa place, c'est
la peine, la contrainte et l'ennui qui sont venus : car où
il y a beaucoup de convives il y a beaucoup de racaille,
eussent-ils tous des crachats sur la poitrine. En effet, la
véritable bonne société est partout et nécessairement très
restreinte. En général, ces fêtes et ces réjouissances portent toujours en elles quelque chose qui sonne creux ou,
pour mieux dire, qui sonne faux, précisément parce qu'elles
contrastent avec la misère et l'indigence de notre existence, et que toute opposition fait mieux ressortir la
vérité. Mais, vu du dehors, tout ça fait de l'effet; et c'est
là le but. Chamfort dit d'une manière charmante : « *La
société, les cercles, les salons, ce qu'on appelle le monde
est une pièce misérable, un mauvais opéra, sans intérêt, qui se soutient un peu par les machines, les
costumes et les décorations.* » Les académies et les
chaires de philosophie sont également l'enseigne, le si-
mulacre extérieur de la *sagesse ;* mais elle aussi s'ab-
stient le plus souvent d'être de la fête, et c'est ailleurs
qu'on la trouverait. Les sonneries de cloches, les vêtements sacerdotaux, le maintien pieux, les simagrées,
sont l'enseigne, le faux semblant de la dévotion, et
ainsi de suite. C'est ainsi que presque toutes choses
en ce monde peuvent être dites des noisettes creuses; le
noyau est rare par lui-même, et plus rarement encore
est-il logé dans la coque. Il faut le chercher toute

autre part, et on ne le rencontre d'ordinaire que par un
hasard.

2° Quand on veut évaluer la condition d'un homme
au point de vue de sa félicité, ce n'est pas de ce qui
le divertit, mais de ce qui l'attriste qu'on doit s'informer;
car, plus ce qui l'afflige sera insignifiant en soi, plus
l'homme sera heureux; il faut un certain état de bien-
être pour être sensible à des bagatelles; dans le malheur, on ne les sent pas du tout.

3° Il faut se garder d'asseoir la félicité de sa vie sur
une *base large* en élevant de nombreuses prétentions au
bonheur : établi sur un tel fondement, il croule plus
facilement, car il donne infailliblement alors naissance à
plus de désastres. L'édifice du bonheur se comporte donc
sous ce rapport au rebours de tous les autres, qui sont
d'autant plus solides que leur base est plus large. Placer
ses prétentions le plus bas possible, en proportion de
ses ressources de toute espèce, voilà la voie la plus sûre
pour éviter de grands malheurs.

C'est en général une folie des plus grandes et des
plus répandues que de prendre, de quelque façon que
ce soit, de *vastes dispositions* pour sa vie. Car d'abord,
pour le faire, on compte sur une vie d'homme pleine et
entière, à laquelle cependant arrivent peu de gens. En
outre, quand même on vivrait une existence aussi longue,
elle ne se trouverait pas moins être trop courte pour
les plans conçus; leur exécution réclame toujours plus

de temps qu'on ne supposait; ils sont de plus exposés, comme toutes choses humaines, à tant d'échecs et à tant d'obstacles de toute nature, qu'on peut rarement les mener jusqu'à leur terme. Finalement, alors même qu'on a réussi à tout obtenir, on s'aperçoit qu'on a négligé de tenir compte des modifications que le temps produit en *nous-même;* on n'a pas réfléchi que, ni pour créer ni pour jouir, nos facultés ne restent invariables dans la vie entière. Il en résulte que nous travaillons souvent à acquérir des choses qui, une fois obtenues, ne se trouvent plus être à notre taille; il arrive encore que nous employons aux travaux préparatoires d'un ouvrage, des années qui, dans l'entre-temps, nous enlèvent insensiblement les forces nécessaires à son achèvement. De même, des richesses acquises au prix de longues fatigues et de nombreux dangers ne peuvent souvent plus nous servir, et nous nous trouvons avoir travaillé pour les autres; il en résulte encore que nous ne sommes plus en état d'occuper un poste enfin obtenu après l'avoir poursuivi et ambitionné pendant de longues années. Les choses sont arrivées trop tard pour nous, ou, à l'inverse, c'est nous qui arrivons trop tard pour les choses, alors surtout qu'il s'agit d'œuvres ou de productions; le goût de l'époque a changé; une nouvelle génération a grandi qui ne prend aucun intérêt à ces matières; ou bien d'autres nous ont devancés par des chemins plus courts, et ainsi de suite. Tout ce que nous avons exposé dans ce paragraphe 3, Horace l'a eu en vue dans les vers suivants :

Quid æternis minorem
Consiliis animum fatigas ?
(L. II, Ode 11,(v. 11 et 12.)
(Pourquoi fatiguer d'éternels projets un esprit débile?)

Cette méprise si commune est déterminée par l'inévitable illusion d'optique des yeux de l'esprit, qui nous
fait apparaître la vie comme infinie ou comme très courte,
selon que nous la voyons de l'entrée ou du terme de
notre carrière. Cette illusion a cependant son bon côté;
sans elle, nous produirions difficilement quelque chose
de grand.

Mais il nous arrive en général dans la vie ce qui arrive
au voyageur : à mesure qu'il avance, les objets prennent des formes différentes de celles qu'ils montraient de
loin et ils se modifient pour ainsi dire à mesure qu'on
s'en rapproche. Il en advient ainsi principalement de
nos désirs. Nous trouvons souvent autre chose, parfois
même mieux que ce que nous cherchions; souvent aussi
ce que nous cherchons, nous le trouvons par une toute
autre voie que celle vainement suivie jusque-là. D'autres
fois, là où nous pensions trouver un plaisir, un bonheur, une joie, c'est, à leur place, un enseignement, une
explication, une connaissance, c'est-à-dire un bien durable et réel en place d'un bien passager et trompeur,
qui s'offre à nous. C'est cette pensée qui court, comme
une base fondamentale, à travers tout le livre de Wilhelm Meister ; c'est un roman intellectuel et par cela
même d'une qualité supérieure à tous les autres, même
à ceux de Walter Scott, qui ne sont tous que des œuvres

morales, c'est-à-dire qui n'envisagent la nature humaine que par le côté de la volonté! Dans *La flûte enchantée*, hiéroglyphe grotesque, mais expressif et significatif, nous trouvons également cette même pensée fondamentale symbolisée en grands et gros traits comme ceux des décorations de théâtre; la symbolisation serait même parfaite si, au dénouement, Tamino, ramené par le désir de posséder Tamina, au lieu de celle-ci, ne demandait et n'obtenait que l'initiation dans le temple de la Sagesse; en revanche, Papagéno, l'opposé nécessaire de Tamino, obtiendra sa Papagéna. Les hommes supérieurs et nobles saisissent vite cet enseignement du destin et s'y prêtent avec soumission et reconnaissance : ils comprennent que dans ce monde on peut bien trouver l'instruction, mais non le bonheur; ils s'habituent à échanger des espérances contre des connaissances; ils s'en contentent et disent finalement avec Pétrarque :

Altro diletto, che'mparar non provo.

Ils peuvent même en arriver à ne plus suivre leurs désirs et leurs aspirations qu'en apparence pour ainsi dire et comme un badinage, tandis qu'en réalité et dans le sérieux de leur for intérieur ils n'attendent que de l'instruction; ce qui les revêt alors d'une teinte méditative, géniale et élevée. Dans ce sens, on peut dire aussi qu'il en est de nous comme des alchimistes, qui, pendant qu'ils ne cherchaient que de l'or, ont trouvé la poudre à canon, la porcelaine, des médicaments et jusqu'à des lois naturelles.

II. — Concernant notre conduite envers nous-même.

4° Le manœuvre qui aide à élever un édifice, n'en
connaît pas le plan d'ensemble, ou ne l'a pas toujours
sous les yeux; telle est aussi la position de l'homme,
pendant qu'il est occupé à dévider un à un les jours et
les heures de son existence, par rapport à l'ensemble
de sa vie et au caractère total de celle-ci. Plus ce caractère est digne, considérable, significatif et indivi-
duel, plus il est nécessaire et bienfaisant pour l'individu
de jeter de temps en temps un regard sur le plan réduit
de sa vie. Il est vrai que pour cela il lui faut avoir fait
déjà un premier pas dans le « γνῶθι σαυτόν » (connais-toi
toi-même) : il doit donc savoir ce qu'il veut réellement,
principalement et avant tout; il doit connaître ce qui
est essentiel à son bonheur, et ce qui ne vient qu'en
seconde, puis en troisième ligne; il faut qu'il se rende
compte, en gros, de sa vocation, de son rôle et de ses
rapports avec le monde. Si tout cela est important et
élevé, alors l'aspect du plan réduit de sa vie le fortifiera,
le soutiendra, l'élèvera plus que toute autre chose; cet
examen l'encouragera au travail et le détournera des
sentiers qui pourraient l'égarer.

Le voyageur, alors seulement qu'il arrive sur une
éminence, embrasse d'un coup d'œil et reconnaît l'ensemble du chemin parcouru, avec ses détours et ses
courbes; de même aussi, ce n'est qu'au terme d'une période de notre existence, parfois de la vie entière, que

nous reconnaissons la véritable connexion de nos actions, de nos œuvres et de nos productions, leur liaison précise, leur enchaînement et leur valeur. En effet tant que nous sommes plongés dans notre activité, nous n'agissons que selon les propriétés inébranlables de notre caractère, sous l'influence des motifs et dans la mesure de nos facultés, c'est-à-dire par une nécessité absolue; nous ne faisons à un moment donné que ce qui à ce moment-là nous semble juste et convenable. La suite seule nous permet d'apprécier le résultat, et le regard jeté en arrière sur l'ensemble nous montre seul le *comment* et le *par quoi*. Aussi, au moment où nous accomplissons les plus grandes actions, où nous créons des œuvres immortelles, nous n'avons pas la conscience de leur vraie nature : elles ne nous semblent que ce qu'il y a de plus approprié à notre but présent et de mieux correspondant à nos intentions; nous n'avons d'autre impression que d'avoir fait précisément ce qu'il fallait faire actuellement; ce n'est que plus tard, de l'ensemble et de son enchaînement, que notre caractère et nos facultés ressortent en pleine lumière; par les détails, nous voyons alors comment nous avons pris la seule route vraie parmi tant de chemins détournés, comme par inspiration et guidés par notre génie. Tout ce que nous venons de dire est vrai en théorie comme en pratique et s'applique également aux faits inverses, c'est-à-dire au mauvais et au faux.

5° Un point important pour la sagesse dans la vie, c'est la proportion dans laquelle nous consacrons une part de notre attention au présent et l'autre à l'avenir,

afin que l'un ne nous gâte pas l'autre. Il y a beaucoup
de gens qui vivent trop dans le présent : ce sont les
frivoles; d'autres, trop dans l'avenir : ce sont les crain-
tifs et les inquiets. On garde rarement la juste mesure.
Ces hommes qui, mus par leurs désirs et leurs espérances, vivent uniquement dans l'avenir, les yeux toujours dirigés en avant, qui courent avec impatience au-
devant des choses futures, car, pensent-ils, celles-là vont
leur apporter tout à l'heure le vrai bonheur, mais qui, en
attendant, laissent fuir le présent qu'ils négligent sans
en jouir, ressemblent à ces ânes, en Italie, à qui l'on
fait presser le pas au moyen d'une botte de foin attachée par un bâton devant leur tête : ils voient la botte
toujours tout près devant eux et ont toujours l'espoir
de l'atteindre. De tels hommes en effet s'abusent eux-
mêmes sur toute. leur existence en ne vivant perpétuellement qu'*ad interim,* jusqu'à leur mort. Aussi, au lieu de
nous occuper sans cesse exclusivement de plans et de
soins d'avenir, ou de nous livrer, à l'inverse, aux re-
grets du passé, nous devrions ne jamais oublier que le
présent seul est réel, que seul il est certain, et qu'au
contraire l'avenir se présente presque toujours autre que
nous ne le pensions et que le passé lui aussi a été différent; ce qui fait que, en somme, avenir et passé ont
tous deux bien moins d'importance qu'il ne nous semble.
Car le lointain, qui rapetisse les objets pour l'œil, les
surgrossit pour la pensée. Le présent seul est vrai et
effectif; il est le temps réellement rempli, et c'est sur lui
que repose exclusivement notre existence. Aussi doit-il

toujours mériter à nos yeux un accueil de bienvenue;
nous devrions goûter, avec la pleine conscience de sa
valeur, toute heure supportable et libre de contrariétés
ou de douleurs actuelles, c'est-à-dire ne pas la troubler par des visages qu'attristent des espérances déçues
dans le passé ou des appréhensions pour l'avenir. Quoi
de plus insensé que de repousser une bonne heure présente ou de se la gâter méchamment par inquiétude de
l'avenir ou par chagrin du passé! Donnons son temps
au souci, voire même au repentir; ensuite, quant aux
faits accomplis, il faut se dire :

> Αλλα τα μεν προτετυχθαι εασομεν αχνυμενοι περ,
> Θυμον ενι στηθεσσι φιλον θαμασαντες αναγκη.

(Donnons, bien qu'à regret, tout ce qui est passé à l'oubli ; il est
nécessaire d'étouffer la colère dans notre sein.)

Quant à l'avenir :

> Ητοι ταυτα θεων εν γουνασι κειται.

(Tout cela repose sur les genoux des dieux.)

En revanche, quant au présent, il faut penser comme
Sénèque : « *Singulas dies, singulas vitas puta* » (Chaque
jour séparément est une vie séparée), et se rendre ce seul
temps réel aussi agréable que possible.

Les seuls maux futurs qui doivent avec raison nous
alarmer sont ceux dont l'arrivée et le moment d'arrivée
sont certains. Mais il y en a bien peu qui soient dans
ce cas, car les maux sont ou simplement possibles, tout
au plus vraisemblables, ou bien ils sont certains, mais

c'est l'époque de leur arrivée qui est douteuse. Si l'on se préoccupe des deux espèces de malheurs, on n'a plus un seul moment de repos. Par conséquent, afin de ne pas perdre la tranquillité de notre vie pour des maux dont l'existence où l'époque sont indécises, il faut nous habituer à envisager les uns comme ne devant jamais arriver, les autres comme ne devant sûrement pas arriver de sitôt.

Mais plus la peur nous laisse de repos, plus nous sommes agités par les désirs, les convoitises et les prétentions. La chanson si connue de Gœthe : « *Ich hab' mein Sach auf nichts gestellt* » (J'ai placé mon souhait dans rien), signifie, au fond, qu'alors seulement qu'il a été évincé de toutes ses prétentions et réduit à l'existence telle qu'elle est, nue et dépouillée, l'homme peut acquérir ce calme de l'esprit qui est la base du bonheur humain, car ce calme est indispensable pour jouir du présent et par suite de la vie entière. C'est à cet effet également que nous devrions toujours nous rappeler que le jour d'*aujourd'hui* ne vient qu'une seule fois et plus jamais. Mais nous nous imaginons qu'il reviendra demain : cependant *demain* est un autre jour qui lui aussi n'arrive qu'une fois. Nous oublions que chaque jour est une portion intégrante, donc irréparable, de la vie, et nous le considérons comme contenu dans la vie de la même manière que les individus sont contenus dans la notion de l'ensemble. Nous apprécierions et nous goûterions aussi bien mieux le présent, si, dans les jours de bien-être et de santé, nous reconnaissions à quel point, pendant la maladie ou l'affliction, le souvenir nous représente comme infiniment enviable chaque heure libre de douleurs ou de privations ; c'est comme un paradis perdu, comme un ami méconnu. Mais, au contraire, nous vivons nos beaux jours sans leur accorder d'attention, et alors seulement que les mauvais arrivent, nous voudrions rappeler les autres. Nous laissons passer à côté de nous, sans en jouir et sans leur accorder uu sourire, mille heures sereines et agréables, et plus tard, aux temps sombres, nous reportons vers elles nos vaines aspirations. Au lieu d'agir ainsi, nous devrions rendre hommage à toute actualité supportable, même la plus banale, que nous laissons fuir avec tant d'indifférence, que nous repoussons même impatiemment ; nous devrions toujours nous rappeler que ce présent se précipite en ce même instant dans cette apothéose du passé, où désormais, rayonnant de la lumière de l'impérissabilité, il est conservé par la mémoire, pour se représenter à nos yeux comme l'objet de notre plus ardente aspiration, alors que, surtout aux heures mauvaises, le souvenir vient lever le rideau.

6° *Se restreindre rend heureux.* Plus notre cercle de vision, d'action et de contact est étroit, plus nous sommes heureux ; plus il est vaste, plus nous nous trouvons tourmentés ou inquiétés. Car, en même temps que lui, grandissent et se multiplient les peines, les désirs et les alarmes. C'est même pour ce motif que les aveugles ne sont pas aussi malheureux que nous pourrions le croire *à priori ;* on peut en juger au calme doux, presque enjoué de leurs traits. Cette règle nous explique aussi en

partie pourquoi la seconde moitié de notre vie est plus
triste que la première. En effet, dans le cours de l'existence, l'horizon de nos vues et de nos relations va s'élar-
gissant. Dans l'enfance, il est borné à l'entourage le plus
proche et aux relations les plus étroites; dans l'adoles-
cence, il s'étend considérablement; dans l'âge viril, il
embrasse tout le cours de notre vie et s'étend souvent
même jusqu'aux relations les plus éloignées, jusqu'aux
Etats et aux peuples; dans la vieillesse, il embrasse les
générations futures. Toute limitation au contraire, même
dans les choses de l'esprit, profite à notre bonheur. Car
moins il y a d'excitation de la volonté, moins il y aura de
souffrance; or nous savons que la souffrance est positive
et le bonheur simplement négatif. La limitation du cercle
d'action enlève à la volonté les occasions extérieures
d'excitation; la limitation de l'esprit, les occasions intérieures. Cette dernière a seulement l'inconvénient d'ouvrir
l'accès à l'ennui qui devient la source indirecte d'innombrables souffrances, parce qu'on recourt à tous les moyens
pour le chasser; on essaye des distractions, des réunions,
du luxe, du jeu, de la boisson, et de mille autres choses;
de là dommages, ruine et malheurs de toute sorte. *Difficilis in otio quies.* Pour montrer en revanche combien la
limitation extérieure est bienfaisante pour le bonheur
humain, autant que quelque chose peut l'être, combien
elle lui est même nécessaire, nous n'avons qu'à rappeler
que le seul genre de poème qui entreprenne de peindre
des gens heureux, l'idylle, les représente toujours placés
essentiellement dans une condition et un entourage des

plus limités. Ce même sentiment produit aussi le plaisir que nous trouvons à ce qu'on appelle des tableaux de genre. En conséquence, nous trouverons du bonheur dans la plus grande *simplicité* possible de nos relations et même dans l'*uniformité* du genre de vie, tant que cette uniformité n'engendrera pas l'ennui : c'est à cette condition que nous porterons plus légèrement la vie et son fardeau inséparable ; l'existence s'écoulera, comme un ruisseau, sans vagues et sans tourbillons.

7° Ce qui importe, en dernière instance, à notre bonheur ou à notre malheur, c'est ce qui remplit et occupe la conscience. Tout travail purement intellectuel apportera, au total, plus de ressources à l'esprit capable de s'y livrer, que la vie réelle avec ses alternatives constantes de réus- sites et d'insuccès, avec ses secousses et ses tourments. Il est vrai que cela exige déjà des dispositions d'esprit prépondérantes. Il faut remarquer en outre que, d'une part, l'activité extérieure de la vie nous distrait et nous détourne de l'étude et enlève à l'esprit la tranquillité et le recueillement réclamés, et que, d'autre part, l'occupation continue de l'esprit rend plus ou moins incapable de se mêler au train et au tumulte de la vie réelle ; il est donc sage de suspendre une telle occupation lorsque des cir- constances quelconques nécessitent une activité pratique et énergique.

8° Pour vivre avec *prudence* parfaite et pour retirer de sa propre expérience tous les enseignements qu'elle con- tient, il est nécessaire de se reporter souvent en arrière par la pensée et de récapituler ce qu'on a vu, fait, appris

et senti en même temps dans la vie; il faut aussi comparer
son jugement d'autrefois avec son opinion actuelle, ses
projets et ses aspirations avec leur résultat et avec la
satisfaction que ce résultat nous a donnée. L'expérience
nous sert ainsi de professeur particulier qui vient nous
donner des répétitions privées. On peut aussi la considérer comme le texte, la réflexion et les connaissances en
étant le commentaire. Beaucoup de réflexion et de connaissances avec peu d'expérience ressemble à ces éditions dont les pages présentent deux lignes de texte et
quarante de commentaire. Beaucoup d'expérience accompagnée de peu de réflexion et d'instruction rappelle ces
éditions de *Deux-Ponts* qui n'ont pas de notes et laissent
bien des passages incompris dans le texte.

C'est à ces préceptes que se rapporte la maxime de
Pythagore, d'avoir à passer en revue avant de s'endormir
le soir, ce qu'on a fait dans la journée. L'homme qui s'en
va vivant dans le tumulte des affaires ou des plaisirs sans
jamais ruminer son passé et qui se contente de dévider
l'écheveau de sa vie, perd toute raison claire; son esprit
devient un chaos, et dans ses pensées pénètre une certaine
confusion dont témoigne sa conversation abrupte, fragmentaire et pour ainsi dire hachée menu. Cet état sera
d'autant plus prononcé que l'agitation extérieure, la
somme des impressions sera plus grande et l'activité
intérieure de l'esprit moindre.

Observons ici qu'après un laps de temps, quand les
relations et les circonstances qui agissaient sur nous ont
disparu, nous ne pouvons plus faire revenir et revivre la

disposition et la sensation produites alors en nous ; mais ce que nous pouvons bien nous rappeler, ce sont nos *manifestations* à cette occasion. Or celles-ci sont le résultat, l'expression et la mesure de celles-là. Aussi la mémoire ou le papier devraient-ils soigneusement conserver les traces des époques importantes de notre vie. Tenir son journal est très utile pour cela.

9° Se suffire à soi-même, être tout en tout pour soi, et pouvoir dire : « *Omnia mea mecum porto,* » voilà certainement pour notre bonheur la condition la plus favorable ; aussi ne saurait-on assez répéter la maxime d'Aristote : « H ευδαιμονια των αταρχων εστι » (Le bonheur est à ceux qui se suffisent à eux-mêmes. *Mor. à Eud.*, 7, 2.) [C'est au fond la même pensée, rendue d'une manière charmante, qu'exprime la sentence de Chamfort mise en tête de ce traité.] Car, d'une part, il ne faut compter avec quelque assurance que sur soi-même ; d'autre part, les fatigues et les inconvénients, le danger et les peines que la société apporte avec elle, sont innombrables et inévitables.

Il n'y a pas de voie qui nous éloigne plus du bonheur que la vie en grand, la vie des noces et festins, celle que les Anglais appellent le *high life*, car, en cherchant à transformer notre misérable existence en une succession de joies, de plaisirs et de jouissances, l'on ne peut manquer de trouver le désabusement, sans compter les mensonges réciproques que l'on se débite dans ce monde-là et qui en sont l'accompagnement obligé [1].

1. Ainsi que notre corps est enveloppé dans ses vêtements, ainsi notre esprit est revêtu de mensonges. Nos paroles, nos actions, tout notre

Et tout d'abord toute société exige nécessairement un accommodement réciproque, un tempérament : aussi, plus elle est nombreuse, plus elle devient fade. On ne peut être *vraiment soi* qu'aussi longtemps qu'on est seul; qui n'aime donc pas la solitude n'aime pas la liberté, car on n'est libre qu'étant seul. Toute société a pour compagne inséparable la contrainte et réclame des sacrifices qui coûtent d'autant plus cher que la propre individualité est plus marquante. Par conséquent, chacun fuira, supportera ou chérira la solitude en proportion exacte de la valeur de son propre moi. Car c'est là que le mesquin sent toute sa mesquinerie et le grand esprit toute sa grandeur; bref, chacun s'y pèse à sa vraie valeur. En outre un homme est d'autant plus essentiellement et nécessairement isolé, qu'il occupe un rang plus élevé dans le nobiliaire de la nature. C'est alors une véritable jouissance pour un tel homme, que l'isolement physique soit en rapport avec son isolement intellectuel : si cela ne peut pas être, le fréquent entourage d'êtres hétérogènes le trouble; il lui devient même funeste, car il lui dérobe son moi et n'a rien à lui offrir en compensation. De plus, pendant que la nature a mis la plus grande dissemblance, au moral comme à l'intellectuel, entre les hommes, la société, n'en tenant aucun compte, les fait tous égaux, ou plutôt, à cette inégalité naturelle, elle substitue les distinctions et les degrés artificiels de la condition et du rang

---

être est menteur, et ce n'est qu'à travers cette enveloppe que l'on peut deviner parfois notre pensée vraie, comme à travers les vêtements les formes du corps. *(Note de l'auteur.)*

qui vont souvent diamétralement à l'encontre de cette
liste par rang telle que l'a établie la nature. Ceux que la
nature a placés bas se trouvent très bien de cet arrangement social, mais le petit nombre de ceux qu'elle a placés
haut n'ont pas leur compte ; aussi se dérobent-ils d'ordinaire à la société : d'où il résulte que le vulgaire y domine
dès qu'elle devient nombreuse. Ce qui dégoûte de la
société les grands esprits, c'est l'égalité des droits et des
prétentions qui en dérivent, en regard de l'inégalité des
facultés et des productions (sociales) des autres. La soi-
disant bonne société apprécie les mérites de toute espèce,
sauf les mérites intellectuels ; ceux-ci y sont même de la
contrebande. Elle impose le devoir de témoigner une
patience sans bornes pour toute sottise, toute folie, toute
absurdité, pour toute stupidité ; les mérites personnels,
au contraire, sont tenus de mendier leur pardon ou de
se cacher, car la supériorité intellectuelle, sans aucun
concours de la volonté, blesse par sa seule existence. En
outre, cette prétendue bonne société n'a pas seulement
l'inconvénient de nous mettre en contact avec des gens
que nous ne pouvons ni approuver ni aimer, mais encore
elle ne nous permet pas d'être nous-même, d'être tel qu'il
convient à notre nature ; elle nous oblige plutôt, afin de
nous mettre au diapason des autres, à nous ratatiner pour
ainsi dire, voire même à nous difformer. Des discours
spirituels ou des saillies ne sont de mise que dans une
société spirituelle ; dans la société ordinaire, ils sont tout
bonnement détestés, car pour plaire dans celle-ci il faut
absolument être plat et borné. Dans de pareilles réunions,

on doit, avec une pénible abnégation de soi-même, abandonner les trois quarts de sa personnalité pour s'assimiler
aux autres. Il est vrai qu'en retour on gagne ces autres;
mais plus on a de valeur propre, plus on verra qu'ici le
gain ne couvre pas la perte et que le marché aboutit à
notre détriment, car les gens sont d'ordinaire insolvables,
c'est-à-dire qu'ils n'ont rien dans leur commerce qui
puisse nous indemniser de l'ennui, des fatigues et des
désagréments qu'ils procurent ni du sacrifice de soi-même
qu'ils imposent : d'où il résulte que presque toute société
est de telle qualité que celui qui la troque contre la solitude fait un bon marché. A cela vient encore s'ajouter
que la société, en vue de suppléer à la supériorité véritable, c'est-à-dire à l'intellectuelle qu'elle ne supporte pas
et qui est rare, a adopté sans motifs une supériorité
fausse, conventionnelle, basée sur des lois arbitraires, se
propageant par tradition parmi les classes élevées et, en
même temps, variant comme un mot d'ordre; c'est celle
que l'on appelle le *bon ton*, « *fashionableness* ». Toutefois, quand il arrive que cette espèce de supériorité entre
en collision avec la véritable, la faiblesse de la première
ne tarde pas à se montrer. En outre, « quand le bon ton
arrive, le bon sens se retire [1]. »

En thèse générale, on ne peut être à l'unisson parfait
qu'avec soi-même; on ne peut pas l'être avec son ami, on
ne peut pas l'être avec la femme aimée, car les différences
de l'individualité et de l'humeur produisent toujours une

---

1. En français dans le texte. *(Note du traducteur.)*

dissonnance, quelque faible qu'elle soit. Aussi la paix du
cœur véritable et profonde et la parfaite tranquillité de
l'esprit, ces biens suprêmes sur terre après la santé, ne
se trouvent que dans la solitude et, pour être permanents,
que dans la retraite absolue. Quand alors le moi est grand
et riche, on goûte la condition la plus heureuse qui soit à
trouver en ce pauvre bas monde. Oui, disons-le ouvertement : quelque étroitement que l'amité, l'amour et le
mariage unissent les humains, on ne veut, entièrement et
de bonne foi, de bien qu'à soi seul, ou tout au plus encore
à son enfant. Moins on aura besoin, par suite de conditions objectives ou subjectives, de se mettre en contact
avec les hommes, mieux on s'en trouvera. La solitude, le
désert permettent d'embrasser d'un seul regard tous ses
maux, sinon de les éprouver d'un seul coup ; la société, au
contraire, est *insidieuse;* elle cache des maux immenses,
souvent irréparables, derrière une apparence de passe-
temps, de causeries, d'amusements de société et autres
semblables. Une étude importante pour les hommes serait
d'apprendre de bonne heure à supporter la solitude, cette
source de félicité et de tranquillité intellectuelle.

De tout ce que nous venons d'exposer il résulte que
celui-là est le mieux partagé qui n'a compté que sur lui-
même et qui peut en tout être tout à lui-même. Cicéron
a dit : « *Nemo potest non beatissimus esse, qui est totus
aptus ex sese, quique in se uno ponit omnia* » (Parad. II)
(Celui qui ne relève que de lui-même et met en lui tous
ses biens doit nécessairement être le plus heureux des
hommes). En outre, plus l'homme a en soi, moins les autres

peuvent lui être de quelque chose. C'est ce certain sentiment, de pouvoir se suffire entièrement, qui empêche
l'homme de valeur et riche à l'intérieur d'apporter à la
vie en commun les grands sacrifices qu'elle exige et bien
moins encore de la rechercher au prix d'une notable
abnégation de soi-même. C'est le sentiment opposé qui
rend les hommes ordinaires si sociables et si accommo-
dants; il leur est, en effet, plus facile de supporter les
autres qu'eux-mêmes. Notons encore ici que ce qui a une
valeur réelle n'est pas apprécié dans le monde, et que ce
qui est apprécié n'a pas de valeur. Nous en trouvons la
preuve et le résultat dans la vie retirée de tout homme
de mérite et de distinction. Il s'ensuit que ce sera pour
l'homme éminent faire acte positif de sagesse que de restreindre, s'il le faut, ses besoins, rien que pour pouvoir
garder ou étendre sa liberté, et de se contenter du moins
possible pour sa personne, quand le contact avec les
hommes est inévitable.

Ce qui d'autre part rend encore les hommes sociables,
c'est qu'ils sont incapables de supporter la solitude et de
se supporter eux-mêmes quand ils sont seuls. C'est leur
vide intérieur et leur fatigue d'eux-mêmes qui les poussent à chercher la société, à courir les pays étrangers et à
entreprendre des voyages. Leur esprit, manquant du ressort nécessaire pour s'imprimer du mouvement propre,
cherche à l'accroître par le vin, et beaucoup d'entre eux
finissent ainsi par devenir des ivrognes. C'est dans ce
même but qu'ils ont besoin de l'excitation continue venant
du dehors et notamment de celle produite par des êtres

de leur espèce, car c'est la plus énergique de toutes. A
défaut de cette irritation extérieure, leur esprit s'affaisse
sous son propre poids et tombe dans une léthargie écra-
sante [1]. On pourrait dire également que chacun d'eux
n'est qu'une petite fraction de l'idée de l'humanité, ayant
besoin d'être additionné de beaucoup de ses semblables
pour constituer en quelque sorte une conscience humaine
entière ; par contre, celui qui est un homme complet, un
homme *par excellence*, celui-là n'est pas une fraction ; il
représente une unité entière et se suffit par conséquent
à lui-même. On peut, dans ce sens, comparer la société
ordinaire à cet orchestre russe composé exclusivement
de cors et dans lequel chaque instrument n'a qu'une
note ; ce n'est que par leur coïncidence exacte que l'harmonie musicale se produit. En effet, l'esprit de la plupart
des gens est monotone comme ce cor qui n'émet lui aussi
qu'un son : ils semblent réellement n'avoir jamais qu'un

---

[1]. Tout le monde sait qu'on allège les maux en les supportant en
commun : parmi ces maux, les hommes semblent compter l'ennui, et
c'est pourquoi ils se groupent, afin de s'ennuyer en commun. De même
que l'amour de la vie n'est au fond que la peur de la mort, de même
l'*instinct social* des hommes n'est pas un sentiment direct, c'est-à-dire ne
repose pas sur l'*amour de la société*, mais sur la *crainte de la solitude*, car
ce n'est pas tant la bienheureuse présence des autres que l'on cherche ;
on fuit plutôt l'aridité et la désolation de l'isolement, ainsi que la monotonie de la propre conscience ; pour échapper à la solitude, toute
compagnie est bonne, même la mauvaise, et l'on se soumet volontiers
à la fatigue et à la contrainte que toute société apporte nécessairement
avec soi. — Mais quand le dégoût de tout cela a pris le dessus, quand,
comme conséquence, on s'est fait à la solitude et l'on s'est endurci
contre l'impression première qu'elle produit, de manière à ne plus en
éprouver ces effets que nous avons retracés plus haut, alors on peut,
tout à l'aise, rester toujours seul ; on ne soupirera plus après le monde,
précisément parce que ce n'est pas là un besoin direct et parce qu'on
s'est accoutumé désormais aux propriétés bienfaisantes de la solitude.
(Note de Schopenhauer.)

seul et même sujet de pensée, et être incapables d'en
avoir un autre. Ceci explique donc à la fois comment il
se fait qu'ils soient si ennuyeux et si sociables, et pourquoi ils vont le plus volontiers par troupeau : « *The gre-
gariousness of mankind.* » C'est la monotonie de leur
propre être qui est insupportable à chacun d'entre eux :
« *Omnis stultitia laborat fastidio sui* » (Toute sottise
est accablée par le dégoût d'elle-même). Ce n'est que
réunis et par leur réunion qu'ils sont quelque chose, tout
comme ces sonneurs de cor. L'homme intelligent au contraire est comparable à un virtuose qui exécute son concert *à lui seul*, ou bien encore à un piano. Pareil à ce
dernier, qui est à lui tout seul un petit orchestre, il est un
petit monde, et ce que les autres ne sont que par une action
d'ensemble, lui l'offre dans l'unité d'une seule conscience.
Ainsi que le piano, il n'est pas une partie de la symphonie,
il est fait pour le solo et pour la solitude ; quand il doit
prendre part au concert avec les autres, cela ne peut être
que comme voix principale avec accompagnement, encore
comme le piano, ou pour donner le ton dans la musique
vocale, toujours comme le piano. Celui qui aime de temps
en temps à aller dans le monde, pourra tirer de la comparaison précédente cette règle que ce qui manque en qualité
aux gens avec lesquels il est en relation, doit être suppléé
jusqu'à un certain point par la quantité. Le commerce
d'un seul homme intelligent pourrait lui suffire ; mais, s'il
ne trouve que de la marchandise de qualité ordinaire, il
sera bon d'en avoir à foison, pour que la variété et l'action
combinées produisent quelque effet, par analogie avec

l'orchestre de cors russes, déjà mentionné : et que le Ciel lui accorde la patience qu'il lui faudra !

C'est encore à ce vide intérieur et à cette nullité des gens qu'il faut attribuer ce fait que, lorsque des hommes d'une étoffe meilleure se groupent en vue d'un but noble et idéal, le résultat sera presque toujours le suivant : il se trouvera quelques membres de ce *plebs* de l'humanité qui, pareil à la vermine, pullule et envahit toute chose en tout lieu, toujours prêt à s'emparer de tout indistinctement pour soulager son ennui ou d'autres fois son indigence, — il s'en trouvera, dis-je, qui s'insinueront dans l'assemblée où s'y introduiront à force d'importunité, et alors ou bien ils détruiront bientôt toute l'œuvre, ou bien ils la modifieront au point que l'issue en sera à peu près l'opposé du but primitif.

On peut encore envisager la sociabilité chez les hommes comme un moyen de se réchauffer réciproquement l'esprit, analogue à la manière dont ils se chauffent mutuellement le corps quand, par les grands froids, ils s'entassent et se pressent les uns contre les autres. Mais qui possède en soi-même beaucoup de calorique intellectuel n'a pas besoin de pareils entassements. On trouvera dans le 2ᵉ volume de ce recueil, au chapitre final, un apologue imaginé par moi à ce sujet [1]. La conséquence de tout cela c'est que la

---

1. Voici l'apologue mentionné ci-dessus :

« Par une froide journée d'hiver, un troupeau de porcs-épics s'était mis en groupe serré pour se garantir mutuellement contre la gelée par leur propre chaleur. Mais tout aussitôt ils ressentirent les atteintes de leurs piquants, ce qui les fit s'éloigner les uns des autres. Quand le besoin de se chauffer les eut rapprochés de nouveau, le même inconvénient se renouvela, de façon qu'ils étaient ballottés de çà et de là entre sociabilité de chacun est en raison inverse de sa valeur intellectuelle ; dire de quelqu'un : « Il est très insociable, » signifie à peu de chose près : « C'est un homme doué de hautes facultés. »

La solitude offre à l'homme intellectuellement haut placé un double avantage : le premier, d'être avec soi-même, et le second de n'être pas avec les autres. On appréciera hautement ce dernier si l'on réfléchit à tout ce que le commerce du monde apporte avec soi de contrainte, de peine et même de dangers. « *Tout notre mal vient de ne pouvoir être seuls*, » a dit La Bruyère. La sociabilité appartient aux penchants dangereux et pernicieux, car elle nous met en contact avec des êtres qui en grande majorité sont moralement mauvais et intellectuellement bornés ou détraqués. L'homme insociable est celui qui n'a pas besoin de tous ces gens-là. Avoir suffisamment en soi pour pouvoir se passer de société est déjà un grand bonheur, par là même que presque tous nos maux dérivent du monde, et que la tranquillité d'esprit qui, après la santé, forme l'élément le plus essentiel de notre bonheur, y est mise en péril et ne peut exister sans de longs mo-

les deux souffrances, jusqu'à ce qu'ils eussent fini par trouver une distance moyenne qui leur rendit la situation supportable. Ainsi, le besoin de société, né du vide et de la monotonie de leur propre intérieur, pousse les hommes les uns vers les autres ; mais leurs nombreuses qualités repoussantes et leurs insupportables défauts les dispersent de nouveau. La distance moyenne qu'ils finissent par découvrir et à laquelle la vie en commun devient possible, c'est la *politesse* et les *belles manières*. En Angleterre, on crie à celui qui ne se tient pas à cette distance : *Keep your distance!* — Par ce moyen, le besoin de chauffage mutuel n'est, à la vérité, satisfait qu'à moitié, mais en revanche on ne ressent pas la blessure des piquants. — Celui-là cependant qui possède beaucoup de calorique propre préfère rester en dehors de la société pour n'éprouver ni ne causer de peine. (*Note du traducteur.*)

ments de solitude. Les philosophes cyniques renoncèrent
aux biens de toute espèce pour jouir du bonheur que
donne le calme intellectuel : renoncer à la société en vue
d'arriver au même résultat, c'est choisir le moyen le plus
sage. Bernardin de Saint-Pierre dit avec raison et d'une
façon charmante : « *La diète des aliments nous rend la
santé du corps, et celle des hommes la tranquillité de
l'âme.* » Aussi celui qui s'est fait de bonne heure à la
solitude et à qui elle est devenue chère a-t-il acquis une
mine d'or. Mais cela n'est pas donné à chacun. Car de
même que c'est la misère qui, d'abord, rapproche les
hommes, de même plus tard, le besoin écarté, c'est l'ennui
qui les rassemble. Sans ces deux motifs, chacun resterait
probablement à l'écart, quand ce ne serait déjà que parce
que dans la solitude seule le milieu qui nous entoure correspond à cette importance exclusive, à cette qualité de
créature unique que chacun possède à ses propres yeux,
mais que le train tumultueux du monde réduit à rien, vu
que chaque pas lui donne un douloureux démenti. En ce
sens, la solitude est même l'état naturel de chacun; elle
le replace, nouvel Adam, dans sa condition primitive de
bonheur, dans l'état approprié à sa nature.

Oui! mais Adam n'avait ni père ni mère! C'est pourquoi, d'un autre côté, la solitude n'est pas naturelle à
l'homme, puisqu'à son arrivée au monde il ne se trouve
pas seul, mais au milieu de parents, de frères et de
sœurs, autrement dit au sein d'une vie en commun.

Par conséquent, l'amour de la solitude ne peut pas
exister comme penchant primitif; il doit naître comme un

résultat de l'expérience et de la réflexion et se produire
toujours en rapport avec le développement de la force intellectuelle propre et en proportion des progrès de l'âge :
d'où il suit qu'en somme l'instinct social de chaque individu sera dans le rapport inverse de son âge. Le petit enfant pousse des cris de frayeur et se lamente dès qu'on le
laisse seul, ne fût-ce qu'un moment. Pour les jeunes
garçons, devoir rester seuls est une sévère pénitence. Les
adolescents se réunissent volontiers entre eux ; il n'y a que
ceux doués d'une nature plus noble et d'un esprit plus
élevé qui recherchent déjà parfois la solitude ; néanmoins
passer toute une journée seuls leur est encore difficile.
Pour l'homme fait, c'est chose facile ; il peut rester longtemps isolé, et d'autant plus longtemps qu'il avance davantage dans la vie. Quant au vieillard, unique survivant
de générations disparues, mort d'une part aux jouissances
de la vie, d'autre part élevé au-dessus d'elles, la solitude
est son véritable élément. Mais , dans chaque individu
considéré séparément, les progrès du penchant à la retraite et à l'isolement seront toujours en raison directe de
sa valeur intellectuelle. Car, ainsi que nous l'avons déjà
dit, ce n'est pas là un penchant purement naturel, provoqué directement par la nécessité ; c'est plutôt seulement
l'effet de l'expérience acquise et méditée ; on y arrive surtout après s'être bien convaincu de la misérable condition
morale et intellectuelle de la plupart des hommes, et ce
qu'il y a de pire dans cette condition c'est que les imperfections morales de l'individu conspirent avec ses imperfections intellectuelles et s'entr'aident mutuellement ; il se

produit alors les phénomènes les plus repoussants qui rendent répugnant, et même insupportable, le commerce de la grande majorité des hommes. Et voilà comment, bien qu'il y ait tant de mauvaises choses en ce monde, la société en est encore la pire : Voltaire lui-même, Français sociable, a été amené à dire : « *La terre est couverte de gens qui ne méritent pas qu'on leur parle.* » Le tendre Pétrarque, qui a si vivement et avec tant de constance aimé la solitude, en donne le même motif :

> Cercato ho sempre solitaria vita
> (Le rive il sanno, e le campagne, e i boschi),
> Per fuggir quest'ingegni storti e loschi
> Che la strada del ciel' hanno smarita.

(J'ai toujours recherché une vie solitaire [les rivages, et les campagnes, et les bois le savent], pour fuir ces esprits difformes et myopes, qui ont perdu la route du ciel).

Il donne les mêmes motifs dans son beau livre *De vita solitaria*, qui semble avoir servi de modèle à Zimmermann pour son célèbre ouvrage intitulé *De la solitude*. Chamfort, avec sa manière sarcastique, exprime précisément cette origine secondaire et indirecte de l'insociabilité, quand il dit : « *On dit quelquefois d'un homme qui vit seul : Il n'aime pas la société. C'est souvent comme si l'on disait d'un homme qu'il n'aime pas la promenade, sous le prétexte qu'il ne se promène pas volontiers le soir dans la forêt de Bondy.* » Saadi, dans le *Gulistan*, s'exprime dans le même sens : « *Depuis ce moment, prenant congé du monde, nous avons suivi le chemin de l'isolement ; car la sécurité est dans la soli-*

tude. » Angelus Silesius, âme douce et chrétienne, dit la
même chose dans son langage à part et tout mystique :

> Hérode est un ennemi, Joseph est la raison
> A qui Dieu révèle en songe (en esprit) le danger.
> Le monde est Bethléem, l'Égypte la *solitude :*
> Fuis, mon âme! fuis, ou tu meurs de douleur.

Voici également comment s'exprime Jordan Bruno :
« *Tanti nomini, che in terra hanno voluto gustare vita
celeste, dissero con una voce : ecce elongavi fugiens et
mansi in solitudine.* » (Tous ceux qui ont voulu goûter
sur terre la vie céleste, ont dit d'une voix : « Voici que je
me suis éloigné en courant et je suis resté dans la solitude »). Saadi, le Persan, en parlant de lui-même, dit encore dans le *Gulistan :* « *Fatigué de mes amis à Damas,
je me retirai dans le désert auprès de Jérusalem, pour
rechercher la société des animaux.* » Bref, tous ceux
que Prométhée avait façonnés de la meilleure argile ont
parlé dans le même sens. Quelles jouissances peuvent en
effet trouver ces êtres privilégiés dans le commerce de
créatures avec lesquelles ils ne peuvent avoir de relations
pour établir une vie en commun que par l'intermédiaire
de la plus basse et la plus vile part de leur propre nature,
c'est-à-dire par tout ce qu'il y a dans celle-ci de banal, de
trivial et de vulgaire? Ces êtres ordinaires ne peuvent
s'élever à la hauteur des premiers, n'ont d'autre ressource
comme ils n'auront d'autre tâche que de les abaisser à
leur propre niveau. A ce point de vue, c'est un sentiment
aristocratique qui nourrit le penchant à l'isolement et à la

solitude. Tous les gueux sont d'un sociable à faire pitié : en revanche, à cela seul on voit qu'un homme est de plus noble qualité, quand il ne trouve aucun agrément aux autres, quand il préfère de plus en plus la solitude à leur société et qu'il acquiert insensiblement, avec l'âge, la conviction que sauf de rares exceptions il n'y a de choix dans le monde qu'entre la solitude et la vulgarité. Cette maxime, quelque dure qu'elle semble, a été exprimée par Angelus Silesius lui-même, malgré toute sa charité et sa tendresse chrétiennes :

La solitude est pénible : cependant ne sois pas vulgaire,
Et tu pourras partout être dans un désert.

Pour ce qui concerne notamment les esprits éminents, il est bien naturel que ces véritables éducateurs de tout le genre humain éprouvent aussi peu d'inclination à se mettre en communication fréquente avec les autres, qu'en peut ressentir le pédagogue à se mêler aux jeux bruyants de la troupe d'enfants qui l'entourent. Car, nés pour guider les autres hommes vers la vérité sur l'océan de leurs erreurs, pour les retirer de l'abîme de leur grossièreté et de leur vulgarité, pour les élever vers la lumière de la civilisation et du perfectionnement, ils doivent, il est vrai, vivre parmi ceux-là, mais sans leur appartenir réellement; ils se sentent, par conséquent, dès leur jeunesse, des créatures sensiblement différentes; mais la conviction bien distincte à cet égard ne leur arrive qu'insensiblement, à mesure qu'ils avancent en âge; alors ils ont soin d'ajouter la distance physique à la distance intellec-

tuelle qui les sépare du reste des hommes, et ils veillent à
ce que personne, à moins d'être soi-même plus ou moins
un affranchi de la vulgarité générale, ne les approche de
trop près.

Il ressort de tout cela que l'amour de la solitude n'apparaît pas directement et à l'état d'instinct primitif, mais
qu'il se développe indirectement, particulièrement dans
les esprits distingués, et progressivement, non sans avoir
à surmonter l'instinct naturel de la sociabilité, et même à
combattre, à l'occasion, quelque suggestion méphistophé-
lique :

> Hor' auf, mit deinem Gram zu spielen,
> Der, wie ein Geier, dir am Leben frisst :
> Die schlechteste Gesellschaft lässt dich fühlen
> Dass du ein Mensch mit Menschen bist.

(Cesse de jouer avec ton chagrin, qui, pareil à un vautour, te ronge
l'existence : la pire compagnie te fait sentir que tu es un homme avec
des hommes.)

La solitude est le lot de tous les esprits supérieurs ; il
leur arrivera parfois de s'en attrister, mais ils la choisi-
ront toujours comme le moindre de deux maux. Avec les
progrès de l'âge néanmoins, le *sapere aude* devient à
cet égard de plus en plus facile et naturel ; vers la soixantaine, le penchant à la solitude arrive à être tout à fait naturel, presque instinctif. En effet, tout se réunit alors pour
le favoriser. Les ressorts qui poussent le plus énergiquement à la sociabilité, savoir l'amour des femmes et l'instinct sexuel, n'agissent plus à ce moment ; la disparition
du sexe fait même naître chez le vieillard une certaine

capacité de se suffire à soi-même, qui peu à peu absorbe totalement l'instinct social. On est revenu de mille déceptions et de mille folies ; la vie d'action a cessé d'ordinaire ; on n'a plus rien à attendre, plus de plans ni de projets à former ; la génération à laquelle on appartient réellement n'existe plus ; entouré d'une race étrangère, on se trouve déjà objectivement et essentiellement isolé. Avec cela, le vol du temps s'est accéléré, et l'on voudrait l'employer encore intellectuellement. Car à ce moment, pourvu que la tête ait conservé ses forces, les études de toute sorte sont rendues plus faciles et plus intéressantes que jamais par la grande somme de connaissances et d'expérience acquise, par la méditation progressivement plus approfondie de toute pensée, ainsi que par la grande aptitude pour l'exercice de toutes les facultés intellectuelles. On voit clair dans maintes choses qui autrefois étaient comme plongées dans un brouillard ; on obtient des résultats, et l'on sent entièrement sa supériorité. A la suite d'une longue expérience, on a cessé d'attendre grand'-chose des hommes, puisque, à tout prendre, ils ne gagnent pas à être connus de plus près ; on sait plutôt que, sauf quelques rares bonnes chances, on ne rencontrera de la nature humaine que des exemplaires très défectueux et auxquels il vaut mieux ne pas toucher. On n'est plus exposé aux illusions ordinaires, on voit bien vite ce que chaque homme vaut, et l'on n'éprouvera que rarement le désir d'entrer en rapport plus intime avec lui. Enfin, lorsque surtout on reconnaît dans la solitude une amie de jeunesse, l'habitude de l'isolement et du commerce avec soi-même s'est implantée, et c'est alors une seconde nature. Aussi l'amour de la solitude, cette qualité qu'il fallait jusque-là conquérir par une lutte contre l'instinct de sociabilité, est désormais naturel et simple ; on est à son aise dans la solitude comme le poisson dans l'eau. Aussi tout homme supérieur, ayant une individualité qui ne ressemble pas aux autres, et qui par conséquent occupe une place unique, se sentira soulagé dans sa vieillesse par cette position entièrement isolée, quoiqu'il ait pu s'en trouver accablé pendant sa jeunesse.

Certainement, chacun ne possédera sa part de ce privilège réel de l'âge que dans la mesure de ses forces intellectuelles ; c'est donc l'esprit éminent qui l'acquerra avant tous les autres, mais, à un degré moindre, chacun y arrivera. Il n'y a que les natures les plus pauvres et les plus vulgaires qui seront, dans la vieillesse, aussi sociables qu'autrefois : elles sont alors à charge à cette société, avec laquelle elles ne cadrent plus ; et tout au plus arriveront-elles à être tolérées, au lieu d'être recherchées comme jadis.

On peut encore trouver un côté téléologique à ce rapport inverse dont nous venons de parler, entre le nombre des années et le degré de sociabilité. Plus l'homme est jeune, plus il a encore à apprendre dans toutes les directions ; or la nature ne lui a réservé que l'enseignement mutuel que chacun reçoit dans le commerce de ses semblables et qui fait qu'on pourrait appeler la société humaine une grande maison d'éducation bell-lancastrienne, vu que les livres et les écoles sont des institutions artificielles, bien éloi-

gnées du plan de la nature. Il est donc très utile pour
l'homme de fréquenter l'institution naturelle d'éducation
d'autant plus assidûment qu'il est plus jeune.

« *Nihil est ab omni parte beatum,* » dit Horace, et
« *Point de lotus sans tige,* » dit un proverbe indien ; de
même, la solitude, à côté de tant d'avantages, a aussi ses
légers inconvénients et ses petites incommodités, mais qui
sont minimes en regard de ceux de la société, à tel point
que l'homme qui a une valeur propre trouvera toujours
plus facile de se passer des autres que d'entretenir des
relations avec eux. Parmi ces inconvénients, il en est un
dont on ne se rend pas aussi facilement compte que des
autres ; c'est le suivant : de même qu'à force de garder
constamment la chambre notre corps devient tellement
sensible à toute impression extérieure que le moindre
petit air frais l'affecte maladivement, de même notre
humeur devient tellement sensible par la solitude et l'isolement prolongés, que nous nous sentons inquiété, affligé
ou blessé par les événements les plus insignifiants, par un
mot, par une simple mine même, tandis que celui qui
est constamment dans le tumulte ne fait pas seulement
attention à ces bagatelles.

Il peut se trouver tel homme qui, notamment dans sa
jeunesse, et quelque souvent que sa juste aversion de ses
semblables l'ait fait déjà fuir dans la solitude, ne saurait à la longue en supporter le vide ; je lui conseille de
s'habituer à emporter avec soi, dans la société, une
partie de sa solitude ; qu'il apprenne à être seul jusqu'à
un certain point même dans le monde, par conséquent à

ne pas communiquer de suite aux autres ce qu'il pense;
d'autre part, à ne pas attacher trop de valeur à ce qu'ils
disent, mais plutôt à ne pas en attendre grand'chose au
moral comme à l'intellectuel, et par suite à fortifier en soi
cette indifférence à l'égard de leurs opinions qui est le
plus sûr moyen de pratiquer constamment une louable to-
lérance. De cette façon, bien que parmi eux il ne soit pas
entièrement dans leur société, il aura vis-à-vis d'eux une
attitude plus purement objective, ce qui le protégera contre
un contact trop intime avec le monde, et par là contre
toute souillure, à plus forte raison contre toute lésion. Il
existe une description dramatique remarquable d'une pareille société entourée de barrières ou de retranchements,
dans la comédie *El cafe, o sea la Comedi nueva*, de
Moratin; on la trouve dans le caractère de don Pedro,
surtout aux scènes 2 et 3 du Ier acte.

Dans cet ordre d'idées, nous pouvons aussi comparer la
société à un feu auquel le sage se chauffe, mais sans y
porter la main, comme le fou qui, après s'être brûlé, fuit
dans la froide solitude et gémit de ce que le feu brûle.

10° L'*envie* est naturelle à l'homme, et cependant elle
est un vice et un malheur tout à la fois [1]. Nous devons
donc la considérer comme une ennemie de notre bonheur
et chercher à l'étouffer comme un méchant démon. Sénèque nous le commande par ces belles paroles : « *Nostra
nos sine comparatione delectent : nunquam erit felix*

---

1. *Envie*, dans les hommes, montre combien ils se sentent malheureux, et la constante *attention* qu'ils portent à tout ce que font ou ne
font pas les autres montre combien ils s'ennuient. — (*Note de l'auteur*).

quem torquebit felicior » (*De ira*, III, 30) (Jouissons de
ce que nous avons sans faire de comparaison; il n'y aura
jamais de bonheur pour celui que tourmente un bonheur
plus grand). Et ailleurs : « *Quum adspexeris quot te an-
tecedant, cogita quot sequantur* » (Ep. 15) (Au lieu de
regarder combien de personnes il y a au-dessus de vous,
songez combien il y en a au-dessous); il nous faut donc
considérer plus souvent ceux dont la condition est pire
que ceux dont elle semble meilleure que la nôtre. Quand
des malheurs réels nous frappent, la consolation la plus
efficace, quoique dérivée de la même source que l'envie,
sera la vue de souffrances plus grandes que les nôtres,
et à côté de cela la fréquentation des personnes qui
se trouvent dans notre cas, de nos compagnons de malheur.

Voilà pour le côté actif de l'envie. Pour le côté passif, il
y a à observer que nulle haine n'est aussi implacable que
l'envie ; aussi, au lieu d'être sans cesse occupé avec ardeur à exciter celle-ci, ferions-nous mieux de nous refuser
cette jouissance, comme bien d'autres plaisirs, vu ses funestes conséquences.

Il existe *trois aristocraties :* 1° celle de la naissance et
du rang, 2° celle de l'argent, 3° celle de l'esprit. Cette
dernière est en réalité la plus distinguée et se fait aussi reconnaître pour telle, pourvu qu'on lui en laisse le temps :
Frédéric le Grand n'a-t-il pas dit lui-même : « *Les âmes
privilégiées rangent à l'égal des souverains?* » Il adres-
sait ces paroles à son maréchal de la cour, qui se trouvait choqué de ce que Voltaire était appelé à prendre

place à une table réservée uniquement aux souverains et
aux princes du sang, pendant que ministres et généraux
dînaient à celle du maréchal. Chacune de ces aristocraties
est entourée d'une *armée spéciale d'envieux*, secrètement aigris contre chacun de ses membres, et occupés,
lorsqu'ils croient n'avoir pas à le redouter, à lui faire
entendre de mille manières : « Tu n'es rien de plus que
nous. » Mais ces efforts trahissent précisément leur conviction du contraire. La conduite à tenir par les *enviés*,
consiste à conserver à distance tous ceux qui compo-
sent ces bandes et à éviter tout contact avec eux, de
façon à en rester séparés par un large abîme ; quand la
chose n'est pas faisable, ils doivent supporter avec un
calme extrême les efforts de l'envie, dont la source se
trouvera ainsi tarie. C'est ce que nous voyons aussi appliquer constamment. En revanche, les membres de l'une
des aristocraties s'entendront d'ordinaire fort bien et sans
éprouver d'envie avec les personnes faisant partie de chacune des deux autres, et cela parce que chacun met dans
la balance son mérite comme équivalent de celui des autres.

11° Il faut mûrement et à plusieurs reprises méditer
un projet avant de le mettre en œuvre, et même, après
l'avoir pesé scrupuleusement, faut-il encore faire la part
de l'insuffisance de toute science humaine ; vu les bornes
de nos connaissances, il peut toujours y avoir encore des
circonstances qu'il a été impossible de scruter ou de prévoir et qui pourraient venir fausser le résultat de toute
notre spéculation. Cette réflexion mettra toujours un poids

dans le plateau négatif de la balance et nous portera, dans
les affaires importantes, à ne rien mouvoir sans nécessité :
« *Quieta non movere.* » Mais, une fois la décision prise
et la main mise à l'œuvre, quand tout peut suivre son
cours et que nous n'avons plus qu'à attendre l'issue, il ne
faut plus se tourmenter par des réflexions réitérées sur ce
qui est fait et par des inquiétudes toujours renaissantes
sur le danger possible : il faut au contraire se décharger
entièrement l'esprit de cette affaire, clore tout ce compar-
timent de la pensée et se tranquilliser par la conviction
d'avoir tout pesé mûrement en son temps. C'est ce que
conseille aussi de faire ce proverbe italien : « *Legata pene,*
e poi lascia la andare » (Sangle ferme, puis laisse courir).
Si, malgré tout, l'issue tourne à mal, c'est que toutes
choses humaines sont soumises à la chance et à l'erreur.
Socrate, le plus sage des hommes, avait besoin d'un
démon tutélaire pour voir le vrai, ou au moins éviter les
faux pas dans ses propres affaires personnelles ; cela ne
prouve-t-il pas que la raison humaine n'y suffit point?
Aussi cette sentence, attribuée à un pape, que nous sommes nous-mêmes, en partie au moins, coupables des malheurs qui nous frappent, n'est pas vraie sans réserve et
toujours, quoiqu'elle le soit dans la plupart des cas. C'est ce
sentiment qui semble faire que les hommes cachent autant que possible leur malheur et qu'ils cherchent, aussi
bien qu'ils y peuvent réussir, à se composer une mine
satisfaite. Ils craignent qu'on ne conclue du malheur à la
culpabilité.

12° En présence d'un événement malheureux, déjà ac-

compli, auquel par conséquent on ne peut rien changer, il
ne faut pas s'abandonner même à la pensée qu'il pourrait
en être autrement, et encore moins réfléchir à ce qui aurait pu le détourner ; car c'est là ce qui porte la gradation
de la douleur jusqu'au point où elle devient insupportable
et fait de l'homme un « εαυτοντιμορουμενος ». Faisons plutôt
comme le roi David, qui assiégeait sans relâche Jéhovah
de ses prières et de ses supplications pendant la maladie
de son fils et qui, dès que celui-ci fut mort, fit une pi-
rouette en claquant des doigts et n'y pensa plus du tout.
Celui qui n'est pas assez léger d'esprit pour se conduire
de même, doit se réfugier sur le terrain du fatalisme et
se pénétrer de cette haute vérité que tout ce qui arrive,
arrive négligemment, donc inévitablement.

Toutefois cette règle n'a de valeur que dans un sens.
Elle est valable pour nous soulager et nous calmer immédiatement dans un cas de malheur; mais lorsque, ainsi
qu'il arrive le plus souvent, la faute en est, au moins en
partie, à notre propre négligence ou à notre propre témérité, alors la méditation répétée et douloureuse des moyens
qui auraient pu prévenir le funeste événement est une
mortification salutaire, propre à nous servir de leçon et
d'amendement pour l'avenir. Surtout ne faut-il pas chercher à excuser, à colorer, ou à amoindrir à ses propres
yeux les fautes dont on est évidemment coupable; il faut
se les avouer et se les représenter dans toute leur étendue, afin de pouvoir prendre la ferme décision de les
éviter à l'avenir. Il est vrai qu'on se procure ainsi le très
douloureux sentiment du mécontentement de soi-même,

mais « ο μη δχρεις ανθρωπος ου παιδευεναι » (l'homme non puni ne s'instruit pas).

13° En tout ce qui concerne notre bonheur ou notre malheur, *il faut tenir la bride à notre fantaisie :* ainsi, avant tout, ne pas bâtir des châteaux en l'air ; ils nous coûtent trop cher, car il nous faut, immédiatement après, les démolir, avec force soupirs. Mais nous devons nous garder bien plus encore de nous donner des angoisses de cœur en nous représentant vivement des malheurs qui ne sont que possibles. Car, si ceux-ci étaient complètement imaginaires ou du moins pris dans une éventualité très éloignée, nous saurions immédiatement, à notre réveil d'un pareil songe, que tout cela n'était qu'illusion ; par conséquent, nous nous sentirions d'autant plus réjouis par la réalité qui se trouve être meilleure, et nous en retirerions peut-être un avertissement contre des accidents fort éloignés, quoique possibles. Seulement notre fantaisie ne joue pas facilement avec de pareilles images ; elle ne bâtit guère, par pur amusement, que des perspectives riantes. L'étoffe de ses rêves sombres, ce sont des malheurs qui, bien qu'éloignés, nous menacent effectivement dans une certaine mesure ; voilà les objets qu'elle grossit, dont elle rapproche la possibilité en deçà de la vérité, et qu'elle peint des couleurs les plus effrayantes. Au réveil, nous ne pouvons pas secouer un semblable rêve comme nous le faisons d'un songe agréable, car ce dernier est démenti sans délai par la réalité, et ne laisse tout au plus après soi qu'un faible espoir de réalisation. En revanche, quand nous nous abandonnons à des idées noires (*blue devils*), nous rap-

prochons des images qui ne s'éloignent plus aussi facilement : car la possibilité de l'événement, d'une manière
générale, est avérée, et nous ne sommes pas toujours
en état d'en mesurer exactement le degré; elle se trans-
forme alors bien vite en probabilité, et nous voilà ainsi en
proie à l'anxiété. C'est pourquoi nous ne devons considérer ce qui intéresse notre bonheur ou notre malheur
qu'avec les yeux de la raison et du jugement; il faut
d'abord réfléchir sèchement et froidement, puis après
n'opérer purement qu'avec des notions et *in abstracto*.
L'imagination doit rester hors de jeu, car elle ne sait pas
juger; elle ne peut que présenter aux yeux des images
qui émeuvent l'âme gratuitement et souvent très douloureusement. C'est le soir que cette règle devrait être le plus
strictement observée. Car, si l'obscurité nous rend peu-
reux et nous fait voir partout des figures effrayantes, l'indécision des idées, qui lui est analogue, produit le même
résultat; en effet, l'incertitude engendre le manque de sécurité : par là, les objets de notre méditation, quand ils
concernent nos propres intérêts, prennent facilement, le
soir, une apparence menaçante et deviennent des épouvantails ; à ce moment, la fatigue a revêtu l'esprit et le jugement d'une obscurité subjective, l'intellect est affaissé et
« θορυβούμενος » (troublé) et ne peut rien examiner à fond.
Ceci arrive le plus souvent la nuit, au lit; l'esprit étant
entièrement détendu, le jugement n'a plus sa pleine puissance d'action, mais l'imagination est encore active. La
nuit prête alors à tout être et à toute chose sa teinte noire.
Aussi nos pensées, au moment de nous endormir ou au

moment où nous nous réveillons pendant la nuit, nous font-elles voir les objets aussi défigurés et aussi dénaturés qu'en rêve ; nous les verrons d'autant plus noirs et plus terrifiants qu'ils touchent de plus près à des circonstances personnelles. Le matin, ces épouvantails disparaissent, tout comme les songes : c'est ce que signifie ce proverbe espagnol : « *Noche tinta, blanco el dia* » (La nuit est colorée, blanc est le jour). Mais dès le soir, sitôt la bougie allumée, la raison, la raison aussi bien que l'œil, voit moins clair que pendant le jour ; aussi ce moment n'est-il pas favorable aux méditations sur des sujets sérieux et principalement sur des sujets désagréables. C'est le matin qui est l'heure favorable pour cela, comme, en général, pour tout travail, sans exception, travail d'esprit ou travail physique. Car le matin, c'est la jeunesse du jour : tout y est gai, frais et facile ; nous nous sentons vigoureux et nous disposons de toutes nos facultés. Il ne faut pas l'abréger en se levant tard, ni le gaspiller en occupations ou en conversations vulgaires ; au contraire, il faut le considérer comme la quintessence de la vie et, pour ainsi dire, comme quelque chose de sacré. En revanche, le soir est la vieillesse du jour : nous sommes abattus, bavards et étourdis. Chaque journée est une *petite vie*, chaque réveil et chaque lever une petite naissance, chaque frais matin une petite jeunesse, et chaque coucher avec sa nuit de sommeil une petite mort.

Mais, d'une manière générale, l'état de la santé, le sommeil, la nourriture, la température, l'état du temps, les milieux , et bien d'autres conditions extérieures

influent considérablement sur notre disposition, et celle-
ci à son tour sur nos pensées. De là vient que notre
manière d'envisager les choses, de même que notre aptitude à produire quelque œuvre, est à tel point subor-
donnée au temps et même au lieu. Gœthe dit :

> Nehmt die gute Stimmung wahr,
> Denn sie kommt so selten.
>
> (Saisissez la bonne disposition, car elle arrive si rarement.)

Ce n'est pas seulement pour des conceptions objectives
et pour des pensées originales qu'il nous faut attendre *si*
et *quand* il leur plaît de venir, mais même la méditation
approfondie d'une affaire personnelle ne réussit jamais à
une heure fixée d'avance et au moment où nous voulons
nous y livrer; elle aussi choisit elle-même son temps, et
ce n'est qu'alors que le fil convenable d'idées se développe spontanément, et que nous pouvons le suivre avec
une entière efficacité.

Pour mieux refréner la fantaisie, ainsi que nous le
recommandons, il ne faut pas lui permettre d'évoquer et
de colorer vivement des torts, des dommages, des pertes,
des offenses, des humiliations, des vexations, etc., subis
dans le passé, car par là nous agitons de nouveau l'indignation, la colère, et tant d'autres odieuses passions, dès
longtemps assoupies, qui reviennent salir notre âme. Suivant une belle comparaison du néo-platonicien Proclus,
ainsi qu'on rencontre dans chaque ville, à côté des nobles
et des gens distingués, la populace de toute sorte (οχλος),
ainsi dans tout homme, même le plus noble et le plus

élevé, se trouve l'élément bas et vulgaire de la nature
humaine, on pourrait dire, par moments, de la nature bes-
tiale. Cette populace ne doit pas être excitée au tumulte;
il ne faut pas lui permettre non plus de se montrer aux
fenêtres, car la vue en est fort laide. Or ces productions
de la fantaisie, dont nous parlions tout à l'heure, ce sont
les démagogues parmi cette populace. Ajoutons que la
moindre contrariété, qu'elle provienne des hommes ou
des choses, si nous nous occupons constamment à la
ruminer et à nous la dépeindre sous des couleurs
voyantes et à une échelle grossie, peut grandir jusqu'à
devenir un monstre qui nous mette hors de nous. Il faut
au contraire prendre très prosaïquement et très froidement tout ce qui est désagréable, afin de s'en tourmenter
le moins possible.

De même que de petits objets, tenus tout près devant
l'œil, diminuent le champ de la vision et cachent le
monde, de même les hommes et les choses de notre
entourage le plus prochain, quand ils seraient les plus
insignifiants et les plus indifférents, occuperont souvent
notre attention et nos pensées au delà de toute conve-
nance, et écarteront des pensées et des affaires importantes. Il faut réagir contre cette tendance.

14° A la vue de biens que nous ne possédons pas, nous
nous disons très volontiers : « Ah! si cela m'appartenait! » et c'est cette pensée qui nous rend la privation
sensible. Au lieu de cela, nous devrions souvent nous
demander : « Comment serait-ce *si cela ne m'appartenait
pas?* » J'entends par là que nous devrions parfois nous

efforcer de nous représenter les biens que nous possédons
comme ils nous apparaîtraient après les avoir perdus; et
je parle ici des biens de toute espèce : richesse, santé,
amis, maîtresse, épouse, enfant, cheval et chien; car ce
n'est le plus souvent que la perte des choses qui nous
en enseigne la valeur. Au contraire, la méthode que nous
recommandons ici aura pour premier résultat de faire
que leur possession nous rendra immédiatement plus heureux qu'auparavant, et en second lieu elle fera que nous
nous précautionnerons par tous les moyens contre leur
perte : ainsi nous ne risquerons pas notre avoir, nous
n'irriterons pas nos amis, nous n'exposerons pas à la tentation la fidélité de notre femme, nous soignerons la
santé de nos enfants, et ainsi de suite. Nous cherchons
souvent à égayer la teinte morne du présent par des spéculations sur des possibilités de chances favorables, et
nous imaginons toute sorte d'espérances chimériques dont
chacune est grosse de déceptions; aussi celles-ci ne manquent pas d'arriver dès que celles-là sont venues se briser
contre la dure réalité. Il vaudrait mieux choisir les mauvaises chances pour thèmes de nos spéculations; cela nous
porterait à prendre des dispositions à l'effet de les écarter
et nous procurerait parfois d'agréables surprises quand
ces chances ne se réaliseraient pas. N'est-on pas bien
plus gai au sortir de quelque transe? Il est même salutaire de nous représenter à l'esprit certains grands
malheurs qui peuvent éventuellement venir nous frapper;
cela nous aide à supporter plus facilement des maux
moins graves lorsqu'ils viennent effectivement nous ac-

cabler, car nous nous consolons alors par un retour de
pensée sur ces malheurs considérables qui ne se sont pas
réalisés. Mais il faut avoir soin, tout en pratiquant cette
règle, de ne pas négliger la précédente.

15° Les événements et les affaires qui nous concernent
se produisent et se succèdent isolément, sans ordre et
sans rapport mutuel, en contraste frappant les uns avec
les autres et sans autre lien que de se rapporter à nous ;
il en résulte que les pensées et les soins nécessaires
devront être tout aussi nettement séparés, afin de correspondre aux intérêts qui les ont provoqués. En conséquence, quand nous entreprenons une chose, il faut en
finir avec elle, en faisant abstraction de toute autre
affaire, afin d'accomplir, de goûter ou de subir chaque
chose en son temps, sans souci de tout le reste ; nous
devons avoir, pour ainsi dire, des compartiments pour
nos pensées, et n'en ouvrir qu'un seul pendant que tous
les autres restent fermés. Nous y trouvons cet avantage
de ne pas gâter tout petit plaisir actuel et de ne pas
perdre tout repos par la préoccupation de quelque lourd
souci ; nous y gagnons encore cela qu'une pensée n'en
chasse pas une autre, que le soin d'une affaire importante
n'en fait pas négliger beaucoup de petites, etc. Mais surtout
l'homme capable de pensées nobles et élevées ne doit pas
laisser son esprit s'absorber par des affaires personnelles
et se préoccuper de soins bas au point de fermer l'accès à
ses hautes méditations, car ce serait vraiment « *propter
vitam, vivendi perdere causas* » (pour vivre, perdre les
causes de la vie). Il est indubitable que pour faire exé-

cuter à notre esprit toutes ces manœuvres et contre-
manœuvres, il nous faut, comme en bien d'autres circonstances, exercer une contrainte sur nous-même;
toutefois nous devrions en puiser la force dans cette
réflexion que l'homme subit du monde extérieur de
nombreuses et puissantes contraintes auxquelles nulle
existence ne peut se soustraire, mais qu'un petit effort
exercé sur soi-même et appliqué au bon endroit peut
obvier souvent à une grande pression extérieure; de
même, une petite découpure dans le cercle, voisine du
centre, correspond à une ouverture parfois centuple à la
périphérie. Rien ne nous soustrait mieux à la contrainte
du dehors que la contrainte de nous-même : voilà la
signification de cette sentence de Sénèque : « *Si tibi
vis omnia subjicere, te subjice rationi* » (Ep. 37) (Si
vous voulez que toutes choses vous soient soumises,
soumettez-vous d'abord à la raison). En outre, cette contrainte sur nous-même, nous l'avons toujours en notre
puissance, et dans un cas extrême, ou bien lorsqu'elle
porte sur notre point le plus sensible, nous avons la
faculté de la relâcher un peu, tandis que la pression
extérieure est pour nous sans égards, sans ménagement
et sans pitié. C'est pourquoi il est sage de prévenir celle-
ci par l'autre.

16° Borner ses désirs, refréner ses convoitises, maîtriser sa colère, se rappelant sans cesse que chaque individu ne peut jamais atteindre qu'une partie infiniment
petite de ce qui est désirable et qu'en revanche des maux
sans nombre doivent frapper chacun; en un mot, « απεχειν

και ανεχειν » (*abstinere et sustinere*, s'abstenir et se soutenir), voilà la règle sans l'observation de laquelle ni
richesse ni pouvoir ne pourront nous empêcher de sentir
notre misérable condition. Horace dit à ce sujet :

> Inter cuncta leges, et percontabere doctos
> Qua ratione queas traducere leniter ævum ;
> Ne te semper inops agitet vexetque cupido,
> Ne pavor et verum mediocriter utilium spes.

(Cependant, lis et cause avec les doctes; cherche ainsi à mener dou-
cement ta vie; sans quoi, le désir t'agite et te blesse en te laissant toujours pauvre, sans crainte et sans l'espérance des choses médiocrement
utiles.) — (Traduction L. de Lisle, Ep. I, 18, vers 96-99.)

17° « Ο βιος εν τη κινησει εστι » (La vie est dans le mouvement), a dit Aristote avec raison : de même que notre
vie physique consiste uniquement dans et par un mouvement incessant, de même notre vie intérieure, intellectuelle demande une occupation constante, une occupation avec n'importe quoi, par l'action ou par la pensée;
c'est ce que prouve déjà cette manie des gens désœu-
vrés, et qui ne pensent à rien, de se mettre immédiatement à tambouriner avec leurs doigts ou avec le
premier objet venu. C'est que l'agitation est l'essence
de notre existence; une inaction complète devient bien
vite insupportable, car elle engendre le plus horrible
ennui. C'est en réglant cet instinct qu'on peut le satisfaire
méthodiquement et avec plus de fruit. L'activité est indispensable au bonheur; il faut que l'homme agisse, fasse
quelque chose si cela lui est possible ou apprenne au
moins quelque chose; ses forces demandent leur emploi,
et lui-même ne demande qu'à leur voir produire un résul-

tat quelconque. Sous ce rapport, sa plus grande satisfaction consiste à faire, à confectionner quelque chose, panier ou livre ; mais ce qui donne du bonheur immédiat, c'est de voir jour par jour croître son œuvre sous ses mains et de la voir arriver à sa perfection. Une œuvre d'art, un écrit ou même un simple ouvrage manuel produisent tout cet effet ; bien entendu que plus la nature du travail est noble, plus la jouissance est élevée. Les plus heureux à cet égard sont les hommes hautement doués qui se sentent capables de produire les œuvres les plus importantes, les plus vastes et les plus fortement raisonnées. Cela répand sur toute leur existence un intérêt d'ordre supérieur et lui communique un assaisonnement qui fait défaut aux autres ; aussi la vie de ceux-ci est-elle insipide auprès de la leur. En effet, pour les hommes éminents, la vie et le monde, à côté de l'intérêt commun, matériel, en ont encore un autre plus élevé, un intérêt formel, en ce qu'ils contiennent l'étoffe de leurs œuvres, et c'est à rassembler ces matériaux qu'ils s'occupent activement pendant le cours de leur existence, dès que leur part des misères terrestres leur donne un moment de répit. Leur intellect est aussi, jusqu'à un certain point, double : une partie est pour les affaires ordinaires (objets de la volonté) et ressemble à celui de tout le monde ; l'autre est pour la conception purement objective des choses. Ils vivent ainsi d'une vie double, spectateurs et acteurs à la fois, pendant que le reste n'est qu'acteurs. Cependant il faut que tout homme s'occupe à quelque chose, dans la mesure de ses facultés. On peut constater l'influence pernicieuse de l'absence d'activité régulière, d'un travail quel qu'il soit, pendant les voyages d'agrément de longue durée, où de temps en temps on se sent assez malheureux, par la seule raison que, privé de toute occupation réelle, on se trouve pour ainsi dire arraché à son élément naturel. Prendre de la peine et lutter contre les résistances est un besoin pour l'homme, comme de creuser pour la taupe. L'immobilité qu'amènerait la satisfaction complète d'une jouissance permanente lui serait insupportable. Vaincre des obstacles est la plénitude de la jouissance dans l'existence humaine, que ces obstacles soient d'une nature matérielle comme dans l'action et l'exercice, ou d'une nature spirituelle comme dans l'étude et les recherches : c'est la lutte et la victoire qui rendent l'homme heureux. Si l'occasion lui en manque, il se la crée comme il peut : selon que son individualité le comporte, il chassera ou jouera au bilboquet, ou, poussé par le penchant inconscient de sa nature, il suscitera des querelles, ourdira des intrigues, machinera des tromperies ou n'importe quelle autre vilenie, rien que pour mettre un terme à l'état d'immobilité qu'il ne peut supporter. « *Difficilis in otio quies* » (Le calme est difficile dans l'inaction).

18° Ce ne sont pas les *images de la fantaisie* mais des *notions nettement conçues* qu'il faut prendre pour guide de ses travaux. Le contraire arrive le plus souvent. En bien examinant, on trouve que ce qui, dans nos déterminations, vient en dernière instance rendre l'arrêt décisif, ce ne sont pas ordinairement des notions et des

jugements, mais c'est une image de la fantaisie qui les représente et s'y substitue. Je ne sais plus dans quel roman
de Voltaire ou de Diderot la vertu apparaît toujours au
héros placé comme l'Hercule adolescent au carrefour de
la vie, sous les traits de son vieux gouverneur tenant de
la main gauche sa tabatière, de la droite une prise de
tabac et moralisant; le vice, en revanche, sous ceux de la
femme de chambre de sa mère. C'est particulièrement
pendant la jeunesse que le but de notre bonheur se fixe
sous la forme de certaines images qui planent devant nous
et qui persistent souvent pendant la moitié, quelquefois
même pendant la totalité de la vie. Ce sont là de vrais
lutins qui nous harcèlent; à peine atteints, ils s'évanouis-
sent, et l'expérience vient nous apprendre qu'ils ne tiennent rien de ce qu'ils promettaient. De ce genre sont les
scènes particulières de la vie domestique, civile, sociale
ou rurale, les images de l'habitation et de notre entourage, les insignes honorifiques, les témoignages du respect, etc., etc.; « *chaque fou a sa marotte* [1]; » l'image
de la bien-aimée en est une aussi. Il est bien naturel qu'il
en soi ainsi; car ce que l'on voit, étant l'*immédiat*, agit
aussi plus immédiatement sur notre volonté que la notion,
la pensée abstraite, qui ne donne que le *général* sans le
particulier; or c'est ce dernier qui contient précisément
la réalité : la notion ne peut donc agir que médiatement
sur la volonté. Et cependant il n'y a que la notion qui
tienne parole : aussi est-ce un témoignage de culture in-

1. En français dans le texte.

tellectuelle que de mettre en elle seule toute sa foi. Par
moments, le besoin se fera certainement sentir d'expliquer
ou de paraphraser au moyen de quelques images, seulement « *cum grano salis* ».

19° La règle précédente rentre dans cette autre maxime
plus générale, qu'il faut toujours maîtriser l'impression
de tout ce qui est présent et visible. Cela, en regard de la
simple pensée, de la connaissance pure, est incomparablement plus énergique, non en vertu de sa matière et de
sa valeur, qui sont souvent très insignifiantes, mais en
vertu de sa forme, c'est-à-dire de la visibilité et de la présence directe, qui pénètre l'esprit dont elle trouble le repos
ou ébranle les desseins. Car ce qui est présent, ce qui est
visible, pouvant facilement être embrassé d'un regard,
agit toujours d'un seul coup et avec toute sa puissance;
par contre, les pensées et les raisons, devant être méditées
pièce à pièce, demandent du temps et de la tranquillité et
ne peuvent donc être à tout moment et entièrement présentes à l'esprit. C'est pour cela qu'une chose agréable à
laquelle la réflexion nous a fait renoncer nous charme
encore par sa vue; de même, une opinion dont nous connaissons cependant l'entière incompétence nous blesse;
une offense nous irrite, bien que nous sachions qu'elle ne
mérite que le mépris; de même encore, dix raisons contre
l'existence d'un danger sont renversées par la fausse apparence de sa présence réelle, etc. Dans toutes ces circonstances, c'est la déraison originelle de notre être qui
prévaut. Les femmes sont fréquemment sujettes à de pareilles impressions, et peu d'hommes ont une raison assez

prépondérante pour n'avoir pas à souffrir de leurs effets.
Lorsque nous ne pouvons pas les maîtriser entièrement
par la pensée seule, ce que nous avons de mieux à faire
alors est de neutraliser une impression par l'impression
contraire : par exemple, l'impression d'une offense par des
visites chez les gens qui nous estiment, l'impression d'un
danger qui nous menace par la vue réelle des moyens
propres à l'écarter. Un Italien, dont Leibnitz nous raconte
l'histoire (*Nouv. Essais*, liv. I, ch. II, § 11), réussit même
à résister aux douleurs de la torture : pour cela, par une
résolution prise d'avance, il imposa à son imagination
de ne pas perdre de vue un seul instant l'image de la potence à laquelle l'aurait fait condamner un aveu; aussi
criait-il de temps en temps : « *Io ti vedo*, » paroles qu'il
expliqua plus tard comme se rapportant au gibet. Pour la
même raison, quand tous autour de nous sont d'une opinion différente de la nôtre et se conduisent en conséquence, il est très difficile de ne pas se laisser ébranler,
quand même on serait convaincu qu'ils sont dans l'erreur.
Pour un roi fugitif, poursuivi et voyageant sérieusement
incognito, le cérémonial de subordination que son compagnon et confident observera quand ils sont entre quatre
yeux doit être un cordial presque indispensable pour que
l'infortuné n'arrive pas à douter de sa propre existence.

20° Après avoir fait ressortir, dès le 2ᵉ chapitre, la haute
valeur de la santé comme condition première et la plus
importante de notre bonheur, je veux indiquer ici quelques règles très générales de conduite, pour la fortifier et
la conserver.

Pour s'endurcir, il faut, tant qu'on est en bonne santé, soumettre le corps dans son ensemble, comme dans chacune de ses parties, à beaucoup d'effort et de fatigue, et s'habituer à résister à tout ce qui peut l'affecter, quelque rudement que ce soit. Dès qu'il se manifeste, au contraire, un état morbide soit du tout, soit d'une partie, on devra recourir immédiatement au procédé contraire, c'est-à-dire ménager et soigner de toute façon le corps ou sa partie malade : car ce qui est souffrant et affaibli n'est pas susceptible d'endurcissement.

Les muscles se fortifient; les nerfs, au contraire, s'affaiblissent par un fort usage. Il convient donc d'exercer les premiers par tous les efforts convenables et d'épargner au contraire tout effort aux seconds; par conséquent, gardons nos yeux contre toute lumière trop vive, surtout quand elle est réfléchie, contre tout effort pendant le demi-jour, contre la fatigue de regarder longtemps de trop petits objets; préservons nos oreilles également des bruits trop forts, mais surtout évitons à notre cerveau toute contention forcée, trop soutenue ou intempestive ; conséquemment, il faut le laisser reposer pendant la digestion, car à ce moment cette même force vitale qui, dans le cerveau, forme les pensées, travaille de tous ses efforts dans l'estomac et les intestins, à préparer le chyme et le chyle; il doit également reposer pendant et après un travail musculaire considérable. Car, pour les nerfs moteurs, comme pour les nerfs sensitifs, les choses se passent de la même manière, et, de même que la douleur ressentie dans un membre lésé a son véritable siège dans le cerveau, de

même ce ne sont pas les bras et les jambes qui se meurent
et travaillent, mais le cerveau, c'est-à-dire cette portion
du cerveau qui, par l'intermédiaire de la moelle allongée et
de la moelle épinière, excite les nerfs de ces membres et
les fait ainsi se mouvoir. Par suite aussi, la fatigue que
nous éprouvons dans les jambes ou les bras a son siège
réel dans le cerveau; c'est pourquoi les membres dont le
mouvement est soumis à la volonté, c'est-à-dire part du
cerveau, sont les seuls qui se fatiguent, tandis que ceux
dont le travail est involontaire, comme le cœur, par
exemple, sont infatigables. Evidemment alors, c'est nuire
au cerveau que d'exiger de lui de l'activité musculaire
énergique et de la tension d'esprit, que ce soit simulta-
nément ou même seulement après un trop court intervalle.
Ceci n'est nullement en contradiction avec le fait qu'au
début d'une promenade, ou en général pendant de courtes
marches, on éprouve une activité renforcée de l'esprit;
car dans ce dernier cas il n'y a pas encore de fatigue des
parties respectives du cerveau, et d'autre part cette légère
activité musculaire, en accélérant la respiration, porte le
sang artériel, mieux oxygéné aussi, à monter vers le cerveau. Mais il faut surtout donner au cerveau la pleine mesure de sommeil nécessaire à sa réfection, car le sommeil
est pour l'ensemble de l'homme ce que le remontage est
à la pendule (Voy. *Le monde comme Volonté et comme
Repr.*, vol. II). Cette mesure devra être d'autant plus
grande que le cerveau sera plus développé et plus actif;
cependant l'outrepasser serait un pur gaspillage de temps,
car le sommeil perd alors en intensité ce qu'il gagne en

extension (Voy. *Le monde c. V. et c. R.*, vol. II) [1]. En général, pénétrons-nous bien de ce fait que notre *penser* n'est autre chose que la fonction organique du cerveau, et partant se comporte, pour ce qui regarde la fatigue et le repos, d'une manière analogue à celle de toute autre activité organique. Un effort excessif fatigue le cerveau comme il fatigue les yeux. On a dit avec raison : Le cerveau pense comme l'estomac digère. L'idée d'une âme immatérielle, simple, essentiellement et constamment pensante, partant infatigable, qui ne serait là que comme logée en quartier dans le cerveau et n'aurait besoin de rien au monde, a certainement poussé plus d'un homme à une conduite insensée qui a émoussé ses forces intellectuelles ; Frédéric le Grand, par exemple, n'a-t-il pas essayé une fois de se déshabituer totalement du sommeil ? Les professeurs de philosophie devraient bien ne pas encourager une pareille illusion, nuisible même en pratique, par leur philosophie orthodoxe de vieilles femmes (*Katechismus-gerechtseynwollende Rocken-Philosophie*). Il faut apprendre à considérer les forces intellectuelles comme étant absolument des fonctions physiologiques, afin de savoir les manier, les ménager ou les fatiguer en consé-

---

1. Le sommeil est une petite portion de *mort* que nous empruntons *anticipando* et par le moyen de laquelle nous regagnons et renouvelons la vie épuisée dans l'espace d'un jour. *Le sommeil est un emprunt fait à la mort* *. Le sommeil emprunte à la mort pour entretenir la vie. Ou bien, il est l'*intérêt payé provisoirement à la mort*, qui elle-même est le payement intégral du capital. Le remboursement total est exigé dans un délai d'autant plus long que l'intérêt est plus élevé et se paye plus régulièrement. (*Note de l'auteur.*)

* En français dans le texte.

quence; on doit se rappeler que toute souffrance, toute
incommodité, tout désordre dans une partie quelconque
du corps, affecte l'esprit. Pour bien se pénétrer de cette
vérité, il faut lire Cabanis : *Des rapports du physique
et du moral de l'homme.*

C'est pour avoir négligé de suivre ce conseil que bien
des grands esprits et bien des grands savants sont tom-
bés, sur leurs vieux jours, dans l'imbécillité, dans l'enfance et jusque dans la folie. Si, par exemple, de célèbres
poètes anglais de notre siècle, tels que Walter Scott,
Wordsworth, Southey et plusieurs autres, arrivés à la
vieillesse et même dès leur soixantaine, sont devenus
intellectuellement obtus et incapables, même imbéciles, il
faut sans doute l'attribuer à ce que, séduits par des hono-
raires élevés, ils ont tous exercé la littérature comme un
métier, en écrivant pour de l'argent. Ce métier entraîne à
une fatigue contre nature : quiconque attelle son Pégase
au joug et pousse sa Muse du fouet aura à l'expier de la
même manière que celui qui a rendu à Vénus un culte
forcé. Je soupçonne que Kant lui-même, dans un âge
avancé, devenu déjà célèbre, s'est livré à un travail
excessif et a provoqué par là cette seconde enfance dans
laquelle il a vécu ses quatre dernières années.

Chaque mois de l'année a une influence spéciale et
directe, c'est-à-dire indépendante des conditions météoro-
logiques, sur notre santé, sur l'état général de notre corps,
et même sur l'état de notre esprit.

III. — Concernant notre conduite envers les autres.

21° Pour se pousser à travers le monde, il est utile d'emporter avec soi une ample provision de *circonspection* et d'*indulgence ;* la première nous garantit contre les préjudices et les pertes, la seconde nous met à l'abri de disputes et de querelles.

Qui est appelé à vivre parmi les hommes ne doit repousser d'une manière absolue aucune individualité, du moment qu'elle est déjà déterminée et donnée par la nature, l'individualité fût-elle la plus méchante, la plus pitoyable ou la plus ridicule. Il doit plutôt l'accepter comme étant quelque chose d'immuable et qui, en vertu d'un principe éternel et métaphysique, doit être telle qu'elle est; au pis-aller, il devra se dire : « Il faut bien qu'il y en ait de cette espèce-là aussi. » S'il prend la chose autrement, il commet une injustice et provoque l'autre à un combat à la vie et à la mort. Car nul ne peut modifier son individualité propre, c'est-à-dire son caractère moral, ses facultés intellectuelles , son tempérament , sa physionomie, etc. Si donc nous condamnons son être sans réserve, il ne lui restera plus qu'à combattre en nous un ennemi mortel, du moment où nous ne voulons lui reconnaître le droit d'exister qu'à la condition de devenir un autre que celui qu'il est immuablement. C'est pourquoi, quand on veut vivre parmi les hommes, il faut laisser chacun exister et l'accepter avec l'individualité, quelle qu'elle soit, qui lui a été départie; il faut se préoccuper uniquement de l'utiliser autant que sa qualité et son organisation le permettent, mais sans espérer la modifier et sans la condamner purement et simplement telle qu'elle est. Voilà la vraie signification de ce dicton : « *Vivre et laisser vivre.* » Toutefois la tâche est moins facile qu'elle n'est équitable, et heureux celui à qui il est donné de pouvoir à jamais éviter certaines individualités ! En attendant, pour apprendre à supporter les hommes, il est bon d'exercer sa patience sur les objets inanimés qui, en vertu d'une nécessité mécanique ou de toute autre nécessité physique, contrarient obstinément notre action ; nous avons pour cela des occasions journalières. On apprend ensuite à reporter sur les hommes, la patience ainsi acquise, et l'on se fait à cette pensée qu'eux aussi, toutes les fois qu'ils nous sont un obstacle, le sont forcément, en vertu d'une nécessité naturelle aussi rigoureuse que celle avec laquelle agissent les objets inanimés ; que, par conséquent, il est aussi insensé de s'indigner de leur conduite que d'une pierre qui vient rouler sous nos pieds. A l'égard de maint individu, le plus sage est de se dire : « *Je ne le changerai pas, je veux donc l'utiliser.* »

22° Il est surprenant de voir à quel point se manifeste dans la conversation l'homogénéité ou l'hétérogénéité d'esprit et de caractère entre les hommes ; elle devient sensible à la moindre occasion. Entre deux personnes de natures essentiellement dissemblables qui causeront sur les sujets les plus indifférents, les plus étrangers, chaque phrase de l'une déplaira plus ou moins à l'autre, un mot parfois ira jusqu'à la mettre en colère. Quand elles se

ressemblent au contraire, elles sentent de suite et en tout
un certain accord qui, lorsque l'homogénéité est très
marquée, se fond en une harmonie parfaite et peut aller
jusqu'à l'unisson. Ainsi s'explique premièrement pourquoi
les individus très ordinaires sont tellement sociables et
trouvent si facilement partout de l'excellente société, ce
qu'ils appellent « d'aimables , bonnes et braves gens . »
C'est l'inverse pour les hommes qui ne sont pas ordinaires,
et ils seront d'autant moins sociables qu'ils sont plus distingués; tellement que parfois, dans leur isolement, ils
peuvent éprouver une véritable joie à avoir découvert chez
un autre une fibre quelconque, si mince qu'elle puisse être,
de la même nature que la leur. Car chacun ne peut être
à un autre homme que ce que celui-ci est au premier.
Comme l'aigle, les esprits réellement supérieurs errent
sur la hauteur, solitaires. Cela explique, en second lieu,
comment les hommes de même disposition se trouvent si
vite réunis, comme s'ils s'attiraient magnétiquement : les
âmes sœurs se saluent de loin. On pourra remarquer cela
le plus fréquemment chez les gens à sentiments bas ou de
faible intelligence; mais c'est seulement parce que ceux-ci
s'appellent légion, tandis que les bons et les nobles sont et
s'appellent les natures rares. C'est ainsi qu'il se fera, par
exemple, que dans quelque vaste association, fondée en
vue de résultats effectifs, deux fieffés coquins se reconnaissent mutuellement aussi vite que s'ils portaient une
cocarde et se rapprochent aussitôt pour forger quelque
abus ou quelque trahison . De même, supposons , *per
impossibile*, une société nombreuse composée entière-

ment d'hommes intelligents et spirituels, sauf deux imbéciles qui en feraient partie aussi ; ces deux se sentiront
sympathiquement attirés l'un vers l'autre, et bientôt chacun des deux se réjouira dans son cœur d'avoir enfin ren-
contré au moins un homme raisonnable. Il est vraiment
remarquable de voir de ses yeux comment deux êtres,
principalement parmi ceux qui sont arriérés au moral et à
l'intellectuel, se reconnaissent à première vue, tendent ardemment à se rapprocher, se saluent avec amour et joie,
et courent l'un au-devant de l'autre comme d'anciennes
connaissances ; cela est si frappant que l'on est tenté
d'admettre, selon la doctrine bouddhique de la métem-
psycose, qu'ils étaient déjà liés d'amitié dans une vie an-
térieure.

Cependant il est un fait qui, même dans le cas de
grande harmonie, maintient les hommes éloignés les uns
des autres et qui va jusqu'à faire naître entre eux une dissonnance passagère : c'est la différence de la disposition
du moment qui est presque toujours autre chez chacun,
selon sa situation momentanée, l'occupation, le milieu,
l'état de son corps, le courant actuel de ses pensées, etc.
C'est là ce qui produit des dissonnances parmi les individualités qui s'accordent le mieux. Travailler sans relâche
à corriger ce qui fait naître ces troubles et à établir l'égalité de la température ambiante, serait l'effet d'une suprême culture intellectuelle. On aura la mesure de ce que
peut produire pour la société l'égalité de sentiments, par ce
fait que les membres d'une réunion, même très nombreuse,
seront portés à se communiquer réciproquement leurs

idées, à prendre sincèrement part à l'intérêt et au sentiment général, dès que quelque chose d'extérieur, un
danger, une espérance, une nouvelle, la vue d'une chose
extraordinaire, un spectacle, de la musique, ou n'importe
quoi, vient les impressionner tous au même instant et de
la même manière. Car ces motifs subjuguent tous les intérêts particuliers et font naître de la sorte l'unité parfaite
de disposition. A défaut d'une pareille influence objective,
on a recours d'ordinaire à quelque ressource subjective,
et c'est alors la bouteille qui est appelée habituellement à
procurer une disposition commune à la compagnie. Le thé
et le café sont également employés à cet effet.

Mais ce même désaccord qu'amène si facilement dans
toute réunion la diversité d'humeur momentanée donne
aussi l'explication partielle de ce phénomène que chacun
apparaît comme idéalisé, parfois même transfiguré dans
le souvenir, quand celui-ci n'est plus sous l'empire de
cette influence passagèrement perturbatrice ou de toute
autre semblable. La mémoire agit à la manière de la
lentille convergente dans la chambre obscure : elle réduit
toutes les dimensions et produit de la sorte une image
bien plus belle que l'original. Chaque absence nous procure partiellement l'avantage d'être vus sous cet aspect.
Car bien que, pour achever son œuvre, le souvenir idéa-
lisateur demande un temps considérable, néanmoins son
travail commence immédiatement. C'est pourquoi même
il est sage de ne se montrer à ses connaissances et à ses
bons amis qu'à de longs intervalles; on remarquera, en se
revoyant, que le souvenir a déjà travaillé.

23° Nul ne peut voir *par-dessus soi*. Je veux dire par là qu'on ne peut voir en autrui plus que ce qu'on est soi-même, car chacun ne peut saisir et comprendre un autre que dans la mesure de sa propre intelligence. Si celle-ci est de la plus basse espèce, tous les dons intellectuels les plus élevés ne l'impressionneront nullement, et il n'apercevra dans cet homme si hautement doué que ce qu'il y a de plus bas dans l'individualité, savoir toutes les faiblesses et tous les défauts de tempérament et de caractère. Voilà de quoi le grand homme sera composé aux yeux de l'autre. Les facultés intellectuelles éminentes de l'un existent aussi peu pour le second que les couleurs pour les aveugles. C'est que tous les esprits sont invisibles pour qui n'a pas soi-même d'esprit : et toute évaluation est le produit de la valeur de l'estimé par la sphère d'appréciation de l'estimateur.

Il résulte de là que lorsqu'on cause avec quelqu'un on se met toujours à son niveau, puisque tout ce qu'on a au delà disparaît, et même l'abnégation de soi qu'exige ce nivellement reste parfaitement méconnue. Si donc on réfléchit combien la plupart des hommes ont de sentiments et de facultés de bas étage, en un mot combien ils sont *communs*, on verra qu'il est impossible de parler avec eux sans devenir soi-même *commun* pendant cet intervalle (par analogie avec la répartition de l'électricité) ; on saisira alors la signification propre et la vérité de cette expression allemande : « *sich gemein machen* » (se mettre de pair à compagnon), et l'on cherchera à éviter toute compagnie avec laquelle on ne peut communiquer que moyennant la *partie honteuse* [1] de sa propre nature. On comprendra également qu'en présence d'imbéciles et de fous il n'y a qu'*une seule* manière de montrer qu'on a de la raison : c'est de ne pas parler avec eux. Mais il est vrai qu'alors, en société, maint homme pourra se trouver dans la situation d'un danseur, entrant dans un bal où il n'y aurait que des perclus; avec qui dansera-t-il?

24° J'accorde toute ma considération, comme à un élu sur cent individus, à celui qui étant inoccupé, parce qu'il attend quelque chose, ne se met pas immédiatement à frapper ou à tapoter en mesure avec tout ce qui lui tombe sous la main, avec sa canne, son couteau, sa fourchette ou avec tout autre objet. Il est probable que cet homme-là pense à quelque chose. On reconnaît à la mine de la plupart des gens que chez eux la vue remplace entièrement le penser; ils cherchent à s'assurer de leur existence en faisant du bruit, à moins qu'ils n'aient un cigare sous la main, ce qui leur rend le même service. C'est pour la même raison qu'ils sont constamment tout yeux, tout oreilles pour tout ce qui se passe autour d'eux.

25° La Rochefoucauld a très justement observé qu'il est difficile de beaucoup estimer un homme et de l'aimer beaucoup à la fois [2]. Nous aurions donc le choix entre briguer l'amour ou l'estime des gens. Leur amour est toujours intéressé, bien qu'à des titres divers. De plus, les

---

1. En français dans le texte.
2. Voici le texte de la maxime à laquelle Schopenhauer fait allusion : « Il est difficile d'aimer ceux que nous n'estimons point ; mais il ne l'est pas moins d'aimer ceux que nous estimons beaucoup plus que nous. » (La Roch., édit. de la *Bibl. nationale*, p. 71, 303.)

conditions auxquelles on l'acquiert ne sont pas toujours
faites pour nous en rendre fiers. Avant tout, on se fera
aimer dans la mesure dans laquelle on baissera ses prétentions à trouver de l'esprit et du cœur chez les autres,
mais cela sérieusement, sans dissimulation, et non en
vertu de cette indulgence qui prend sa source dans le
mépris. Pour compléter les prémisses qui aideront à tirer
la conclusion, rappelons encore cette sentence si vraie
d'Helvétius : « *Le degré d'esprit nécessaire pour nous
plaire est une mesure assez exacte du degré d'esprit
que nous avons.* » C'est tout le contraire quand il s'agit
de l'estime des gens : on ne la leur arrache qu'à leur corps
défendant ; aussi la cachent-ils le plus souvent. C'est
pourquoi elle nous procure une bien plus grande satisfaction intérieure ; elle est en proportion avec notre valeur, ce
qui n'est pas vrai directement de l'amour des gens, car
celui-ci est subjectif et l'estime objective. Mais l'amour
nous est certainement plus utile.

26° La plupart des hommes sont tellement personnels
qu'au fond rien n'a d'intérêt à leurs yeux qu'eux-mêmes et
exclusivement eux. Il en résulte que, quoi que ce soit dont
on parle, ils pensent aussitôt à eux-mêmes, et que tout ce
qui, par hasard et du plus loin que ce soit, se rapporte à
quelque chose qui les touche, attire et captive tellement
toute leur attention qu'ils n'ont plus la liberté de saisir la
partie objective de l'entretien ; de même, il n'y a pas de
raisons valables pour eux dès qu'elles contrarient leur
intérêt ou leur vanité. Aussi sont-ils si facilement distraits,
si facilement blessés, offensés ou affligés que, lors même

qu'on cause avec eux, à un point de vue objectif, sur
n'importe quelle matière, on ne saurait assez se garder
de tout ce qui pourrait, dans le discours, avoir un rapport
possible, peut-être fâcheux avec le précieux et délicat *moi*
que l'on a devant soi ; rien que ce moi ne les intéresse, et,
pendant qu'ils n'ont ni sens ni sentiment pour ce qu'il y a
de vrai et de remarquable, ou de beau, de fin, de spirituel
dans les paroles d'autrui, ils possèdent la plus exquise
sensibilité pour tout ce qui, du plus loin et le plus indirectement, peut toucher leur mesquine vanité ou se rapporter
désavantageusement, en quelque façon que ce soit, à leur
inappréciable moi. Ils ressemblent, dans leur susceptibilité, à ces roquets auxquels on est si facilement exposé,
par mégarde, à marcher sur la patte et dont il faut subir
ensuite les piailleries ; ou bien encore à un malade couvert
de plaies et de meurtrissures et qu'il faut éviter soigneusement de toucher. Il y en a chez qui la chose est poussée si
loin, qu'ils ressentent exactement comme une offense
l'esprit et le jugement que l'on montre, ou qu'on ne dissimule pas suffisament, en causant avec eux ; ils s'en cachent,
il est vrai, au premier moment, mais ensuite celui qui n'a
pas assez d'expérience réfléchira et se creusera vainement
la cervelle pour savoir par quoi il a pu s'attirer leur
rancune et leur haine. Mais il est tout aussi facile de les
flatter et de les gagner. Par suite, leur sentence est, d'ordinaire, achetée : elle n'est qu'un arrêt en faveur de leur
parti ou de leur classe et non un jugement objectif et
impartial. Cela vient de ce que chez eux la volonté surpasse
de beaucoup l'intelligence, et de ce que leur faible intellect

est entièrement soumis au service de la volonté dont il ne peut s'affranchir un seul moment.

Cette pitoyable subjectivité des hommes, qui les fait tout rapporter à eux et revenir, de tout point de départ, immédiatement et en droite ligne vers leur personne, est surabondamment prouvée par l'*astrologie*, qui rapporte la marche des grands corps de l'univers au chétif *moi* et qui trouve une corrélation entre les comètes au ciel et les querelles et les gueuseries sur la terre. Mais cela s'est toujours passé ainsi, même dans les temps les plus reculés (voir par exemple Stobée, *Eclog.*, l. I, ch. 22, 9, p. 478).

27° Il ne faut pas désespérer à chaque absurdité qui se dit en public ou dans la société, qui s'imprime dans les livres et qui est bien accueillie ou du moins n'est pas réfutée ; il ne faut pas croire non plus que cela restera acquis à jamais. Sachons, pour notre consolation, que plus tard et insensiblement la chose sera ruminée, élucidée, méditée, pesée, discutée et le plus souvent jugée justement à la fin, en sorte que, après un laps de temps variable en raison de la difficulté de la matière, presque tout le monde finira par comprendre ce que l'esprit lucide avait vu de prime abord. Il est certain que dans l'entre-temps il faut prendre patience. Car un homme d'un jugement juste parmi des gens qui sont dans l'erreur ressemble à celui dont la montre va juste dans une ville dont toutes les horloges sont mal réglées. Lui seul sait l'heure exacte, mais à quoi bon ? Tout le monde se règle sur les horloges publiques qui indiquent une heure fausse, ceux-là même

qui savent que la montre du premier donne seule l'heure
vraie.

28° Les hommes ressemblent aux enfants qui prennent
de mauvaises manières dès qu'on les gâte ; aussi ne faut-il
être trop indulgent ni trop aimable envers personne. De
même qu'ordinairement on ne perdra pas un ami pour lui
avoir refusé un prêt, mais plutôt pour le lui avoir accordé,
de même ne le perdra-t-on pas par une attitude hautaine
et un peu de négligence, mais plutôt par un excès d'amabilité et de prévenance : il devient alors arrogant, insupportable, et la rupture ne tarde pas à se produire. C'est
surtout l'idée qu'on a besoin d'eux que les hommes ne
peuvent absolument pas supporter ; elle est toujours
suivie inévitablement d'arrogance et de présomption. Chez
quelques gens, cette idée naît déjà par cela seul qu'on
est en relations ou bien qu'on cause souvent ou fami-
lièrement avec eux : ils s'imaginent aussitôt qu'il faut
bien leur passer quelque chose et ils chercheront à étendre les bornes de la politesse. C'est pourquoi il y a si
peu d'individus qu'on puisse fréquenter un peu plus inti-
mement ; surtout faut-il se garder de toute familiarité
avec des natures de bas étage. Que si, par malheur, un
individu de cette espèce s'imagine que j'ai beaucoup
plus besoin de lui qu'il n'a besoin de moi, alors il éprouvera soudain un sentiment comme si je lui avais volé
quelque chose : il cherchera à se venger et à rentrer
dans sa propriété. N'avoir jamais et d'aucune façon besoin
des autres et le leur faire voir, voilà absolument la seule
manière de maintenir sa supériorité dans les relations. En

conséquence, il est sage de leur faire sentir à tous, homme ou femme, qu'on peut très bien se passer d'eux ; cela fortifie l'amitié : il est même utile de laisser s'introduire parfois, dans notre attitude à l'égard de la plupart d'entre eux, une parcelle de dédain ; ils n'en attacheront que plus de prix à notre amitié. « *Chi non istima, vien stimato* » (Qui n'estime pas est estimé), dit finement un proverbe italien. Mais, si quelqu'un a réellement une grande valeur à nos yeux, il faut le lui dissimuler comme si c'était un crime. Cela n'est pas précisément réjouissant, mais en revanche c'est vrai. C'est à peine si les chiens supportent le trop de bienveillance, bien moins encore les hommes.

29° Les gens d'une espèce plus noble et doués de facultés plus élevées trahissent, principalement dans leur jeunesse, un manque surprenant de connaissance des hommes et de savoir-faire ; ils se laissent ainsi facilement tromper ou égarer ; tandis que les natures inférieures savent bien mieux et bien plus vite se tirer d'affaire dans le monde ; cela vient de ce que, à défaut d'expérience, l'on doit juger *a priori* et qu'en général aucune expérience ne vaut l'*a priori*. Chez les gens de calibre ordinaire, cet *a priori* leur est fourni par leur propre *moi*, tandis qu'il ne l'est pas à ceux de nature noble et distinguée, car c'est par là précisément que ceux-ci diffèrent des autres. En évaluant donc les pensées et les actes des hommes ordinaires d'après les leurs propres, le calcul se trouve être faux.

Mais même alors qu'un tel homme aura appris enfin *a posteriori*, c'est-à-dire par les leçons d'autrui et par sa propre expérience, ce qu'il y a à attendre des hommes ;

même alors qu'il aura compris que les cinq sixièmes d'entre eux sont ainsi faits, au moral comme à l'intellectuel, que celui qui n'est pas forcé par les circonstances d'être en relation avec eux fait mieux de les éviter dès l'abord et de se tenir autant que possible hors de leur contact, même alors cet homme ne pourra, malgré tout, avoir une connaissance *suffisante* de leur petitesse et de leur mesquinerie; il aura durant toute sa vie à étendre et à compléter cette notion; mais jusqu'alors il fera encore bien des faux calculs à son détriment. En outre, bien que pénétré des enseignements reçus, il lui arrivera encore parfois, se trouvant dans une société de gens qu'il ne connaît pas encore, d'être émerveillé en les voyant tous paraître, dans leurs discours et dans leurs manières, entièrement raisonnables, loyaux, sincères, honnêtes et vertueux, et peut-être bien aussi intelligents et spirituels. Mais que cela ne l'égare pas; cela provient tout simplement de ce que la nature ne fait pas comme les méchants poètes, qui, lorsqu'ils ont à présenter un coquin ou un fou, s'y prennent si lourdement et avec une intention si accentuée que l'on voit paraître pour ainsi dire derrière chacun de ces personnages l'auteur désavouant constamment leur caractère et leurs discours et disant à haute voix et en manière d'avertissement : « Celui-ci est un coquin, cet autre un fou; n'ajoutez pas foi à ce qu'il dit. » La nature au contraire s'y prend à la façon de Shakespeare et de Gœthe : dans leurs ouvrages, chaque personnage, fût-il le diable lui-même, tant qu'il est en scène, parle comme il a raison de parler; il est conçu d'une manière si objecti-

vement réelle qu'il nous attire et nous force à prendre-
part à ses intérêts ; pareil aux créations de la nature, il
est le développement d'un principe intérieur en vertu
duquel ses discours et ses actes apparaissent comme
naturels et par conséquent comme nécessaires. Celui qui
croit que dans le monde les diables ne vont jamais sans
cornes et les fous sans grelots sera toujours leur proie
ou leur jouet. Ajoutons encore à tout cela que, dans leurs
relations, les gens font comme la lune et les bossus, c'est-
à-dire qu'ils ne nous montrent jamais qu'une face ; ils ont
même un talent inné pour transformer leur visage, par
une mimique habile, en un masque représentant très
exactement *ce qu'ils devraient être* en réalité ; ce masque,
découpé exclusivement à la mesure de leur individualité,
s'adapte et s'ajuste si bien que l'illusion est complète.
Chacun se l'applique toutes les fois qu'il s'agit de se faire
bien venir. Il ne faut pas plus s'y fier qu'à un masque de
toile cirée, et rappelons-nous cet excellent proverbe italien : « *Non è si tristo cane, che non meni la coda* » (Il
n'est si méchant chien qui ne remue la queue).

Gardons-nous bien, en tout cas, de nous faire une
opinion très favorable d'un homme dont nous venons de
faire la connaissance ; nous serions ordinairement déçus
à notre confusion, peut-être même à notre détriment.
Encore une observation digne d'être notée : c'est précisément dans les petites choses, où il ne songe pas à
soigner sa contenance, que l'homme dévoile son caractère ;
c'est dans des actions insignifiantes, quelquefois dans de
simples manières, que l'on peut facilement observer cet

égoïsme illimité, sans égard pour personne, qui ne se démentira pas non plus ensuite dans les grandes choses, mais qui se dissimulera. Que de semblables occasions ne soient pas perdues pour nous! Quand un individu se conduit sans aucune discrétion dans les petits incidents journaliers, dans les petites affaires de la vie, auxquelles s'applique le : « *De minimis lex non curat* » (La loi ne s'occupe pas des affaires minimes), quand il ne recherche dans ces occasions que son intérêt ou ses aises au détriment d'autrui, ou s'approprie ce qui est là pour servir à tous, etc., cet individu, soyez-en bien convaincu, n'a pas dans le cœur le sentiment du juste; il sera un gredin tout aussi bien dans les grandes circonstances, toutes les fois que la loi ou la force ne lui lieront pas les bras ; ne permettez pas à cet homme de franchir votre seuil. Oui, je l'affirme, qui viole sans scrupule les règlements de son club violera également les lois de l'État dès qu'il pourra le faire sans danger [1].

Quand un homme avec qui nous sommes en rapports plus ou moins étroits nous fait quelque chose qui nous déplaît ou nous fâche, nous n'avons qu'à nous demander s'il a ou non assez de prix à nos yeux pour que nous acceptions de sa part, une seconde fois et à reprises toujours plus fréquentes, un traitement semblable, voire même un peu plus accentué (pardonner et oublier signifient

---

1. Si dans les hommes, tels qu'ils sont pour la plupart, le bon dépassait le mauvais, il serait plus sage de se fier à leur justice, à leur équité, leur fidélité, leur affection ou leur charité qu'à leur crainte ; mais, comme c'est tout l'inverse, c'est l'inverse qui est le plus sage. *(Note de l'auteur.)*

jeter par la fenêtre des expériences chèrement acquises).
Dans le cas affirmatif, tout est dit; car parler simplement
ne servirait de rien : il faut alors laisser passer la chose,
avec ou sans admonition; mais nous devrons nous rappeler que, de cette façon, nous nous en attirons bénévolement la répétition. Dans la seconde alternative, il nous
faut, sur-le-champ et à jamais, rompre avec le cher ami,
ou, si c'est un serviteur, le congédier. Car il fera, le cas
échéant, inévitablement et exactement la même chose,
ou quelque chose d'entièrement analogue, quand même
en ce moment il nous jurerait le contraire, bien haut et
bien sincèrement. On peut tout oublier, tout, excepté
soi-même, excepté son propre être. En effet, le caractère
est absolument incorrigible, parce que toutes les actions
humaines partent d'un principe intime, en vertu duquel
un homme doit toujours agir de même dans les mêmes
circonstances et ne peut pas agir autrement. Lisez mon
mémoire couronné sur la prétendue liberté de la volonté [1]
et chassez toute illusion. Se réconcilier avec un ami avec
lequel on avait rompu est donc une faiblesse que l'on aura
à expier alors que celui-ci, à la première occasion re-
commencera à faire exactement ce qui avait amené la
rupture, et même avec un peu plus d'assurance, car il a
la secrète conscience de nous être indispensable. Ceci
s'applique également aux domestiques congédiés que l'on
reprend à son service. Nous devons tout aussi peu, et
pour les mêmes motifs, nous attendre à voir un homme

---

1. Ce mémoire, traduit en français, a reçu pour titre : *Essai sur le
libre arbitre.* 1 vol. in-18. Germer Baillière et Cⁱᵉ. Paris.

se comporter de la même manière qu'une fois précédente, quand les circonstances ont changé. Au contraire, la disposition et la conduite des hommes changent tout aussi vite que leur intérêt : les intentions qui les meuvent émettent leurs lettres de change à si courte vue, qu'il faudrait avoir soi-même la vue plus courte encore pour ne pas les laisser protester.

Supposons maintenant que nous voulions savoir comment agira une personne dans une situation où nous avons l'intention de la placer; pour cela, il ne faudra pas compter sur ses promesses et ses protestations. Car, en admettant même qu'elle parle sincèrement, elle n'en parle pas moins d'une chose qu'elle ignore. C'est donc par l'appréciation des circonstances dans lesquelles elle va se trouver, et de leur conflit avec son caractère, que nous aurons à nous rendre compte de son attitude.

En thèse générale, pour acquérir la compréhension nette, approfondie et si nécessaire de la véritable et triste condition des hommes, il est éminemment instructif d'employer, comme commentaire à leurs menées et à leur conduite sur le terrain de la vie pratique, leurs menées et leur conduite dans le domaine littéraire, et *vice versa*. Cela est très utile pour ne se tromper ni sur soi ni sur eux. Mais, dans le cours de cette étude, aucun trait de grande infamie ou sottise, que nous rencontrions soit dans la vie soit en littérature, ne devra nous devenir matière à nous attrister ou irriter; il devra servir uniquement à nous instruire comme nous offrant un trait complémentaire du caractère de l'espèce humaine, qu'il sera bon de ne pas oublier. De cette façon, nous envisagerons la chose comme le minéralogiste considère un spécimen bien caractérisé d'un minéral, qui lui serait tombé entre les mains. Il y a des exceptions, il y en a même d'incompréhensiblement grandes, et les différences entre les individualités sont immenses; mais, pris en bloc, on l'a dit dès longtemps, le monde est mauvais; les sauvages s'entre-dévorent et les civilisés s'entre-trompent, et voilà ce qu'on appelle le cours du monde. Les Etats, avec leurs ingénieux mécanismes dirigés contre le dehors et le dedans et avec leurs voies de contrainte, que sont-ils donc, sinon des mesures établies pour mettre des bornes à l'iniquité illimitée des hommes? Ne voyons-nous pas, dans l'histoire entière, chaque roi, dès qu'il est solidement assis et que son pays jouit de quelque prospérité, en profiter pour tomber avec son armée, comme avec une bande de brigands, sur les Etats voisins? Toutes les guerres ne sont-elles pas, au fond, des actes de brigandage? Dans l'antiquité reculée comme aussi pendant une partie du moyen âge, les vaincus devenaient les esclaves des vainqueurs, ce qui, au fond, revient à dire qu'ils devaient travailler pour ceux-ci; mais ceux qui payent des contributions de guerre doivent en faire autant, c'est-à-dire qu'ils livrent le produit de leur travail antérieur. *Dans toutes les guerres, il ne s'agit que de voler*, a écrit Voltaire; et que les Allemands se le tiennent pour dit.

30º Aucun caractère n'est tel qu'on puisse l'abandonner à lui-même et le laisser aller entièrement; il a besoin d'être guidé par des notions et des maximes. Mais si, poussant la chose à l'extrême, on voulait faire du caractère non pas le résultat de la nature innée, mais uniquement le produit d'une délibération raisonnée, par conséquent un caractère entièrement acquis et artificiel, on verrait bientôt se vérifier la sentence latine : « *Naturam expelles furca, tamen usque recurret* » (Chassez le naturel, il revient au galop). En effet, on pourra très bien comprendre, découvrir même et formuler admirablement une règle de conduite envers les autres, et néanmoins, dans la vie réelle, on péchera dès l'abord contre elle. Toutefois, il ne faut pas pour cela perdre courage et croire qu'il soit impossible de diriger sa conduite dans la vie sociale par des règles et des maximes abstraites, et qu'il vaille mieux, par conséquent, se laisser aller tout bonnement. Car il en est de celles-ci comme de toutes les instructions et directions pratiques ; comprendre la règle est une chose, et apprendre à l'appliquer une autre. La première s'acquiert d'un seul coup par l'intelligence, la seconde peu à peu par l'exercice. On montre à l'élève les touches d'un instrument, les parades et les attaques au fleuret ; il se trompe immédiatement, malgré la meilleure volonté, et s'imagine alors que se rappeler ces leçons dans la rapidité de la lecture musicale, ou dans l'ardeur du combat, est chose presque impossible. Et cependant, petit à petit, à force de trébucher, de tomber et de se relever, l'exercice finit par les lui apprendre ; il en est de même pour les règles de grammaire, quand on apprend à lire et à écrire en latin. Ce n'est pas autrement que le rustre devient courtisan ; le cerveau brûlé, un homme du monde distingué ; l'homme

ouvert, taciturne; le noble, sarcastique. Néanmoins cette
éducation de soi-même, obtenue ainsi par une longue
habitude, agira toujours comme un effort venant de l'extérieur, auquel la nature ne cesse jamais de s'opposer, et
malgré lequel elle arrive parfois à éclater inopinément.
Car toute conduite ayant pour mobile des maximes abstraites se rapporte à une conduite mue par le penchant
primitif 'et inné , comme un mécanisme fait de main
d'homme, une montre, par exemple, où la forme et le
mouvement sont imposés à une matière qui leur est
étrangère, se rapporte à un organisme vivant, où forme
et matière se pénètrent mutuellement et ne font qu'un.
Ce rapport entre le caractère acquis et le caractère naturel
confirme la pensée énoncée par l'empereur Napoléon :
« *Tout ce qui n'est pas naturel est imparfait.* » Ceci
est vrai en tout et pour tous, au physique comme au
moral; et la seule exception que je me rappelle à cette
règle, c'est l'aventurine naturelle, qui ne vaut pas l'artifi-
cielle.

Aussi, gardons-nous de toute *affectation*. Elle provoque toujours le mépris : d'abord elle est une tromperie,
et comme telle une lâcheté, car elle repose sur la peur;
ensuite elle implique condamnation de soi-même par
soi-même, puisqu'on veut paraître ce qu'on n'est pas et
qu'on estime être meilleur que ce que l'on est. Le fait
d'affecter une qualité, de s'en vanter, est un aveu qu'on
ne la possède pas. Que des gens se vantent de quoi que
ce soit, courage ou instruction, intelligence ou esprit, succès auprès des femmes ou richesses, ou noblesse, et l'on

pourra en conclure que c'est précisément sur ce chapitre-là qu'il leur manque quelque chose; car celui qui possède réellement et complètement une qualité ne songe pas à l'étaler et à l'affecter; il est parfaitement tranquille sous ce rapport. C'est ce que veut dire ce proverbe espagnol : « *Herradura que chacolotea clavo le falta* » (A ferrure qui sonne il manque un clou). Il ne faut certainement pas, nous l'avons déjà dit, lâcher entièrement les rênes et se montrer en entier tel qu'on est; car le côté mauvais et bestial de notre nature est considérable et a besoin d'être voilé; mais cela ne légitime que l'acte négatif, la dissimulation, mais nullement le positif, la simulation. Il faut savoir aussi que l'on reconnaît l'affectation dans un individu avant même d'apercevoir clairement ce qu'il affecte au juste. Enfin, cela ne peut pas durer à la longue, et le masque finira par tomber un jour. « *Nemo potest personam diu ferre ; ficta cito in naturam suam recidunt* » (Sénèque, *De clem.*, l. I, c. 1) (Personne ne peut long-temps porter le masque, tout ce qui est déguisé reprend bientôt sa nature).

31° De même qu'on porte le poids de son propre corps sans le sentir, comme on le sentirait de tout corps étranger qu'on voudrait mouvoir, de même on ne re-marque que les défauts et les vices des autres, et non les siens. Mais en revanche chacun possède en autrui un miroir dans lequel il peut voir distinctement ses pro-pres vices, ses défauts, ses manières grossières et ré-pugnantes. Mais il fait d'ordinaire comme le chien qui aboie contre le miroir, parce qu'il ne sait pas que c'est

lui-même qu'il y aperçoit et qu'il s'imagine voir un
autre chien. Qui critique les autres travaille à son propre
amendement. Ceux-là donc qui ont une tendance habituelle à soumettre tacitement dans leur for intérieur
les manières des hommes, et en général tout ce qu'ils
font ou ne font pas, à une critique attentive et sévère,
ceux-là travaillent ainsi à se corriger et à se perfectionner eux-mêmes : car ils auront assez d'équité, ou du
moins assez d'orgueil et de vanité pour éviter ce qu'ils
ont tant de fois et si rigoureusement blâmé. C'est l'inverse qui est vrai pour les *tolérants*, savoir : « *Hanc veniam damus petimusque vicissim* » (Nous accordons
et réclamons le pardon tour à tour). L'Evangile mo-
ralise admirablement sur ceux qui voient la paille dans
l'œil du voisin et ne voient pas la poutre dans le leur ;
mais la nature de l'œil ne lui permet de regarder qu'au
dehors, il ne peut pas se voir lui-même ; c'est pourquoi
remarquer et blâmer les défauts des autres est un moyen
propre à nous faire sentir les nôtres. Il nous faut un
miroir pour nous corriger. Cette règle est bonne également quand il s'agit du style et de la manière d'écrire ;
celui qui en ces matières admire toute nouvelle folie, au
lieu de la blâmer, finira par l'imiter. De là vient qu'en
Allemagne ces sortes de folies se propagent si vite. Les
Allemands sont très tolérants : on s'en aperçoit. *Hanc
veniam damus petimusque vicissim*, voilà leur devise.

32° L'homme de noble espèce, pendant sa jeunesse,
croit que les relations essentielles et décisives, celles
qui créent les liens véritables entre les hommes, sont

de nature *idéale*, c'est-à-dire fondées sur la conformité de caractère, de tournure d'esprit, de goût, d'intelligence, etc.; mais il s'aperçoit plus tard que ce
sont les *réelles*, c'est-à-dire celles qui reposent sur
quelque intérêt matériel. Ce sont celles-ci qui forment
la base de tous les rapports, et la majorité des hommes
ignore totalement qu'il en existe d'autres. Par conséquent, chacun est choisi en raison de sa fonction, de
sa profession, de sa nation ou de sa famille, en général
donc suivant la position et le rôle attribués pour la *convention;* c'est d'après cela qu'on assortit les gens et
qu'on les classe comme articles de fabrique. Par contre,
ce qu'un homme est en soi et pour soi, comme homme,
en vertu de ses qualités propres, n'est pris en considération que selon le bon plaisir, par exception; chacun
met ces choses de côté dès que cela lui convient mieux,
et l'ignore sans plus de façon. Plus un homme a de
valeur personnelle, moins ce classement pourra lui convenir; aussi cherchera-t-il à s'y soustraire. Remarquons
cependant que cette manière de procéder est basée sur
ce que dans ce monde, où la misère et l'indigence
règnent, les ressources qui servent à les écarter sont
la chose essentielle et nécessairement prédominante.

33° De même que le papier-monnaie circule en place
d'argent, de même, au lieu de l'estime et de l'amitié véritables, ce sont leurs démonstrations et leurs allures imi-
tées le plus naturellement possible qui ont cours dans le
monde. On pourrait, il est vrai, se demander s'il y a vraiment des gens qui méritent l'estime et l'amitié sincères.

Quoi qu'il en soit, j'ai plus de confiance dans un brave chien, quand il remue la queue, que dans toutes ces démonstrations et ces façons.

La vraie, la sincère amitié présuppose que l'un prend une part énergique, purement objective et tout à fait désintéressée au bonheur et au malheur de l'autre, et cette participation suppose à son tour une véritable identification de l'ami avec son ami. L'égoïsme de la nature humaine est tellement opposé à ce sentiment que l'amitié vraie fait partie de ces choses dont on ignore, comme du grand serpent de mer, si elles appartiennent à la fable ou si elles existent en quelque lieu. Cependant il se rencontre parfois entre les hommes certaines relations qui, bien que reposant essentiellement sur des motifs secrètement égoïstes et de natures différentes, sont additionnées néanmoins d'un grain de cette amitié véritable et sincère, ce qui suffit à leur donner un tel cachet de noblesse qu'elles peuvent, en ce monde des imperfections, porter avec quelque droit le nom d'amitié. Elles s'élèvent haut au-dessus des liaisons de tous les jours; celles-ci sont à vrai dire de telle nature que nous n'adresserions plus la parole à la plupart de nos bonnes connaissances, si nous entendions comment elles parlent de nous en notre absence.

A côté des cas où l'on a besoin de secours sérieux et de sacrifices considérables, la meilleure occasion pour éprouver la sincérité d'un ami, c'est le moment où vous lui annoncez un malheur qui vient de vous frapper. Vous verrez alors se peindre sur ses traits une affliction vraie,

profonde et sans mélange, ou au contraire, par son calme
imperturbable, par un trait se dessinant fugitivement, il
confirmera la maxime de La Rochefoucauld : « *Dans l'adversité de nos meilleurs amis, nous trouvons toujours* [1]
quelque chose qui ne nous déplaît pas. » Ceux qu'on appelle habituellement des amis peuvent à peine, dans ces
occasions, réprimer le petit frémissement, le léger sourire de la satisfaction. Il y a peu de choses qui mettent
les gens aussi sûrement en bonne humeur que le récit
de quelque calamité dont on a été récemment frappé,
ou encore l'aveu sincère qu'on leur fait de quelque faiblesse personnelle. C'est vraiment caractéristique.

L'éloignement et la longue absence nuisent à toute
amitié, quoiqu'on ne l'avoue pas volontiers. Les gens
que nous ne voyons pas seraient-ils nos plus chers amis,
insensiblement avec la marche du temps s'évapore jusqu'à l'état de notions abstraites, ce qui fait que notre
intérêt pour eux devient de plus en plus une affaire de
raison, pour ainsi dire de tradition; le sentiment vif
et profond demeure réservé à ceux que nous avons sous
les yeux, même quand ceux-là ne seraient que des animaux que nous aimons. Tellement la nature humaine est
guidée par les sens. Ici encore, Gœthe a raison de dire :

Die Gegenwart ist eine mächtige Göttin.
(*Tasso*, acte 4, sc. 4.)
(Le présent est une puissante divinité.)

1. Schopenhauer force la note; car La Rochefoucauld a dit : nous
trouvons *souvent... (Note du traducteur.)*

Les *amis de la maison* sont ordinairement bien
nommés de ce nom, car ils sont plus attachés à la maison
qu'au maître ; ils ressemblent aux chats plus qu'aux
chiens.

Les amis se disent sincères; ce sont les ennemis qui
le sont; aussi devrait-on, pour apprendre à se connaître soi-même, prendre leur blâme comme on pren-
drait une médecine amère.

Comment peut-on prétendre que les amis sont rares,
dans le besoin? Mais c'est le contraire. A peine a-t-on fait
amitié avec un homme, que le voilà aussitôt dans le besoin et qu'il vous emprunte de l'argent.

34° Comme il faut être novice pour croire que montrer
de l'esprit et de la raison est un moyen de se faire
bien venir dans la société! Bien au contraire, cela éveille
chez la plupart des gens un sentiment de haine et de
rancune, d'autant plus amer que celui qui l'éprouve n'est
pas autorisé à en déclarer le motif; bien plus, il se le
dissimule à lui-même. Voici en détail comment cela
se passe : de deux interlocuteurs, dès que l'un remarque
et constate une grande supériorité chez l'autre, il en con-
clut tacitement, et sans en avoir la conscience bien
exacte, que cet autre remarque et constate au même degré
l'infériorité et l'esprit borné du premier. Cette opposition
excite sa haine, sa rancune, sa rage la plus amère.
Aussi Gracian dit-il avec raison : « *Para ser bien quisto,
el unico medio vestirse la piel del mas simple de los
brutos* » (Pour être bien tranquille, le seul moyen est
de revêtir la peau du plus simple des animaux). Mettre

au jour de l'esprit et du jugement, n'est-ce pas une manière détournée de reprocher aux autres leur incapacité et leur bêtise? Une nature vulgaire se révolte à l'aspect d'une nature opposée; le fauteur secret de la révolte, c'est l'envie. Car satisfaire sa vanité est, ainsi qu'on peut le voir à tout moment, une jouissance qui, chez les hommes, passe avant toute autre, mais qui n'est possible qu'en vertu d'une comparaison entre eux-mêmes et les autres. Mais il n'est pas de mérites dont ils soient plus fiers que de ceux de l'intelligence, vu que c'est sur ceux-là que se fonde leur supériorité à l'égard des animaux. Il est donc de la plus grande témérité de leur montrer une supériorité intellectuelle marquée, surtout devant témoins. Cela provoque leur vengeance, et d'ordinaire ils chercheront à l'exercer par des injures, car ils passent ainsi du domaine de l'intelligence à celui de la volonté, sur lequel nous sommes tous égaux. Si donc la position et la richesse peuvent toujours compter sur la considération dans la société, les qualités intellectuelles ne doivent nullement s'y attendre; ce qui peut leur arriver de plus heureux, c'est qu'on n'y fasse pas attention; mais, autrement, on les envisage comme une espèce d'impertinence, ou comme un bien que son propriétaire a acquis par des voies illicites et dont il a l'audace de se targuer; aussi chacun se propose-t-il en silence de lui infliger ultérieurement quelque humiliation à ce sujet, et l'on n'attend pour cela qu'une occasion favorable. C'est à peine si, par une attitude des plus humbles, on réussira à arracher le pardon de sa

supériorité d'esprit , comme on arrache une aumône.
Saadi dit dans le Gulistan : « *Sachez qu'il se trouve*
chez l'homme irraisonnable cent fois plus d'aversion
pour le raisonnable que celui-ci n'en ressent pour le pre-
mier. » Par contre, l'infériorité intellectuelle équivaut
à un véritable titre de recommandation. Car le sentiment bienfaisant de la supériorité est pour l'esprit ce
que la chaleur est pour le corps; chacun se rapproche
de l'individu qui lui procure cette sensation, par le même
instinct qui le pousse à s'approcher du poêle ou à aller
se mettre au soleil. Or il n'y a pour cela uniquement
que l'être décidément inférieur, en facultés intellectuelles pour les hommes, en beauté pour les femmes.
Il faut avouer que, pour laisser paraître de l'infériorité
non simulée, en présence de bien des gens, il faut en
posséder une dose respectable. En revanche, voyez avec
quelle cordiale amabilité une jeune fille médiocrement
jolie va à la rencontre de celle qui est foncièrement
laide. Le sexe masculin n'attache pas grande valeur aux
avantages physiques, bien que l'on préfère se trouver
à côté d'un plus petit que d'un plus grand que soi. En conséquence, parmi les hommes, ce sont les bêtes et les ignorants qui sont agréés et recherchés partout; parmi les
femmes, les laides; on leur fait immédiatement la réputation d'avoir un cœur excellent, vu que chacun a besoin d'un
prétexte pour justifier sa sympathie, à ses yeux et à ceux
des autres. Pour la même raison, toute supériorité d'esprit a la propriété d'isoler : on la fuit, on la hait, et
pour avoir un prétexte on prête à celui qui la possède

des défauts de toute sorte [1]. La beauté produit exactement
le même effet parmi les femmes; les jeunes filles, quand
elles sont très belles, ne trouvent pas d'amies, pas
même de compagnes. Qu'elles ne s'avisent pas de se
présenter quelque part pour une place de demoiselle de
compagnie; dès qu'elles paraîtront, le visage de la dame
chez qui elles espèrent entrer s'assombrira; car , soit
pour son propre compte, soit pour celui de ses filles,
elle n'a nullement besoin d'une jolie figure pour dou-
blure. Il en est tout autrement, en revanche, quand il
s'agit des avantages du rang, car ceux-ci n'agissent pas,
comme les mérites personnels, par effet de contraste
et de relief, mais par voie de réflexion, comme les couleurs environnantes quand elles se réfléchissent sur le
visage.

35° La paresse, l'égoïsme et la vanité ont très souvent
la plus grande part dans la confiance que nous montrons
à autrui : paresse, lorsque, pour ne pas examiner, soigner,
faire par nous-même, nous préférons nous confier à un
autre ; égoïsme, lorsque le besoin de parler de nos affaires

---

1. Pour *faire son chemin dans le monde*, amitiés et camaraderie sont,
entre tous, le moyen le plus puissant. Or *les grandes capacités donnent
de la fierté;* on est peu fait alors à flatter ceux qui n'en ont guère et
devant lesquels, à cause de cela même, il faut dissimuler et renier ses
hautes qualités. La conscience de n'avoir que des moyens bornés agit
à l'inverse ; elle s'accorde parfaitement avec l'humilité, l'affabilité, la
complaisance, et le respect de ce qui est mauvais ; elle aide, par conséquent, à se faire des amis et des protecteurs.
Ceci ne s'applique pas seulement aux fonctions de l'État, mais aussi
aux places honorifiques , aux dignités , et même à la gloire dans le
monde savant; ce qui fait que, par exemple, dans les académies, la
bonne et brave médiocrité occupe toujours la haute place, et que les
gens de mérite n'y entrent que tard ou pas du tout : il en est de même
en toute chose.

nous porte à lui en faire quelque confidence ; vanité,
quand ces affaires sont de nature à nous en rendre glorieux. Mais nous n'en exigeons pas moins que l'on apprécie
notre confiance.

Nous ne devrions jamais, au contraire, être irrités par
la méfiance, car elle renferme un compliment à l'adresse de
la probité, et c'est l'aveu sincère de son extrême rareté qui
fait qu'elle appartient à ces choses dont on met l'existence
en doute.

36° J'ai exposé dans ma *Morale* l'une des bases de la
politesse, cette vertu cardinale chez les Chinois ; l'autre
est la suivante. La politesse repose sur une convention tacite de ne pas remarquer les uns chez les autres la misère
morale et intellectuelle de la condition humaine, et de ne
pas se la reprocher mutuellement ; d'où il résulte, au
bénéfice des deux parties, qu'elle apparaît moins facilement.

Politesse est prudence ; impolitesse est donc niaiserie :
se faire, par sa grossièreté, des ennemis, sans nécessité
et de gaieté de cœur, c'est de la démence ; c'est comme si
l'on mettait le feu à sa maison. Car la politesse est, comme
les jetons, une monnaie notoirement fausse : l'épargner
prouve de la déraison ; en user avec libéralité, de la raison.
Toutes les nations terminent leurs lettres par cette for-
mule : « *Votre très humble serviteur* », « *Your most obe-
dient servant,* » « *Suo devotissimo servo* ». Les Allemands seuls suppriment le « *Diener* » (serviteur), car ce
n'est pas vrai, disent-ils. Celui, au contraire, qui pousse
la politesse jusqu'au sacrifice d'intérêts réels, ressemble

à un homme qui donnerait des pièces d'or en place de
jetons. De même que la cire, dure et cassante de sa nature, devient moyennant un peu de chaleur si malléable
qu'elle prend toutes les formes qu'il plaira de lui donner
on peut, par un peu de politesse et d'amabilité, rendre
souples et complaisants jusqu'à des hommes revêches et
hostiles. La politesse est donc à l'homme ce que la chaleur est à la cire.

Il est vrai de dire qu'elle est une rude tâche, en ce sens
qu'elle nous impose des témoignages de considération
pour tous, alors que la plupart n'en méritent aucune; en
outre, elle exige que nous feignions le plus vif intérêt,
quand nous devons nous sentir heureux de ne leur en
porter nullement. Allier la politesse à la dignité est un
coup de maître.

Les offenses, consistant toujours au fond dans des manifestations de manque de considération, ne nous met-
traient pas si facilement hors de nous si, d'une part, nous
ne nourrissions pas une opinion très exagérée de notre
haute valeur et de notre dignité, ce qui est de l'orgueil démesuré, et si, d'autre part, nous nous étions bien rendu
compte de ce que d'ordinaire, au fond de son cœur,
chacun croit et pense à l'égard des autres. Quel criant
contraste pourtant entre la susceptibilité de la plupart des
gens pour la plus légère allusion critique dirigée contre eux
et ce qu'ils auraient à entendre s'ils pouvaient surprendre
ce que disent d'eux leurs connaissances! Nous ferions
mieux de toujours nous souvenir que la politesse n'est
qu'un masque ricaneur; de cette façon, nous ne nous

mettrions pas à pousser des cris de paon, toutes les fois que le masque se dérange un peu ou qu'il est déposé pour un instant. Quand un individu devient ouvertement grossier, c'est comme s'il se dépouillait de ses vêtements et se présentait *in puris naturalibus*. Il faut avouer qu'il se montre fort laid ainsi, comme la plupart des gens dans cet état.

37° Il ne faut jamais prendre modèle sur un autre pour ce qu'on veut faire ou ne pas faire, car les situations, les circonstancès, les relations ne sont jamais les mêmes et parce que la différence de caractère donne aussi une tout autre teinte à l'action ; c'est pourquoi « *duo cum faciunt idem, non est idem* » (quand deux hommes font la même chose, ce n'est pas la même chose). Il faut, après mûre réflexion, après méditation sérieuse, agir conformément à son propre caractère. L'originalité est donc indispensable même dans la vie pratique ; sans elle, ce qu'on fait ne s'accorde pas avec ce qu'on est.

38° Ne combattez l'opinion de personne ; songez que, si l'on voulait dissuader les gens de toutes les absurdités auxquelles ils croient, on n'en aurait pas fini, quand on atteindrait l'âge de Mathusalem.

Abstenons-nous aussi, dans la conversation, de toute observation critique, fût-elle faite dans la meilleure intention, car blesser les gens est facile, les corriger difficile, sinon impossible.

Quand les absurdités d'une conversation que nous sommes dans le cas d'écouter commencent à nous mettre en colère, il faut nous imaginer que nous assistons à une

scène de comédie entre deux fous : « *Probatum est.* » -
L'homme né pour instruire le monde sur les sujets les
plus importants et les plus sérieux peut parler de sa
chance quand il s'en tire sain et sauf.

39° Celui qui veut que son opinion trouve crédit doit
l'énoncer froidement et sans passion. Car tout emportement procède de la volonté; c'est donc à *celle-ci* et non à
la connaissance, qui est froide de sa nature, que l'on attri-
buerait le jugement émis. En effet, la volonté étant le principe radical dans l'homme, et la connaissance n'étant que
secondaire et venue accessoirement, on considérera plutôt
le jugement comme né de la volonté excitée que l'excitation de la volonté comme produite par le jugement.

40° Il ne faut pas se laisser aller à se louer soi-même,
alors même qu'on en aurait tout le droit. Car la vanité est
chose si commune, le mérite au contraire si rare, que toutes
les fois que nous semblons nous louer, quelque indirectement que ce soit, chacun pariera cent contre un que ce
qui a parlé par notre bouche c'est la vanité, parce qu'elle
n'a pas assez de raison pour comprendre le ridicule de la
vanterie. Néanmoins, Bacon de Verulam pourrait bien
n'avoir pas tout à fait tort quand il prétend que le « *sem-
per aliquid hæret* » (il en reste toujours quelque chose)
n'est pas vrai uniquement de la calomnie, mais aussi de
la louange de soi-même, et quand il la recommande à
doses modérées [1].

41° Quand vous soupçonnez quelqu'un de mentir, fei-

---

1. Voy. *De augmentis scientiarum*, Lud. Batav., 1645, l. VIII, ch. 2,
p. 644 et suiv.

gnez la crédulité; alors il devient effronté, ment plus fort, et on le démasque. Si vous remarquez au contraire qu'une vérité qu'il voudrait dissimuler lui échappe en partie, faites l'incrédule, afin que, provoqué par la contradiction, il fasse avancer toute la réserve.

42° Considérons toutes nos affaires personnelles comme des secrets ; au delà de ce que les bonnes connaissances voient de leurs propres yeux, il faut leur rester entièrement inconnu. Car ce qu'elles sauraient touchant les choses les plus innocentes peut, en temps et lieu, nous être funeste. En général, il vaut mieux manifester sa raison par tout ce que l'on tait que par ce qu'on dit. Effet de prudence dans le premier cas, de vanité dans le second. Les occasions de se taire et celles de parler se présentent en nombre égal, mais nous préférons souvent la fugitive satisfaction que procurent les dernières au profit durable que nous tirons des premières. On devrait se refuser jusqu'à ce soulagement de cœur que l'on éprouve à se parler parfois à haute voix à soi-même, ce qui arrive facilement aux personnes vives, pour n'en pas prendre l'habitude; car, par là, la pensée devient à tel point l'âme et la sœur de la parole, qu'insensiblement nous arrivons à parler aussi avec les autres comme si nous pensions tout haut ; et cependant la prudence commande d'entretenir un large fossé toujours ouvert entre la pensée et la parole.

Il nous semble parfois que les autres ne peuvent absolument pas croire à une chose qui nous concerne, tandis qu'ils ne songent nullement à en douter ; s'il nous arrive cependant d'éveiller ce doute en eux, alors en effet ils ne

pourront plus y ajouter foi. Mais nous ne nous trahissons
uniquement que dans l'idée qu'il est impossible qu'on ne le
remarque pas ; c'est ainsi aussi que nous nous précipitons
en bas d'une hauteur par l'effet d'un vertige, c'est-à-dire de
cette pensée qu'il n'est pas possible de rester solidement
à cette place et que l'angoisse d'y rester est si poignante
qu'il vaut mieux l'abréger : cette illusion s'appelle vertige.

D'autre part, il faut savoir que les gens, même ceux qui
ne trahissent d'ailleurs qu'une médiocre perspicacité, sont
d'excellents algébristes quand il s'agit des affaires personnelles des autres ; dans ces matières, une seule quantité étant donnée, ils résolvent les problèmes les plus com-
pliqués. Si, par exemple, on leur raconte une histoire
passée en supprimant tous les noms et toutes les autres
indications sur les personnes, il faut se garder d'introduire
dans la narration le moindre détail positif et spécial, tel
que la localité, ou la date, ou le nom d'un personnage secondaire, ou quoi que ce soit qui aurait avec l'affaire la
connexion la plus éloignée, car ils y trouvent aussitôt une
grandeur donnée positivement, à l'aide de laquelle leur
perspicacité algébrique déduit tout le reste. L'exaltation
de la curiosité est telle dans ces cas, qu'avec son secours
la volonté met les éperons aux flancs de l'intellect, qui,
poussé de la sorte, arrive aux résultats les plus lointains.
Car, autant les hommes ont peu d'aptitude et de curiosité
pour les vérités *générales*, autant ils sont avides des vérités individuelles.

Voilà pourquoi le silence a été si instamment recom-

mandé par tous les docteurs en sagesse avec les arguments les plus divers à l'appui. Je n'ai donc pas besoin d'en
dire davantage et me contenterai de rapporter quelques
maximes arabes très énergiques et peu connues : « *Ce que
ton ennemi ne doit pas apprendre, ne le dis pas à ton
ami.* » — « *Faut que je garde mon secret, il est mon prisonnier; dès que je le lâche, c'est moi qui deviens son
prisonnier.* » — « *A l'arbre du silence pend son fruit,
la tranquillité.* »

43° Point d'argent mieux placé que celui dont nous
nous sommes laissé voler, car il nous a immédiatement
servi à acheter de la prudence.

44° Ne gardons d'animosité contre personne, autant
que possible; contentons-nous de bien noter les « procédés » de chacun, et souvenons-nous-en, pour fixer par là
la valeur de chacun au moins en ce qui nous concerne, et
pour régler en conséquence notre attitude et notre conduite
envers les gens; soyons toujours bien convaincus que le
caractère ne change jamais : oublier un vilain trait, c'est
jeter par la fenêtre de l'argent péniblement acquis. Mais,
en suivant ma recommandation, on sera protégé contre la
folle confiance et contre la folle amitié.

« *Ni aimer ni haïr* » comprend la moitié de toute sagesse ; « *ne rien dire et ne rien croire,* » voilà l'autre
moitié. Il est vrai qu'on tournera volontiers le dos à un
monde qui rend nécessaires des règles comme celles-là et
comme les suivantes.

45° Montrer de la colère ou de la haine dans ses paroles ou dans ses traits est inutile, est dangereux, impru-

dent, ridicule, vulgaire. On ne doit donc témoigner de
colère ou de haine que par des actes. La seconde manière réussira d'autant plus sûrement qu'on se sera mieux
gardé de la première. Les animaux à sang froid sont les
seuls venimeux.

46° « *Parler sans accent* » : cette vieille règle des
gens du monde enseigne qu'il faut laisser à l'intelligence
des autres le soin de démêler ce que vous avez dit ; leur
compréhension est lente, et, avant qu'elle ait achevé,
vous êtes loin. Au contraire, « *parler avec accent* »
signifie s'adresser au sentiment, et alors tout est ren-
versé. Il est telles gens à qui l'on peut, avec un geste
poli et un ton amical, dire en réalité des sottises sans
danger immédiat.

IV. — Concernant notre conduite en face de la marche du monde et en face du sort.

47° Quelque forme que revête l'existence humaine,
les éléments en sont toujours semblables; aussi les conditions essentielles en restent-elles les mêmes, qu'on
vive dans une cabane ou à la cour, au couvent, ou à
l'armée. Malgré leur variété, les événements, les aventures, les accidents heureux ou malheureux de la vie
rappellent les articles de confiseur ; les figures sont nombreuses et variées, il y en a de contournées et de bigar-
rées; mais le tout est pétri de la même pâte, et les incidents arrivés à l'un ressemblent à ceux survenus à l'autre
bien plus que celui-ci ne s'en doute à les entendre ra-

conter. Les événements de notre vie ressemblent encore
aux images du kaléidoscope : à chaque tour, nous en
voyons d'autres , tandis qu'en réalité c'est toujours la
même chose que nous avons devant les yeux.

48° Trois puissances dominent le monde, a dit très justement un ancien : « συνεσις, κρατος, και τυχη, » prudence,
force et fortune. Cette dernière, selon moi, est la plus
influente. Car le cours de la vie peut être comparé à la
marche d'un navire. Le sort, la « τύχη », la « *secunda aut
adversa fortuna* », remplit le rôle du vent qui rapidement
nous pousse au loin en avant ou en arrière, pendant que
nos propres efforts et nos peines ne sont que d'un faible
secours. Leur office est celui des rames ; quand celles-ci,
après bien des heures d'un long travail, nous ont fait
avancer d'un bout de chemin, voilà subitement un coup
de vent qui nous rejette d'autant en arrière. Le vent, au
contraire, est-il favorable, il nous pousse si bien que nous
pouvons nous passer de rames. Un proverbe espagnol
exprime avec une énergie incomparable cette puissance
de la fortune : « *Da ventura a tu hijo, y echa lo en el
mar* » (Donne à ton fils du bonheur, et jette-le à la mer) [1].

Mais le hasard est une puissance maligne, à laquelle il
faut se fier le moins possible. Et cependant quel est,
entre tous les dispensateurs de biens, le seul qui, lorsqu'il
donne, nous indique en même temps, à ne pas s'y tromper,

1. Je ne puis résister à la tentation de citer le proverbe analogue,
populaire en Roumanie :

    Fa-me, mamă, cu noroc (Donne-moi, mère, du bonheur),
    Si aruncă-me in foc (Et jette-moi au feu).
                                    (Le trad.)

que nous n'avons nul droit de prétendre à ses dons, que nous devons en rendre grâces non à notre mérite, mais à sa seule bonté et à sa faveur, et qu'à cause de cela précisément nous pouvons nourrir la réjouissante espérance de recevoir avec humilité bien d'autres dons encore , tout aussi peu mérités? C'est le hasard : lui, qui entend cet art régalien de faire comprendre que, opposé à sa faveur et à sa grâce, tout mérite est sans force et sans valeur.

Lorsqu'on jette les yeux en arrière sur le chemin de la vie, et lorsque, embrassant dans l'ensemble son cours tortueux et perfide comme le labyrinthe, on aperçoit tant de bonheurs manqués, tant de malheurs attirés, on est amené facilement à exagérer les reproches qu'on s'adresse à soi-même. Car la marche de notre existence n'est pas uniquement notre propre œuvre ; elle est le produit de deux facteurs, savoir la série des événements et la série de nos décisions, qui sans cesse se croisent et se modifient réciproquement. En outre, notre horizon, pour les deux facteurs, est toujours très limité, vu que nous ne pouvons prédire nos résolutions longtemps à l'avance, et, encore moins, prévoir les événements ; dans les deux séries, il n'y a que celles du moment, qui nous soient bien connues. C'est pourquoi, aussi longtemps que notre but est encore éloigné, nous ne pouvons même pas gouverner droit sur lui ; tout au plus pouvons-nous nous diriger approximativement et par des probabilités ; il nous faut donc souvent louvoyer. En effet, tout ce qui est en notre pouvoir, c'est de nous décider chaque fois selon les circonstances présentes, avec l'espoir de tomber assez juste

pour que cela nous rapproche du but principal. En ce
sens, les événements et nos résolutions importantes sont
comparables à deux forces agissant dans des directions
différentes, et dont la diagonale représente la marche de
notre vie. Térence a dit : « *In vita est hominum quasi
cum ludas tesseris : si illud quod maxime opus est
jactu, non cadit, illud, quod cecidit forte, id arte ut
corrigas* » (Il en est de la vie humaine comme d'une
partie de dés : si l'on n'obtient pas le dé dont on a besoin,
il faut savoir tirer parti de celui que le sort a amené);
c'est une espèce de trictrac que Térence doit avoir eu en
vue dans ce passage. Nous pouvons dire en moins de
mots : Le sort mêle les cartes, et nous, nous jouons. Mais,
pour exprimer ce que j'entends ici, la meilleure comparaison est la suivante. Les choses se passent dans la vie
comme au jeu d'échecs : nous combinons un plan; mais
celui-ci reste subordonné à ce qu'il plaira de faire, dans
la partie d'échecs à l'adversaire, dans la vie au sort. Les
modifications que notre plan subit à la suite sont, le plus
souvent, si considérables que c'est à peine si dans l'exécution il est encore reconnaissable à quelques traits fondamentaux.

Au reste, dans la marche de notre existence, il y a
quelque chose qui est placé plus haut que tout cela. Il est,
en effet, d'une vérité banale et trop souvent confirmée,
que nous sommes fréquemment plus fous que nous ne le
croyons ; en revanche, avoir été plus sage qu'on ne le supposait soi-même, voilà une découverte que font ceux-là
seuls qui se sont trouvés dans ce cas, et, même alors,

longtemps après seulement. Il y a en nous quelque chose
de plus avisé que la tête. Nous agissons, en effet, dans les
grands moments, dans les pas importants de la vie, moins
par une connaissance exacte de ce qu'il convient de faire
que par une impulsion intérieure; on dirait un instinct
venant du plus profond de notre être, et ensuite nous cri-
tiquons notre conduite en vertu de notions précises, mais
à la fois mesquines, acquises, voire même empruntées,
d'après des règles générales, ou selon l'exemple de ce que
d'autres ont fait, et ainsi de suite, sans peser assez
qu' « *une chose ne convient pas à tous* »; de cette manière, nous devenons facilement injustes envers nous-
mêmes. Mais la fin démontre qui a eu raison, et seule
une vieillesse que l'on atteint sans encombre autorise à
juger la question, tant par rapport au monde extérieur que
par rapport à soi-même.

Peut-être cette impulsion intérieure est-elle guidée ,
sans que nous nous en apercevions, par des songes pro-
phétiques, oubliés au réveil, qui donnent ainsi précisément
à notre vie ce ton toujours également cadencé, cette unité
dramatique que ne pourrait lui prêter la conscience céré-
brale si souvent chancelante, abusée et si facilement variable; c'est là peut-être ce qui fait, par exemple, que
l'homme appelé à produire de grandes œuvres dans une
branche spéciale en a, dès sa jeunesse, le sentiment intime et secret, et travaille en vue de ce résultat, comme
l'abeille à la construction de sa ruche. Mais pour chaque
homme, ce qui le pousse, c'est ce que Balthazar Gracian
appelle « *la gran sindéresis* » , c'est-à-dire le soin in-

stinctif et énergique de soi-même, sans lequel l'être périt.
Agir en vertu de *principes abstraits* est difficile, et ne
réussit qu'après un long apprentissage et, même alors,
pas toujours; souvent aussi, ces principes sont insuffi-
sants. En revanche, chacun possède certains *principes
innés et concrets*, logés dans son sang et dans sa chair,
car ils sont le résultat de tout son penser, de son sentir et
de son vouloir. La plupart du temps, il ne les connaît pas
in abstracto, et ce n'est qu'en portant ses regards sur
sa vie passée qu'il s'aperçoit leur avoir obéi sans cesse et
avoir été mené par ces principes comme par un fil invisible. Selon leur qualité, ils le conduiront à son bonheur
ou à son malheur.

49° On devrait ne jamais perdre de vue l'action qu'exerce
le temps ni la mobilité des choses; par conséquent, dans
tout ce qui arrive actuellement, il faudrait évoquer de suite
l'image du contraire : ainsi, dans le bonheur, se représenter
vivement l'infortune; dans l'amitié, l'inimitié; par le beau
temps, la mauvaise saison; dans l'amour, la haine; dans la
confiance et l'épanchement, la trahison et le repentir; et
l'inverse également. Nous trouverions là une source inta-
rissable de sagesse pour ce monde, car nous serions toujours prudents et nous ne nous laisserions pas abuser si
facilement. Du reste, dans la plupart des cas, nous n'aurions fait ainsi qu'anticiper sur l'action du temps. Il n'est
peut-être aucune notion pour laquelle l'expérience soit
aussi indispensable que pour la juste appréciation de l'in-
constance et de la vicissitude des choses. Comme chaque
situation, pour le temps de sa durée, existe nécessaire-

ment et par conséquent de plein droit, il semble que
chaque année, chaque mois, chaque jour va enfin conserver ce plein droit pour l'éternité. Mais rien ne le con-
serve, ce droit d'actualité, et le changement seul est la
chose immuable. L'homme prudent est celui que n'abuse
pas la stabilité apparente et qui prévoit, en outre, la direction dans laquelle s'opérera le prochain changement [1].
Ce qui fait que les hommes considèrent ordinairement
l'état précaire des choses ou la direction de leur cours
comme ne devant jamais changer, c'est que, tout en ayant
les effets sous les yeux, ils ne saisissent pas les causes; or
ce sont celles-ci qui portent en elles le germe des futurs
changements; l'effet, qui seul existe à leurs yeux, ne contient rien de semblable. Ils s'attachent au résultat, et quant
à ces causes qu'ils ignorent, ils supposent que, ayant pu
produire l'effet, elles seront aussi capables de le maintenir. Ils ont en cela cet avantage que, lorsqu'ils se trom-
pent, c'est toujours *uni sono*, d'une seule voix; aussi
la calamité que cette erreur attire sur leur tête est toujours
générale, tandis que le penseur, quand il se trompe, reste,
en outre, isolé. Pour le dire en passant, ceci confirme
mon assertion que l'erreur provient toujours d'une con-

---

1. Le *hasard* a un si grand rôle dans toutes les choses humaines, que
lorsque nous cherchons à obvier par des sacrifices immédiats à quelque
danger qui nous menace de loin, celui-ci disparaît souvent par un
tour imprévu que prennent les événements, et non seulement les sacrifices faits restent perdus, mais le changement qu'ils ont amené devient lui-même désavantageux en présence du nouvel état des choses.
Aussi avec nos mesures ne devons-nous pas pénétrer trop avant dans
l'avenir; il faut compter aussi sur le hasard et affronter hardiment plus
d'un danger, en se fondant sur l'espoir de le voir s'éloigner, comme
tant de sombres nuées d'orage.

clusion d'effet à cause (voy. *Le monde comme V. et R.*, vol. I).

Toutefois il ne convient qu'en théorie d'*anticiper sur le temps* en prévoyant son effet, et non pas pratiquement; ce qui veut dire qu'il ne faut pas empiéter sur l'avenir en demandant *avant* le temps ce qui ne peut venir qu'*avec* le temps. Quiconque s'avise de le faire éprouvera qu'il n'est pas d'usurier pire et plus intraitable que le temps, et que, lorsqu'on lui demande des avances de payement, il exige de plus lourds intérêts que n'importe quel juif. Par exemple, on peut, au moyen de chaux vive et de chaleur, pousser la végétation d'un arbre au point de lui faire porter en quelques jours ses feuilles, ses fleurs et ses fruits; mais il dépérit ensuite. Quand l'adolescent veut exercer dès à présent, même pendant peu de jours, la puissance génitale de l'homme fait, et accomplir à dix-neuf ans ce qui lui sera facile à trente, le temps lui en fera bien l'avance, mais une partie de la force de ses années à venir, peut-être une partie même de sa vie, servira d'intérêt. Il est des maladies que l'on ne peut guérir convenablement et radicalement qu'en leur laissant suivre leur cours naturel; elles disparaissent alors d'elles-mêmes, sans laisser de traces. Mais si l'on demande à se rétablir immédiatement, tout de suite, alors encore le temps devra faire l'avance; la maladie sera écartée, mais l'intérêt sera représenté par un affaiblissement et des maux chroniques pour toute la vie. Lorsque, en temps de guerre ou de troubles, on veut trouver de l'argent bien vite, tout de suite, on est obligé de vendre au tiers de

leur valeur, et peut-être moins encore, des immeubles ou
des papiers de l'Etat, dont on obtiendrait le prix intégral
si on laissait faire le temps, c'est-à-dire si l'on attendait
quelques années ; mais on l'oblige à des avances. Ou bien
encore on a besoin d'une certaine somme pour faire un
long voyage : on pourrait ramasser l'argent nécessaire en
un ou deux ans en épargnant sur ses revenus. Mais on
ne veut pas attendre : on emprunte ou bien on prend sur
son capital ; en d'autres mots, le temps est appelé à faire
une avance. Ici, l'intérêt sera le désordre faisant irruption
dans les finances, et un déficit permanent et croissant
dont on ne peut plus se débarrasser. C'est là donc l'usure
pratiquée par le temps, et tous ceux qui ne peuvent pas
attendre seront ses victimes. Il n'est pas d'entreprise plus
coûteuse que de vouloir précipiter le cours mesuré du
temps. Gardons-nous bien aussi de lui devoir des intérêts.

50° Entre les cerveaux communs et les têtes sensées, il
y a une différence caractéristique et qui se produit fréquemment dans la vie ordinaire : c'est que les premiers,
quand ils réfléchissent à un danger possible dont ils veulent apprécier la grandeur, ne cherchent et ne considèrent
que ce qui *peut être arrivé* déjà de semblable ; tandis que
les secondes pensent par elles-mêmes à ce qui *pourrait
arriver*, se rappelant le proverbe espagnol qui dit : « *Lo
que no acaece en un ano, acaece en un rato* » (Ce qui
n'arrive pas en un an arrive en un instant). Du reste, la
différence dont je parle est toute naturelle ; car, pour embrasser du regard *ce qui peut arriver*, il faut du juge-

ment, et, pour voir *ce qui est arrivé*, les sens suffisent.

Sacrifions aux esprits malins! voilà quelle doit être notre maxime. Ce qui veut dire qu'il ne faut pas reculer devant certains frais de soins, de temps, de dérangement, d'embarras, d'argent ou de privations, quand on peut ainsi fermer l'accès à l'éventualité d'un malheur et faire que plus l'accident peut être grave, plus la possibilité en devienne faible, éloignée et invraisemblable. L'exemple le plus frappant à l'appui de cette règle, c'est la prime d'assurance. Celle-ci est un sacrifice public et général sur l'autel des esprits malins.

51° Nul événement ne doit nous faire éclater en grands éclats de joie ni de lamentations, en partie à cause de la versatilité de toutes choses qui peut à tout moment modifier la situation, et en partie à cause de la facilité de notre jugement à se tromper sur ce qui nous est salutaire ou préjudiciable; ainsi il est arrivé à chacun, au moins une fois dans sa vie, de gémir sur ce qui s'est trouvé plus tard être tout ce qu'il y avait de plus heureux pour lui, ou d'être ravi de ce qui est devenu la source de ses plus grandes souffrances. Le sentiment que nous recommandons ici, Shakespeare l'a exprimé dans les beaux vers suivants :

> I have felt so many quirks of joy and grief
> That the first face of neither, on the start,
> Can woman me unto it.

(J'ai éprouvé tant de secousses de joie et de douleur que le premier aspect et le choc imprévu de l'une ou de l'autre ne peuvent plus me faire descendre à la faiblesse d'une femme.) — (*Tout est bien...* Acte 3, sc. 2.)

L'homme, surtout, qui reste calme dans les revers, prouve qu'il sait combien les maux possibles dans la vie sont immenses et multiples, et qu'il ne considère le malheur qui survient en ce moment que comme une petite partie de ce qui pourrait arriver : c'est là le sentiment stoïque, qui porte à ne jamais être « *conditionis humanæ oblitus* » (oublieux de la condition humaine), mais à se rappeler sans cesse la triste et déplorable destinée générale de l'existence humaine, ainsi que le nombre infini de souffrances auxquelles elle est exposée. Pour aviver ce sentiment, il n'y a qu'à jeter partout un regard autour de soi : en tout lieu, on aura bientôt sous les yeux cette lutte, ces trépignements, ces tourments pour une misérable existence, nue et insignifiante. Alors on rabattra de ses prétentions, on saura s'accommoder à l'imperfection de toutes choses et de toutes conditions, et l'on verra venir les désastres pour apprendre à les éviter ou à les supporter. Car les revers, grands ou petits, sont l'élément de notre vie. Voilà ce qu'on devrait toujours avoir présent à l'esprit, sans pour cela, en vrai « δυσκολος », se lamenter et se contorsionner avec Beresford à cause des *miseries of human life*, et encore moins *in pulicis morsu Deum invocare* (invoquer Dieu pour une morsure de puce) ; il faut, en « ευλαβης », pousser si loin la prudence à prévenir et écarter les malheurs, qu'ils viennent des hommes ou des choses, et se perfectionner si bien dans cet art, que, pareil à un fin renard, on évite bien gentiment tout accident (il n'est le plus souvent qu'une maladresse déguisée), petit ou grand.

La raison principale pour laquelle un événement malheureux est moins lourd à porter quand nous l'avons
considéré à l'avance comme possible et que nous en avons
pris notre parti, comme on dit, cette raison doit être la
suivante : lorsque nous pensons avec calme à un malheur
avant qu'il se produise, comme à une simple possibilité, nous en apercevons l'étendue clairement et de tous
les côtés, et nous en avons alors la notion comme de quelque chose de fini et de facile à embrasser d'un regard ; de
façon que, lorsqu'il arrive effectivement, il ne peut pas
agir avec plus de poids qu'il n'en a en réalité. Si, au contraire, nous n'avons pas pris ces précautions, si nous
sommes frappés sans préparation, l'esprit effrayé ne peut,
au premier abord, mesurer exactement son étendue, et, ne
pouvant le voir d'un seul regard, il est porté à le considérer comme incommensurable, ou, au moins, comme
beaucoup plus grand qu'il ne l'est vraiment. C'est ainsi
que l'obscurité et l'incertitude grossissent tout danger.
Ajoutons que certainement, en considérant ainsi à l'avance
un malheur comme possible, nous avons médité en même
temps sur les motifs que nous aurons de nous en consoler
et sur les moyens d'y remédier, ou pour le moins nous
nous sommes familiarisés avec sa vue.

Mais rien ne nous fera supporter avec plus de calme les
malheurs, que de bien nous convaincre de la vérité que
j'ai fermement établie, en remontant à leurs principes
premiers, dans mon ouvrage couronné sur *le Libre arbi-*
tre; je l'ai énoncée en ces termes : *Tout ce qui ar-*
rive, du plus grand au plus petit, arrive nécessaire-

ment. Car l'homme sait bien vite se résigner à ce qui est inévitablement nécessaire, et la connaissance du précepte ci-dessus lui fait envisager tous les événements, même ceux qu'amènent les hasards les plus étranges, comme aussi nécessaires que ceux qui dérivent des lois les mieux connues et se conforment aux prévisions les plus exactes. Je renvoie donc le lecteur à ce que j'ai dit (voyez *Le monde comme volonté et comme représentation*) sur l'influence calmante qu'exerce la notion de l'inévitable et du nécessaire. Tout homme qui s'en sera pénétré commencera par faire bravement ce qu'il peut faire, puis souffrira bravement ce qu'il doit souffrir.

Nous pouvons considérer les petits accidents qui viennent nous vexer à toute heure, comme destinés à nous tenir en haleine, afin que la force nécessaire pour supporter les grands malheurs ne se relâche pas dans les jours heureux. Quant aux tracasseries journalières, aux petits frottements dans les rapports entre les hommes, aux chocs insignifiants, aux inconvenances, aux caquets et autres choses semblables, il faut être cuirassé à leur égard, c'est-à-dire non seulement ne pas les prendre à cœur et les ruminer, mais ne pas même les ressentir ; ne nous laissons pas toucher par tout cela, repoussons-le du pied comme les cailloux qui gisent sur la route, et n'en faisons jamais un objet intime de réflexion et de méditation.

52° Le plus souvent, ce sont simplement leurs propres sottises que les gens appellent communément le sort. On ne peut donc assez se pénétrer de ce beau passage d'Homère (*Il.*, XXIII, 313 et suiv.) où il recommande la

« μηλις », c'est-à-dire une sage circonspection. Car, si l'on n'expie ses fautes que dans l'autre monde, c'est déjà dans celui-ci qu'on paye ses sottises, bien que de temps à autre celles-ci trouvent grâce, à l'occasion.

Ce n'est pas le tempérament violent, c'est la prudence qui fait paraître terrible et menaçant : tellement le cerveau de l'homme est une arme plus redoutable que la griffe du lion.

L'homme du monde parfait serait celui que l'indécision ne ferait jamais rester à court et que rien non plus ne ferait se presser.

53° Le courage est, après la prudence, une condition essentielle à notre bonheur. Certainement on ne peut se donner ni l'une ni l'autre de ces qualités; on hérite la première de son père et la seconde de sa mère; cependant, par une résolution bien prise et par de l'exercice, on parvient à augmenter la part qu'on en possède. Dans ce monde où le sort est d'airain, il faut avoir un caractère d'airain, cuirassé contre la destinée et armé contre les hommes. Car toute cette vie n'est qu'un combat; chaque pas nous est disputé, et Voltaire dit avec raison : « *On ne réussit dans ce monde qu'à la pointe de l'épée, et on meurt les armes à la main.* » Aussi est-ce d'une âme lâche, dès que les nuages s'amoncellent ou se montrent seulement à l'horizon, de se laisser abattre, de perdre courage et de gémir. Que notre devise soit plutôt :

Tu ne cede malis sed contra audentior ito.

(Ne cède pas à l'adversité, mais marche hardiment contre elle.)

Tant qu'il n'y a encore que du doute sur l'issue d'une chose dangereuse, tant qu'il reste une possibilité pour que le résultat soit favorable, ne faiblissez pas, ne songez qu'à la résistance; de même qu'il ne faut pas désespérer du beau temps, aussi longtemps qu'il reste encore au ciel un petit coin bleu. Il faut même en arriver à pouvoir dire :

> Si fractus illabatur orbis
> Impavidum ferient ruinæ.

(Si le monde s'écroulait brisé, ses ruines le frapperaient sans l'effrayer.)

Ni l'existence tout entière, ni à plus forte raison ses biens, ne méritent en définitive tant de lâche terreur et tant d'angoisses :

> Quocirca vivite fortes,
> Fortiaque adversis opponite pectora rebus.

(C'est pourquoi vivez vertueux et opposez un cœur ferme à l'adversité).

Cependant un excès est possible : le courage peut dégénérer en témérité. Pourtant la poltronnerie, dans une certaine mesure, est même nécessaire à la conservation de notre existence sur la terre; la lâcheté n'est que l'excès de cette mesure. C'est ce que Bacon de Verulam a si bien exposé dans son explication étymologique du *terror Panicus*, explication qui laisse loin derrière elle celle qui nous a été conservée, due à Plutarque (*De Iside et Osir.*, ch. 14). Bacon la fait dériver de *Pan,* personnifiant la nature; puis il ajoute : « La nature a mis le sentiment de la crainte et de la terreur dans tout ce qui est vivant pour garder la vie et son essence, et pour éviter et chasser les dangers. Cependant cette même nature ne sait pas garder la mesure : aux craintes salutaires elle en mêle toujours de vaines et de superflues : tellement que nous trouverions (si nous pouvions voir l'intérieur) tous les êtres, surtout les créatures humaines, remplis de terreurs paniques. » Au reste, ce qui caractérise la terreur panique, c'est qu'elle ne se rend pas compte distinctement de ses motifs ; elle les présuppose plus qu'elle ne les connaît, et, au besoin, elle donne la peur elle-même pour motif à la peur.

CHAPITRE VI

DE LA DIFFÉRENCE DES AGES DE LA VIE

Voltaire a dit admirablement :

> Qui n'a pas l'esprit de son âge
> De son âge a tout le malheur.

Il nous faut donc, pour clore ces considérations eudé-monologiques, jeter un coup d'œil sur les modifications que l'âge apporte en nous.

Dans tout le cours de notre vie, nous ne possédons que le *présent* et rien au delà. La seule différence, c'est, en premier lieu, qu'au commencement nous voyons un long avenir devant nous, et vers la fin un long passé derrière nous ; en second lieu, que notre tempérament, mais jamais notre caractère, parcourt une série de modifications connues, qui donnent chacune une teinte différente au présent.

J'ai exposé dans mon grand ouvrage (vol. II, ch. 31) comment et pourquoi, dans l'*enfance*, nous sommes beau-

coup plus portés vers la *connaissance* que vers la *volonté*.
C'est là-dessus précisément que repose cette félicité du
premier quart de la vie qui nous le fait apparaître ensuite
derrière nous comme un paradis perdu. Nous n'avons,
pendant l'enfance, que des relations peu nombreuses et
des besoins limités, par suite, peu d'excitation de la
volonté : la plus grande part de notre être est employée à
connaître. L'intellect, comme le cerveau, qui à sept ans
atteint toute sa grosseur, se développe de bonne heure,
bien qu'il ne mûrisse que plus tard, et étudie cette
existence encore nouvelle où tout, absolument tout est
revêtu du vernis brillant que lui prête le charme de la
nouveauté. De là vient que nos années d'enfance sont
une poésie non interrompue. Car l'essence de la poésie,
comme de tous les arts, est de percevoir dans chaque
chose isolée l'idée platonique, c'est-à-dire l'essentiel,
ce qui est commun à toute l'*espèce ;* chaque objet nous
apparaît ainsi comme représentant tout son genre, et *un
cas* en vaut mille. Quoiqu'il semble que dans les scènes
de notre jeune âge nous ne soyons occupés que de
l'objet ou de l'événement actuel et encore en tant seulement que notre volonté du moment y est intéressée, au
fond cependant il n'en est pas ainsi. En effet, la vie, avec
toute son importance, s'offre à nous si neuve encore, si
fraîche, avec des impressions si peu émoussées par leur
retour fréquent, que, avec toutes nos allures enfantines,
nous nous occupons, en silence et sans intention distincte,
à saisir dans les scènes et les événements isolés, l'essence
même de la vie, les types fondamentaux de ses formes et

de ses images. Nous voyons, comme l'exprime Spinoza, tous les objets et toutes les personnes *sub specie æternitatis*. Plus nous sommes jeunes, plus chaque chose isolément représente pour nous son genre tout entier. Cet effet va diminuant graduellement, d'année en année : et c'est là ce qui détermine la différence si considérable d'impression que produisent sur nous les objets dans la jeunesse ou dans l'âge avancé. Les expériences et les connaissances acquises pendant l'enfance et la première jeunesse deviennent ensuite les types constants et les rubriques de toutes les expériences et connaissances ultérieures, pour ainsi dire les catégories sous lesquelles nous ajoutons, sans en avoir toujours la conscience exacte, tout ce que nous rencontrons plus tard. Ainsi se forme, dès nos années d'enfance, le fondement solide de notre manière, superficielle ou profonde, d'envisager le monde ; elle se développe et se complète par la suite, mais ne change plus dans ses points principaux. C'est donc en vertu de cette manière de voir, purement objective, par conséquent poétique, essentielle à l'enfance, où elle est soutenue par le fait que la volonté est encore bien loin de se manifester avec toute son énergie, que l'enfant s'occupe beaucoup plus à connaître qu'à vouloir. De là ce regard sérieux, contemplatif de certains enfants, dont Raphaël a tiré si heureusement parti pour ses anges, surtout dans sa Madone sixtine. C'est pourquoi également les années d'enfance sont si heureuses que leur souvenir est toujours mêlé d'un douloureux regret. Pendant que d'une part nous nous consacrons ainsi, avec tout notre sérieux, à la con-

naissance *intuitive* des choses, d'autre part l'éducation
s'occupe à nous procurer des *notions*. Mais les notions ne
nous donnent pas l'essence propre des choses; celle-ci,
qui constitue le fond et le véritable contenu de toutes nos
connaissances, repose principalement sur la compréhension *intuitive* du monde. Mais cette dernière ne peut être
acquise que par nous-même et ne saurait d'aucune manière nous être *enseignée*. D'où il résulte que notre valeur
intellectuelle, tout comme notre valeur morale, n'entre
pas du dehors dans nous, mais sort du plus profond de
notre propre être, et toute la science pédagogique d'un
Pestalozzi ne parviendra jamais à faire d'un imbécile né
un penseur : non, mille fois non ! imbécile il est né, il
doit mourir imbécile. Cette compréhension contemplative
du monde extérieur nouvellement offert à notre vue
explique aussi pourquoi tout ce qu'on a vu et appris pendant l'enfance se grave si fortement dans la mémoire. En
effet, nous nous y sommes occupés exclusivement, rien ne
nous en a distraits, et nous avons considéré les choses que
nous voyions comme uniques de leur espèce, bien plus,
comme les seules existantes. Plus tard, le nombre considérable des choses alors connues nous enlève le courage
et la patience. Si l'on veut bien se rappeler ici ce que j'ai
exposé dans le deuxième volume de mon grand ouvrage,
savoir : que l'existence *objective* de toutes choses, c'est-à-
dire dans la *représentation* pure, est toujours agréable,
tandis que leur existence *subjective*, qui est dans le *vouloir*,
est fortement mélangée de douleur et de chagrin, alors
on admettra bien, comme expression résumée de la chose,

la proposition suivante : Tóutes les choses sont belles *d la
vue* et affreuses dans leur *être* (herrlich zu *seh'n,* aber
schrecklich zu *seyn*). Il résulte de tout ce qui précède
que, pendant l'enfance, les objets nous sont connus bien
plus par le côté de la *vue,* c'est-à-dire de la représentation, de l'objectivité, que par celui de l'*être,* qui est en
même temps celui de la volonté. Comme le premier est le
côté réjouissant des choses et que leur côté subjectif et
effrayant nous est encore inconnu, le jeune intellect prend
toutes les images que la réalité et l'art lui présentent pour
autant d'êtres heureux : il s'imagine qu'autant elles sont
belles à *voir,* autant et plus elles le sont à *être.* Aussi la
vie lui apparaît comme un éden : c'est là cette Arcadie où
tous nous sommes nés. Il en résulte, un peu plus tard, la
soif de la vie réelle, le besoin pressant d'agir et de souffrir,
nous poussant irrésistiblement dans le tumulte du monde.
Ici, nous apprenons à connaître l'autre face des choses,
celle de l'*être,* c'est-à-dire de la volonté, que tout vient
croiser à chaque pas. Alors s'approche peu à peu la grande
désillusion ; quand elle est arrivée, on dit : « L'âge des illusions est passé [1], » et tout de même elle avance toujours
davantage et devient de plus en plus complète. Ainsi, nous
pouvons dire que pendant l'enfance la vie se présente
comme une décoration de théâtre vue de loin, pendant la
vieillesse, comme la même, vue de près.

Voici encore un sentiment qui vient contribuer au bonheur de l'enfance : ainsi qu'au commencement du prin-

---

1. En français dans le texte.

temps tout feuillage a la même couleur et presque la même forme, ainsi, dans la première enfance, nous nous ressemblons tous, et nous nous accordons parfaitement. Ce n'est qu'avec la puberté que commence la divergence qui va toujours augmentant, comme celle des rayons d'un cercle.

Ce qui trouble, ce qui rend malheureuses les années de jeunesse, le reste de cette première moitié de la vie si préférable à la seconde, c'est la chasse au bonheur, entreprise dans la ferme supposition qu'on peut le rencontrer dans l'existence. C'est là la source de l'espérance toujours déçue, qui engendre à son tour le mécontentement. Les images trompeuses d'un vague rêve de bonheur flottent devant nos yeux sous des formes capricieusement choisies, et nous cherchons vainement leur type original. Aussi sommes-nous pendant la jeunesse presque toujours mécontents de notre état et de notre entourage, quels qu'ils soient, car c'est à eux que nous attribuons ce qui revient partout à l'inanité et à la misère de la vie humaine, avec lesquelles nous faisons connaissance pour la première fois en ce moment, après nous être attendus à bien autre chose. On gagnerait beaucoup à enlever de bonne heure, par des enseignements convenables, cette illusion propre à la jeunesse qu'il y a grand'chose à trouver dans le monde. Mais au contraire il arrive que la vie se fait connaître à nous par la poésie avant de se révéler par la réalité. A l'aurore de notre jeunesse, les scènes que l'art nous dépeint s'étalent brillantes à nos yeux, et nous voilà tourmentés du désir de les voir réalisées, de saisir l'arc-en-ciel. Le jeune homme attend sa vie sous la forme d'un

roman intéressant. Ainsi naît cette illusion que j'ai décrite
dans le deuxième volume de mon ouvrage déjà cité. Car
ce qui prête leur charme à toutes ces images, c'est que
précisément elles ne sont que des images et non des
réalités, et qu'en les contemplant nous nous trouvons dans
l'état de calme et de contentement parfait de la connaissance pure. Se réaliser signifie être rempli par le vouloir,
et celui-ci amène infailliblement des douleurs. Ici encore,
je dois renvoyer le lecteur que le sujet intéresse au deuxième
volume de mon livre.

Si donc le caractère de la première moitié de la vie est
une aspiration inassouvie au bonheur, celui de la seconde
moitié est l'appréhension du malheur. Car à ce moment
on a reconnu plus ou moins nettement que tout bonheur
est chimérique, toute souffrance, au contraire, réelle. Alors
les hommes, ceux-là du moins dont le jugement est sensé,
au lieu d'aspirer aux jouissances, ne cherchent plus qu'une
condition affranchie de douleur et de trouble [1]. Lorsque,
dans mes années de jeunesse, j'entendais sonner à ma
porte, j'étais tout joyeux, car je me disais : « Ah ! enfin ! »
Plus tard, dans la même situation, mon impression était
plutôt voisine de la frayeur ; je pensais : « Hélas ! déjà ! »
Les êtres distingués et bien doués, ceux qui, par là même,
n'appartiennent pas entièrement au reste des hommes et
se trouvent plus ou moins isolés, en proportion de leurs
mérites, éprouvent aussi à l'égard de la société humaine
ces deux sentiments opposés : dans leur jeunesse, c'est

---

1. Dans l'âge mûr, on s'entend mieux à se garder contre le malheur,
dans la jeunesse à le supporter. (*Note de l'auteur.*)

fréquemment celui d'en être *délaissés;* dans l'âge mûr.
celui d'en être *délivrés.* Le premier, qui est pénible, provient de leur ignorance ; le second, agréable, de leur connaissance du monde. Cela fait que la seconde moitié de la
vie, comme la seconde partie d'une période musicale, a
moins de fougue et plus de tranquillité que la première;
ce qui vient de ce que la jeunesse s'imagine monts et
merveilles au sujet du bonheur et des jouissances que l'on
peut rencontrer sur terre, la seule difficulté consistant à
les atteindre, tandis que la vieillesse sait qu'il n'y a rien à
y trouver : calmée à cet égard, elle goûte tout présent
supportable et prend plaisir même aux petites choses.

Ce que l'homme mûr a gagné par l'expérience de la vie,
ce qui fait qu'il voit le monde autrement que l'adolescent
et le jeune homme, c'est avant tout l'*absence de préven-
tion.* Lui, le premier, commence à voir les choses simplement et à les prendre pour ce qu'elles sont; tandis que,
aux yeux du jeune homme et de l'adolescent, une illusion
composée de rêveries créées d'elles-mêmes, de préjugés
transmis et de fantaisies étranges, voilait ou déformait le
monde véritable. La première tâche que l'expérience trouve
à accomplir est de nous délivrer des chimères et des
notions fausses accumulées pendant la jeunesse. En
garantir les jeunes gens serait certainement la meilleure
éducation à leur donner, bien qu'elle soit simplement
négative ; mais c'est là une bien difficile affaire. Il faudrait.
dans ce but, commencer par maintenir l'horizon de l'enfant
aussi étroit que possible. ne lui procurer dans ses limites
que des notions claires et justes et ne l'élargir que gra-

duellement, après qu'il aurait la connaissance bien exacte
de tout ce qui y est situé, et ayant toujours soin qu'il n'y
reste rien d'obscur, rien qu'il n'aurait compris qu'à demi
ou de travers. Il en résulterait que ses notions sur les
choses et sur les relations humaines, bien que restreintes
encore et très simples, seraient néanmoins distinctes et
vraies, de manière à n'avoir plus besoin que d'extension
et non de redressement ; on continuerait ainsi jusqu'à ce
que l'enfant fût devenu jeune homme. Cette méthode
exige surtout qu'on ne permette pas la lecture de romans ;
on les remplacera par des biographies convenablement
choisies, comme par exemple celle de Franklin, ou l'histoire d'*Antoine Reiser* par Moritz, et autres semblables.

Tant que nous sommes jeunes, nous nous imaginons
que les événements et les personnages importants et de
conséquence feront leur apparition dans notre existence
avec tambour et trompette ; dans l'âge mûr, un regard
rétrospectif nous montre qu'ils s'y sont tous glissés sans
bruit, par la porte dérobée et presque inaperçus.

On peut aussi, au point de vue qui nous occupe, comparer la vie à une étoffe brodée dont chacun ne verrait,
dans la première moitié de son existence, que l'endroit,
et, dans la seconde, que l'envers ; ce dernier côté est
moins beau, mais plus instructif, car il permet de reconnaître l'enchaînement des fils.

La supériorité intellectuelle même la plus grande ne
fera valoir pleinement son autorité dans la conversation
qu'après la quarantième année. Car la maturité propre à
l'âge et les fruits de l'expérience peuvent bien être sur-

passés de beaucoup, mais jamais remplacés par l'intelligence; ces conditions fournissent, même à l'homme le plus ordinaire, un contrepoids à opposer à la force du plus grand esprit, tant que celui-ci est encore jeune. Je ne parle ici que de la personnalité, non des œuvres.

Aucun homme quelque peu supérieur, aucun de ceux qui n'appartiennent pas à cette majorité des cinq-sixièmes des humains si strictement dotée par la nature, ne pourra s'affranchir d'une certaine teinte de mélancolie quand il a dépassé la quarantaine. Car, ainsi qu'il était naturel, il avait jugé les autres d'après lui et a été désabusé; il a compris qu'ils sont bien arriérés par rapport à lui soit par la tête, soit par le cœur, le plus souvent même par les deux, et qu'ils ne pourront jamais balancer leur compte; aussi évite-t-il volontiers tout commerce avec eux, comme, du reste, tout homme aimera ou haïra la solitude, c'est-à-dire sa propre société, en proportion de sa valeur intérieure. Kant traite aussi de ce genre de misanthropie dans sa *Critique de la raison*, vers la fin de la note générale, au § 29 de la première partie.

C'est un mauvais symptôme, au moral comme à l'intellectuel, pour un jeune homme, de se retrouver facilement au milieu des menées humaines, d'y être bientôt à son aise et d'y pénétrer comme préparé à l'avance; cela annonce de la vulgarité. Par contre, une attitude décontenancée, hésitante, maladroite et à contre-sens est, en pareille circonstance, l'indice d'une nature de noble espèce.

La sérénité et le courage que l'on apporte à vivre

pendant la jeunesse tiennent aussi en partie à ce que, gravissant la colline, nous ne voyons pas la mort, située au pied de l'autre versant. Le sommet une fois franchi, nous voyons de nos yeux la mort, que nous ne conaissions jusque-là que par ouï-dire, et, comme à ce moment les forces vitales commencent à baisser, notre courage faiblit en même temps; un sérieux morne chasse alors la pétulance juvénile et s'imprime sur nos traits. Tant que nous sommes jeunes, nous croyons la vie sans fin, quoi qu'on nous puisse dire, et nous usons du temps à l'avenant. Plus nous vieillissons, plus nous en devenons économes. Car, dans l'âge avancé, chaque jour de la vie qui s'écoule produit en nous le sentiment qu'éprouve un condamné à chaque pas qui le rapproche de l'échafaud.

Considérée du point de vue de la jeunesse, la vie est un avenir infiniment long; de celui de la vieillesse, un passé très court, tellement qu'au début elle s'offre à nos yeux comme les objets vus par le petit bout de la lunette, et à la fin comme vus par le gros bout. Il faut avoir vieilli, c'est-à-dire avoir vécu longuement, pour reconnaître combien la vie est courte. Plus on avance en âge, plus les choses humaines, toutes tant qu'elles sont, nous paraissent minimes; la vie, qui pendant la jeunesse était là, devant nous, ferme et comme immobile, nous semble maintenant une fuite rapide d'apparitions éphémères, et le néant de tout ici-bas apparaît. Le temps lui-même, pendant la jeunesse, marche d'un pas plus lent; aussi le premier quart de notre vie est non seulement le plus heureux, mais aussi le plus long; il laisse donc beaucoup plus de

souvenirs, et chaque homme pourrait, à l'occasion, raconter
de ce premier quart plus d'événements que des deux suivants. Au printemps de la vie, comme au printemps de
l'année, les journées finissent même par devenir d'une
longueur accablante. A l'automne de la vie comme à
l'automne de l'année, elles sont courtes, mais sereines et
plus constantes.

Pourquoi, dans la vieillesse, la vie qu'on a derrière soi
paraît-elle si brève? C'est parce que nous la tenons pour
aussi courte que le souvenir que nous en avons. En effet,
tout ce qu'il y a eu d'insignifiant et une grande partie de ce
qu'il y a eu de pénible ont échappé à notre mémoire; il y
est donc resté bien peu de chose. Car, de même que notre
intellect en général est très imparfait, de même notre mémoire l'est aussi : il faut que nous exercions nos connaissances, et que nous ruminions notre passé; sans quoi les
deux disparaissent dans l'abîme de l'oubli. Mais nous ne
revenons pas volontiers par la pensée sur les choses
insignifiantes, ni d'ordinaire sur les choses désagréables,
ce qui serait pourtant indispensable pour les garder dans
la mémoire. Or les choses insignifiantes deviennent toujours plus nombreuses, car bien des faits qui au premier
abord nous semblaient importants perdent tout intérêt à
mesure qu'ils se répètent; les retours, au commencement,
ne sont que fréquents, mais par la suite ils deviennent innombrables. Aussi nous rappelons-nous mieux nos jeunes
années que celles qui ont suivi. Plus nous vivons longtemps, moins il y a d'événements qui vous semblent assez
graves ou assez significatifs pour mériter d'être ruminés,

ce qui est l'unique moyen d'en garder le souvenir; à peine ont-ils passé, nous les oublions. Et voilà pourquoi le temps fuit, laissant de moins en moins de traces derrière soi.

Mais nous ne revenons pas volontiers non plus sur les choses désagréables, alors surtout qu'elles blessent notre vanité; et c'est le cas le plus fréquent, car peu de désagréments nous arrivent sans notre faute. Nous oublions donc également beaucoup de choses pénibles. C'est par l'élimination de ces deux catégories d'événements que notre mémoire devient si courte, et elle le devient, à proportion, d'autant plus que l'étoffe en est plus longue. De même que les objets situés sur le rivage deviennent de plus en plus petits, vagues et indistincts à mesure que notre barque s'en éloigne, ainsi s'effacent les années écoulées, avec nos aventures et nos actions. Il arrive aussi que la mémoire et l'imagination nous retracent une scène de notre vie, dès longtemps disparue, avec tant de vivacité qu'elle nous semble dater de la veille et nous apparaît tout proche de nous. Cet effet résulte de ce qu'il nous est impossible de nous représenter en même temps le long espace de temps qui s'est écoulé entre alors et à présent, et que nous ne pouvons pas l'embrasser du regard en un seul tableau; de plus, les événements accomplis dans cet intervalle sont oubliés en grande partie, et il ne nous en reste plus qu'une connaissance générale, *in abstracto*, une simple notion et non une image. Alors ce passé lointain et isolé se présente si rapproché qu'il semble que c'était hier; le temps intermédiaire a disparu, et notre vie entière nous paraît d'une brièveté incompréhensible. Parfois même, dans la vieillesse, ce long passé que nous avons derrière nous, et par suite notre âge même, peut à un certain moment nous sembler fabuleux : ce qui résulte principalement de ce que nous voyons toujours devant nous le même présent immobile. En définitive, tous ces phénomènes intérieurs sont fondés sur ce que ce n'est pas notre être par lui-même, mais seulement son image visible, qui existe sous la forme du temps, et sur ce que le présent est le point de contact entre le monde extérieur et nous, entre l'objet et le sujet.

On peut encore se demander pourquoi, dans la jeunesse, la vie paraît s'étendre devant nous à perte de vue. C'est d'abord parce qu'il nous faut la place pour y loger les espérances illimitées dont nous la peuplons et pour la réalisation desquelles Mathusalem serait mort trop jeune ; ensuite, parce que nous prenons pour échelle de sa mesure le petit nombre d'années que nous avons déjà derrière nous ; mais leur souvenir est riche en matériaux et long, par conséquent, car la nouveauté a donné de l'importance à tous les événements ; aussi nous y revenons volontiers par la pensée, nous les évoquons souvent dans notre mémoire et finissons par les y fixer.

Il nous semble parfois que nous désirons ardemment nous retrouver dans tel *lieu* éloigné, tandis que nous ne regrettons, en réalité, que le *temps* que nous y avons passé quand nous étions plus jeunes et plus frais. Et voilà comment le *temps* nous abuse sous le masque de l'*espace*. Allons à l'endroit tant désiré, et nous nous rendrons compte de l'illusion.

Il existe deux voies pour atteindre un âge très avancé,
toutefois à la condition *sine qua non* de posséder une
constitution intacte ; pour l'expliquer, prenons l'exemple
de deux lampes qui brûlent : l'une brûlera longtemps,
parce que, avec peu d'huile, elle a une mèche très mince ;
l'autre, parce que, avec une forte mèche, elle a aussi
beaucoup d'huile : l'huile, c'est la force vitale, la mèche en
est l'emploi appliqué à n'importe quel usage.

Sous le rapport de la force vitale, nous pouvons nous
comparer, jusqu'à notre trente-sixième année, à ceux qui
vivent des intérêts d'un capital ; ce qu'on dépense aujour-
d'hui se trouve remplacé demain. A partir de là, nous
sommes semblables à un rentier qui commence à entamer
son capital. Au début, la chose n'est pas sensible : la plus
grande partie de la dépense se remplace encore d'elle-
même, et le minime déficit qui en résulte passe inaperçu.
Peu à peu, il grossit, il devient apparent, et son accroissement lui-même s'accroît chaque jour ; il nous envahit
toujours davantage ; chaque aujourd'hui est plus pauvre
que chaque hier ; et nul espoir d'arrêt. Comme la chute
des corps, la perte s'accélère rapidement, jusqu'à disparition totale. Le cas le plus triste est celui où tous deux,
forces vitales et fortune, celle-ci non plus comme terme de
comparaison, mais en réalité, sont en voie de fondre simul-
tanément ; aussi l'amour de la richesse augmente avec
l'âge. En revanche, dans nos premières années, jusqu'à
notre majorité et un peu au delà, nous sommes, sous le
rapport de la force vitale, semblables à ceux qui, sur les
intérêts, ajoutent encore quelque chose au capital : non

seulement ce qu'on dépense se renouvelle tout seul, mais
le capital lui-même augmente. Ceci arrive aussi parfois
pour l'argent, grâce aux soins prévoyants d'un tuteur,
honnête homme. O jeunesse fortunée! O triste vieillesse!
Il faut, malgré tout cela, ménager les forces de la jeunesse. Aristote observe (*Politique*, liv. der., ch. 5) [1] que,
parmi les vainqueurs aux jeux Olympiques, il ne s'en est
trouvé que deux ou trois qui, vainqueurs une première
fois comme jeunes gens, aient triomphé encore comme
hommes faits, parce que les efforts prématurés qu'exigent
les exercices préparatoires épuisent tellement les forces,
qu'elles font défaut plus tard, dans l'âge viril. Ce qui est
vrai de la force musculaire l'est encore davantage de la
force nerveuse dont les productions intellectuelles ne sont
toutes que les manifestations : voilà pourquoi les *ingenia
præcocia*, les enfants prodiges, ces fruits d'une éducation
en serre chaude, qui étonnent dans leur bas âge, deviennent plus tard des têtes parfaitement ordinaires. Il est
même fort possible qu'un excès d'application précoce et
forcée à l'étude des langues anciennes soit la cause qui a
fait tomber plus tard tant de savants dans un état de para-
lysie et d'enfance intellectuelle.

J'ai remarqué que le caractère chez la plupart des
hommes semble être plus particulièrement adapté à un
des âges de la vie, de manière que c'est à cet âge-là qu'ils
se présentent sous leur jour le plus favorable. Les uns
sont d'aimables jeunes gens, et puis c'est fini; d'autres,

---

1. Il y a erreur : ce n'est pas au chapitre 5, mais au chapitre 8, que
se trouve l'observation citée par Schopenhauer. (*Le trad.*)

dans leur maturité, sont des hommes énergiques et actifs
auxquels l'âge, en avançant, enlève toute valeur; d'autres
enfin se présentent le plus avantageusement dans la vieillesse, pendant laquelle ils sont plus doux, parce qu'ils ont
plus d'expérience et plus de calme : c'est le cas le plus
fréquent chez les Français. Cela doit provenir de ce que
le caractère lui-même a quelque chose de juvénile, de
viril ou de sénile, en harmonie avec l'âge correspondant,
ou amendé par cet âge.

De même que sur un navire nous ne nous rendons
compte de sa marche que parce que nous voyons les objets
situés sur la rive s'éloigner à l'arrière et par suite devenir
plus petits, de même nous ne nous apercevons que nous
devenons vieux, et toujours plus vieux, qu'à ce que des
gens d'un âge toujours plus avancé nous semblent jeunes.

Nous avons déjà examiné plus haut comment et pourquoi, à mesure qu'on vieillit, tout ce qu'on a vu, toutes
les actions et tous les événements de la vie laissent dans
l'esprit des traces de moins en moins nombreuses. Ainsi
considérée, la jeunesse est le seul âge où nous vivions
avec entière conscience; la vieillesse n'a qu'une demi-
conscience de la vie. Avec les progrès de l'âge, cette
conscience diminue graduellement; les objets passent
rapidement devant nous sans faire d'impression, semblables à ces produits de l'art qui ne nous frappent plus
quand nous les avons souvent vus; on fait la besogne que
l'on a à faire, et l'on ne sait même plus ensuite si on
l'a faite. Pendant que la vie devient de plus en plus
inconsciente, pendant qu'elle marche à grands pas vers

l'inconscience complète, par là même la fuite du temps
s'accélère. Durant l'enfance, la nouveauté des choses
et des événements fait que tout s'imprime dans notre
conscience; aussi les jours sont-ils d'une longueur à
perte de vue. Il nous en arrive de même, et pour la
même cause, en voyage, où un mois nous paraît plus
long que quatre à la maison. Malgré cette nouveauté,
le temps, qui nous *semble* plus long, nous *devient*, dans
l'enfance comme en voyage, en réalité souvent plus
long que dans la vieillesse ou à la maison. Mais insensiblement l'intellect s'émousse tellement par la longue
habitude des mêmes perceptions, que de plus en plus
tout finit par glisser sur lui sans l'impressionner, ce
qui fait que les jours deviennent toujours plus insignifiants et conséquemment toujours plus courts; les heures
de l'enfant sont plus longues que les journées du vieillard. Nous voyons donc que le temps de la vie a un
mouvement accéléré comme celui d'une sphère roulant
sur un plan incliné; et, de même que sur un disque tour-
nant chaque point court d'autant plus vite qu'il est plus
éloigné du centre, de même, pour chacun et propor-
tionnellement à sa distance du commencement de sa vie,
le temps s'écoule plus vite et toujours plus vite. On
peut donc admettre que la longueur de l'année, telle que
l'évalue notre disposition du moment, est en rapport
inverse du quotient de l'année divisé par l'âge; quand,
par exemple, l'année est le cinquième de l'âge, elle paraît
dix fois plus longue que lorsqu'elle n'en est que le
cinquantième. Cette différence dans la rapidité du temps

a l'influence la plus décisive sur toute notre manière d'être à chaque âge de la vie. Elle fait d'abord que l'enfance, quoique n'embrassant que quinze ans à peine, est pourtant la période la plus longue de l'existence, et par conséquent aussi la plus riche en souvenirs ; ensuite elle fait que, dans tout le cours de la vie, nous sommes soumis à l'ennui dans le rapport inverse de notre âge. Les enfants ont constamment besoin de passer le temps, que ce soit par les jeux ou par le travail ; si le passe-temps s'arrête, ils sont aussitôt pris d'un formidable ennui. Les adolescents y sont encore fortement exposés et redoutent beaucoup les heures inoccupées. Dans l'âge viril, l'ennui disparaît de plus en plus : et pour les vieillards le temps est toujours trop court et les jours volent avec la rapidité de la flèche. Bien entendu, je parle d'hommes et non de brutes vieillies. L'accélération dans la marche du temps supprime donc le plus souvent l'ennui dans un âge plus avancé ; d'autre part, les passions, avec leurs tourments, commencent à se taire ; il en résulte qu'en somme, et pourvu que la santé soit en bon état, le fardeau de la vie est, en réalité, plus léger que pendant la jeunesse : aussi appelle-t-on l'intervalle qui précède l'apparition de la débilité et des infirmités de la vieillesse : les *meilleures années.* Peut-être le sont-elles en effet au point de vue de notre agrément ; mais en revanche les années de jeunesse, où tout fait impression, où chaque chose entre dans la conscience, conservent l'avantage d'être la saison fertilisante de l'esprit, le printemps qui détermine les bourgeons. Les vérités profondes, en effet, ne s'acquièrent que par l'intuition et non par la spéculation, c'est-à-dire que leur première perception est immédiate et provoquée par l'impression momentanée : elle ne peut donc se produire que tant que l'impression est forte, vive et profonde. Tout dépend donc, sous ce rapport, de l'emploi des jeunes années. Plus tard, nous pouvons agir davantage sur les autres, même sur le monde entier, car nous sommes nous-mêmes achevés et complets, et nous n'appartenons plus à l'impression; mais le monde agit. moins sur nous. Ces années-ci sont donc l'époque de l'action et de la produc-tion; les premières sont celles de la compréhension et de la connaissance intuitives.

Dans la jeunesse, c'est la contemplation; dans l'âge mûr, la réflexion qui domine; l'une est le temps de la poésie, l'autre plutôt celui de la philosophie. Dans la pratique également, c'est par la perception et son im-pression que l'on se détermine pendant la jeunesse; plus tard, c'est par la réflexion. Cela tient en partie à ce que dans l'âge mûr les images se sont présentées et groupées autour des notions en nombre suffisant pour leur donner de l'importance, du poids et de la valeur, ainsi que pour modérer en même temps, par l'habi-tude, l'impression des perceptions. Par contre, l'impres-sion de tout ce qui est visible, donc du côté extérieur des choses, est tellement prépondérante pendant la jeu-nesse, surtout dans les têtes vives et riches d'imagination, que les jeunes gens considèrent le monde comme un tableau; ils se préoccupent principalement de la figure et de l'effet qu'ils y font, bien plus que de la disposition intérieure qu'il éveille en eux. Cela se voit déjà à la vanité de leur personne et à leur coquetterie.

La plus grande énergie et la plus haute tension des forces intellectuelles se manifestent indubitablement pendant la jeunesse et jusqu'à la trente-cinquième année au plus tard : à partir de là, elles décroissent, quoique insensiblement. Néanmoins l'âge suivant et même la vieillesse ne sont pas sans compensations intellectuelles. C'est à ce moment que l'expérience et l'instruction ont acquis toute leur richesse : on a eu le temps et l'occasion de considérer les choses sous toutes leurs faces et de les méditer; on les a rapprochées les unes des autres, et l'on a découvert les points par où elles se touchent, les parties par où elles se joignent; c'est maintenant, par conséquent, qu'on les saisit bien et dans leur enchaînement complet. Tout s'est éclairci. C'est pourquoi l'on sait plus à fond les choses même que l'on savait déjà dans la jeunesse, car pour chaque notion on a plus de données. Ce que l'on croyait savoir quand on était jeune, on le sait réellement dans l'âge mûr; en outre, on sait effectivement davantage et l'on possède des connaissances raisonnées dans toutes les directions et, par là même, solidement enchaînées, tandis que dans la jeunesse notre savoir est défectueux et fragmentaire. L'homme parvenu à un âge bien avancé aura seul une idée complète et juste de la vie, parce qu'il l'embrasse du regard dans son ensemble et dans son cours naturel, et surtout parce qu'il ne la voit plus, comme les autres,

uniquement du côté de l'entrée, mais aussi du côté de
la sortie; ainsi placé, il en reconnaît pleinement le néant,
pendant que les autres sont encore le jouet de cette illusion constante que « c'est maintenant que ce qu'il y a
de vraiment bon va arriver ». En revanche, pendant
la jeunesse, il y a plus de conception; il s'ensuit que
l'on est en état de produire davantage avec le peu que
l'on connaît; dans l'âge mûr, il y a plus de jugement,
de pénétration et de fond. C'est déjà pendant la jeunesse que l'on recueille les matériaux de ses notions
propres, de ses vues originales et fondamentales, c'est-
à-dire de tout ce qu'un esprit privilégié est destiné
à donner en cadeau au monde; mais ce n'est que bien
des années plus tard qu'il devient maître de son sujet.
On trouvera, la plupart du temps, que les grands écri-
vains n'ont livré leurs chefs-d'œuvre que vers leur cinquantième année. Mais la jeunesse n'en reste pas
moins la racine de l'arbre de la connaissance, bien
que ce soit la couronne de l'arbre qui porte les fruits.
Mais de même que chaque époque, même la plus pitoyable, se croit plus sage que toutes celles qui l'ont précédée, de même à chaque âge l'homme se croit supérieur à ce qu'il était auparavant; tous les deux font souvent
erreur. Pendant les années de la croissance physique,
où nous grandissons également en forces intellectuelles
et en connaissances, l'*aujourd'hui* s'habitue à regarder
l'*hier* avec dédain. Cette habitude s'enracine et per-
sévère même alors que le déclin des forces intellectuelles
a commencé et que l'aujourd'hui devrait plutôt regarder

d'hier avec considération : on déprécie trop à ce moment les productions et les jugements de ses jeunes années.

Il est à remarquer surtout que, quoique la tête, l'intellect soit tout aussi inné, quant à ses propriétés fondamentales, que le caractère ou le cœur, néanmoins l'intelligence ne demeure pas aussi invariable que le caractère : elle est soumise à bien des modifications qui, en bloc, se produisent même régulièrement, car elles proviennent de ce que d'une part sa base est physique et d'autre part son étoffe empirique. Cela étant, sa force propre a une croissance continue jusqu'à son point culminant, et ensuite sa décroissance continue jusqu'à l'imbécillité. Mais, d'autre part, l'étoffe aussi sur laquelle s'exerce toute cette force et qui l'entretient en activité, c'est-à-dire le contenu des pensées et du savoir, l'expérience, les connaissances, l'exercice du jugement et sa perfection qui en résulte, toute cette matière est une quantité qui croît constamment jusqu'au moment où, la faiblesse définitive survenant, l'intellect laisse tout échapper. Cette condition de l'homme d'être composé d'une partie absolument variable (le caractère) et d'une autre (l'intellect) qui varie régulièrement et dans deux directions opposées, explique la diversité de l'aspect sous lequel il se manifeste et de sa valeur aux différents âges de sa vie.

Dans un sens plus large, on peut dire aussi que les quarante premières années de l'existence fournissent le texte, et les trente suivantes le commentaire, qui seul nous en fait alors bien comprendre le sens vrai et la suite, la morale, et toutes les subtilités.

Mais, particulièrement vers son terme, la vie rappelle
la fin d'un bal masqué, quand on retire les masques. On
voit à ce moment quels étaient réellement ceux avec lesquels on a été en contact pendant sa vie. En effet, les caractères se sont montrés au jour, les actions ont porté
leurs fruits, les œuvres ont trouvé leur juste appréciation,
et toutes les fantasmagories se sont évanouies. Car il a fallu
le temps pour tout cela. Mais ce qu'il y a de plus étrange,
c'est qu'on ne connaît et comprend bien et soi-même, et
son but, et ses aspirations, surtout en ce qui concerne les
rapports avec le monde et les hommes, que vers la fin de
la vie. Souvent, mais pas toujours, on aura à se classer
plus bas que ce qu'on supposait naguère; mais parfois
aussi on s'accordera une place supérieure : en ce dernier
cas, cela provient de ce que l'on n'avait pas une connaissance suffisante de la bassesse du monde, et le but de la
vie se trouvait ainsi placé trop haut. On apprend à connaître, à peu de chose près, tout ce que chacun vaut.

On a coutume d'appeler la jeunesse le temps heureux,
et la vieillesse le temps triste de la vie. Cela serait vrai si
les passions rendaient heureux. Mais ce sont elles qui
ballottent la jeunesse de çà et de là, tout en lui donnant
peu de joies et beaucoup de préférences. Elles n'agitent
plus l'âge froid, qui revêt bientôt une teinte contemplative : car la connaissance devient libre et prend la haute
main. Or la connaissance est, par elle-même, exempte de
douleur; par conséquent, plus elle prédominera dans la
conscience, plus celle-ci sera heureuse. On n'a qu'à réfléchir que toute jouissance est de nature négative et la

douleur positive, pour comprendre que les passions ne
sauraient rendre heureux et que l'âge n'est pas à plaindre
parce que quelques jouissances lui sont interdites ; toute
jouissance n'est que l'apaisement d'un besoin, et l'on
n'est pas plus malheureux de perdre la jouissance en
même temps que le besoin, qu'on ne l'est de ne pouvoir
plus manger après avoir dîné, ou de devoir veiller après
une pleine nuit de sommeil. Platon (dans son introduction
à la *République*) a bien autrement raison d'estimer la
vieillesse heureuse d'être délivrée de l'instinct sexuel qui
jusque-là nous troublait sans relâche. On pourrait presque
soutenir que les fantaisies diverses et incessantes qu'engendre l'instinct sexuel, ainsi que les émotions qui en ré-
sultent, entretiennent dans l'homme une bénigne et constante démence, aussi longtemps qu'il est sous l'influence
de cet instinct ou de ce diable dont il est sans cesse possédé, au point de ne devenir entièrement raisonnable
qu'après s'en être délivré. Toutefois il est positif que, en
général et abstraction faite de toutes les circonstances et
conditions individuelles, un air de mélancolie et de tristesse est propre à la jeunesse, et une certaine sérénité à
la vieillesse ; et cela seulement parce que le jeune homme
est encore le serviteur, non le corvéable de ce démon qui
lui accorde difficilement une heure de liberté et qui est
aussi l'auteur, direct ou indirect, de presque toutes les
calamités qui frappent ou menacent l'homme. L'âge mûr
a la sérénité de celui qui, délivré de fers longtemps portés,
jouit désormais de la liberté de ses mouvements. D'autre
part cependant, on pourrait dire que, le penchant sexuel

une fois éteint, le véritable noyau de la vie est consumé, et qu'il ne reste plus que l'enveloppe , ou que la vie ressemble à une comédie dont la représentation, commencée par des hommes vivants, s'achèverait par des automates revêtus des mêmes costumes.

Quoi qu'il en soit, la jeunesse est le moment de l'agitation, l'âge mûr celui du repos : cela suffit pour juger de leurs plaisirs respectifs . L'enfant tend avidement les mains dans l'espace, après tous ces objets, si bariolés et si divers, qu'il voit devant lui ; tout cela l'excite, car son sensorium est encore si frais et si jeune . Il en est de même, mais avec plus d'énergie, pour le jeune homme. Lui aussi est excité par le monde aux couleurs voyantes et aux figures multiples : et son imagination lui attache aussitôt plus de valeur que le monde n'en peut offrir. Aussi la jeunesse est-elle pleine d'exigences et d'aspirations dans le vague, qui lui enlèvent ce repos sans lequel il n'est pas de bonheur. Avec l'âge, tout cela se calme, soit parce que le sang s'est refroidi et que l'excitabilité du sensorium a diminué , soit parce que l'expérience , en nous édifiant sur la valeur des choses et sur le contenu des jouissances, nous a affranchis peu à peu des illusions, des chimères et des préjugés qui voilaient et déformaient jusque-là l'aspect libre et net des choses, de façon que nous les connaissons maintenant toutes plus justement et plus clairement; nous les prenons pour ce qu'elles sont, et nous acquérons plus ou moins la conviction du néant de tout sur terre. C'est même ce qui donne à presque tous les vieillards, même à ceux d'une intelligence fort ordi-

naire, une certaine teinte de sagesse qui les distingue des
plus jeunes qu'eux. Mais tout cela produit principalement
le calme intellectuel qui est un élément important, je dirais même la condition et l'essence du bonheur. Tandis
que le jeune homme croit qu'il pourrait conquérir en ce
monde Dieu sait quelles merveilles s'il savait seulement
où les trouver, le vieillard est pénétré de la maxime de
l'Ecclésiaste : « *Tout est vanité*, » et il sait bien maintenant que toutes les noix sont creuses, quelque dorées
qu'elles puissent être.

Ce n'est que dans un âge avancé que l'homme arrive
entièrement au *nil admirari* d'Horace , c'est-à-dire à
la conviction directe, sincère et ferme, de la vanité de
toutes choses et de l'inanité de toutes pompes en ce
monde. Plus de chimères! Il ne se berce plus de l'illusion
qu'il réside quelque part, palais ou chaumière, une félicité spéciale, plus grande que celle dont il jouit lui-même
partout, et en ce qu'il y a d'essentiel toutes les fois qu'il
est libre de toute douleur physique ou morale. Il n'y a
plus de distinction à ses yeux entre le grand et le petit,
entre le noble et le vil, mesurés à l'échelle d'ici-bas. Cela
donne au vieillard un calme d'esprit particulier qui lui
permet de regarder en souriant les vains prestiges de ce
monde. Il est complètement désabusé; il sait que la vie
humaine, quoi qu'on fasse pour l'accoutrer et l'attifer, ne
tarde pas à se montrer, dans toute sa misère, à travers ces
oripeaux de foire; il sait que, quoi qu'on fasse pour la
peindre et l'orner, elle est, en somme, toujours la même
chose, c'est-à-dire une existence dont il faut estimer la

valeur réelle par l'absence des douleurs et non par la présence des plaisirs et encore moins du faste (Horace, l. I,
ép. 12, v. 1 - 4). Le trait fondamental et caractéristique
de la vieillesse est le désabusement ; plus de ces illusions
qui donnaient à la vie son charme et à l'activité leur aiguillon; on a reconnu le néant et la vanité de toutes les
magnificences de ce monde, surtout de la pompe, de la
splendeur et de l'éclat des grandeurs ; on a éprouvé
l'infimité de ce qu'il y a au fond de presque toutes ces
choses que l'on désire et de ces jouissances auxquelles on
aspire, et l'on est arrivé ainsi peu à peu à se convaincre
de la pauvreté et du vide de l'existence. Ce n'est qu'à
soixante ans que l'on comprend bien le premier verset de
l'Ecclésiaste. Mais c'est là ce qui donne aussi à la vieillesse une certaine teinte morose.

On croit communément que la maladie et l'ennui sont le
lot de l'âge. La première ne lui est pas essentielle, surtout
quand on a la perspective d'atteindre une vieillesse très
avancée, car *crescente vita, crescit sanitas et morbus*.
Et, quant à l'ennui, j'ai démontré plus haut pourquoi la
vieillesse a moins à la redouter que la jeunesse : l'ennui
n'est pas non plus le compagnon obligé de la solitude,
vers laquelle effectivement l'âge nous pousse, pour des
motifs faciles à saisir : il n'accompagne que ceux qui
n'ont connu que les jouissances des sens et les plaisirs de
la société, et qui ont laissé leur esprit sans l'enrichir et
leurs facultés sans les développer. Il est vrai que dans un
âge avancé les forces intellectuelles déclinent aussi; mais,
là où il y en a eu beaucoup, il en restera toujours assez

pour combattre l'ennui. En outre, ainsi que nous l'avons
montré, la raison gagne en vigueur par l'expérience, les
connaissances, l'exercice et la réflexion; le jugement devient plus pénétrant, et l'enchaînement des idées devient
clair; on acquiert de plus en plus en toutes matières des
vues d'ensemble sur les choses : la combinaison toujours
variée des connaissances que l'on possède déjà, les acqui-
sitions nouvelles qui viennent à l'occasion s'y ajouter, fa-
vorisent dans toutes les directions les progrès continus
de notre développement intellectuel, dans lequel l'esprit
trouve à la fois son occupation, son apaisement et sa récompense. Tout cela compense jusqu'à un certain point
l'affaiblissement intellectuel dont nous parlions. Nous savons de plus que dans la vieillesse le temps court plus rapidement; il neutralise ainsi l'ennui. Quant à l'affaiblissement des forces physiques, il n'est pas très nuisible,
sauf le cas où l'on a besoin de ces forces pour la profession que l'on exerce. La pauvreté pendant la vieillesse est
un grand malheur. Si on l'a écartée et si l'on a conservé
sa santé, la vieillesse peut être une partie très supportable
de la vie. L'aisance et la sécurité sont ses principaux besoins : c'est pourquoi l'on aime alors l'argent plus que
jamais, car il supplée les forces qui manquent. Abandonné
de Vénus, on cherchera volontiers à s'égayer chez Bac-
chus. Le besoin de voir, de voyager, d'apprendre est
remplacé par celui d'enseigner et de parler. C'est un bonheur pour le vieillard d'avoir conservé l'amour de l'étude,
ou de la musique, ou du théâtre et en général la faculté
d'être impressionné jusqu'à un certain degré par les choses

extérieures ; cela arrive pour quelques-uns jusque dans l'âge le plus avancé. Ce que l'homme *a par soi-moi* ne lui profite jamais mieux que dans la vieillesse. Mais il est vrai de dire que la plupart des individus, ayant été de tout temps obtus d'esprit, deviennent de plus en plus des automates à mesure qu'ils avancent dans la vie : ils pensent, ils disent, ils font toujours la même chose, et aucune impression extérieure ne peut changer le cours de leurs idées ou leur faire produire quelque chose de nouveau. Parler à de semblables vieillards, c'est écrire sur le sable : l'impression s'efface presque instantanément. Une vieillesse de cette nature n'est plus alors sans doute que le *caput mortuum* de la vie. La nature semble avoir voulu symboliser l'avènement de cette seconde enfance par une troisième dentition qui se déclare dans quelques rares cas chez des vieillards.

L'affaissement progressif de toutes les forces à mesure qu'on vieillit est certes une bien triste chose, mais nécessaire et même bienfaisante ; autrement, la mort, dont il est le prélude, deviendrait trop pénible. Aussi l'avantage principal que procure un âge très avancé est l'*euthanasie* [1], c'est-à-dire la mort éminemment facile, sans maladie qui la précède, sans convulsions qui l'accompagnent, une mort où l'on ne se sent pas mourir. J'en ai donné une description dans le deuxième volume de mon ouvrage, au cha-

---

1. La vie humaine, à proprement parler, ne peut être dite ni longue ni courte, car, au fond, elle est l'échelle avec laquelle nous mesurons toutes les autres longueurs de temps. — L'*Oupanischad du Véda* (vol. 2) donne 100 ans pour la *durée naturelle* de la vie, et avec raison, à mon avis ; car j'ai remarqué que ceux-là seulement qui dépassent 90 ans finis-

pitre 41. [*Car, quelque longtemps que l'on vive, l'on ne
possède rien au delà du présent indivisible; mais le
souvenir perd, chaque jour, par l'oubli plus qu'il ne
s'enrichit par l'accroissement*[1].]

La différence fondamentale entre la jeunesse et la vieillesse reste toujours celle-ci : que la première a la vie, la
seconde la mort en perspective; que, par conséquent,
l'une possède un passé court avec un long avenir, et l'autre
l'inverse. Sans doute, le vieillard n'a plus que la mort de-

sent par l'*euthanasie*, c'est-à-dire qu'ils meurent sans maladie, sans apo-
plexie, sans convulsion, sans râle, quelquefois même sans pâlir, le plus
souvent assis, principalement après leur repas : il serait plus exact de
dire qu'ils ne meurent pas, ils cessent de vivre seulement. A tout autre
âge antérieur à celui-là, on ne meurt que de maladie, donc prématuré-
ment. — Dans l'Ancien Testament (Ps. 90, 10), la durée de la vie humaine est évaluée à 70, au plus à 80 ans; et, chose plus importante,
Hérodote (I, 32, et III, 22) en dit autant. Mais c'est faux et ce n'est que
le résultat d'une manière grossière et superficielle d'interpréter l'expérience journalière. Car, si la durée naturelle de la vie était de 70-80 ans,
les hommes entre 70 et 80 ans devraient *mourir de vieillesse;* ce qui
n'est pas du tout : ils *meurent de maladies,* comme leurs cadets; or la
maladie, étant essentiellement une anomalie, n'est pas la fin naturelle.
Ce n'est qu'entre 90 et 100 ans qu'il devient normal de *mourir de
vieillesse,* sans maladie, sans lutte, sans râle, sans convulsions, parfois
sans pâlir, — en un mot d'*euthanasie.* — Sur ce point aussi, l'*Oupanischad* a donc raison en fixant à 100 ans la durée naturelle de la vie.
(*Note de Schopenhauer.*)

1. J'ai cru devoir mettre en italiques et entre crochets [ ] ces quelques lignes, parce qu'elles ne se rapportent en aucune façon à ce qui
précède immédiatement; le lecteur a pu remarquer que le même cas
s'est présenté plusieurs fois déjà dans le cours du volume, notamment
au chapitre 5. Cela s'explique très facilement si l'on admet que ce sont
là des intercalations plus ou moins heureusement pratiquées par
M. Frauenstaedt (éditeur des éditions postérieures à la 1re), à qui Schopenhauer a légué ses manuscrits et ses nombreuses notices. Je suis
d'autant plus porté à croire mon explication la vraie, que des personnes
autorisées, entre autres M. de Gr.....ch, m'ont affirmé que la 1re édition
ne contient aucune de ces incohérences ni de ces trop fréquentes re-
dites, dans des termes presque identiques, que l'on peut également
constater. Pour ma part, malheureusement, je n'ai eu sous les yeux,
comme texte pour la traduction, que les 2e et 3e éditions. (*Note du
traducteur.*)

vant soi ; mais le jeune a la vie ; et il s'agit maintenant de
savoir laquelle des deux perspectives offre le plus d'inconvénients, et si, à tout prendre, la vie n'est pas préférable
à avoir derrière que devant soi ; l'Ecclésiaste n'a-t-il pas
déjà dit : « *Le jour de la mort est meilleur que le jour de
la naissance* » (7, 2)? En tout cas, demander à vivre longtemps est un souhait téméraire. Car « *quien larga vida
vive mucho mal vide* » (qui vit longtemps voit beaucoup
de mal), dit un proverbe espagnol.

Ce n'est pas, comme le prétendait l'astrologie, les exis-
tences individuelles, mais bien la marche de la vie de
l'homme en général, qui se trouve inscrite dans les planètes ; en ce sens que, dans leur ordre, elles correspondent chacune à un âge, et que la vie est gouvernée à tour
de rôle par chacune d'entre elles. — MERCURE régit la
dixième année. Comme cette planète, l'homme se meut
avec rapidité et facilité dans une orbite très restreinte ; la
moindre vétille est pour lui une cause de perturbation ;
mais il apprend beaucoup et aisément, sous la direction
du dieu de la ruse et de l'éloquence. — Avec la vingtième
année commence le règne de VÉNUS : l'amour et les femmes
le possèdent entièrement. — Dans la trentième année,
c'est MARS qui domine : à cet âge, l'homme est violent,
fort, audacieux, belliqueux et fier. — A quarante ans, ce
sont les quatre petites planètes qui gouvernent : le champ
de sa vie augmente : il est *frugi*, c'est-à-dire qu'il se
consacre à l'utile, de par la vertu de CÉRÈS ; il a son foyer
domestique, de par VESTA ; il a appris ce qu'il a besoin de
savoir, par l'influence de PALLAS, et, pareille à JUNON,

l'épouse règne en maîtresse dans la maison [1]. — Dans la cinquantième année domine JUPITER : l'homme a déjà survécu à la plupart de ses contemporains, et il se sent supérieur à la génération actuelle. Tout en possédant la pleine jouissance de ses forces, il est riche d'expérience et de connaissances : il a (dans la mesure de son individualité et de sa position) de l'autorité sur tous ceux qui l'entourent. Il n'entend plus se laisser ordonner, il veut commander à son tour. C'est maintenant que, dans sa sphère, il est le plus apte à être guide et dominateur. Ainsi culmine Jupiter et, comme lui, l'homme de cinquante ans. — Mais ensuite, dans la soixantième année, arrive SATURNE et, avec lui, la lourdeur, la lenteur et la ténacité du PLOMB :

> But old folks, many feign as they were dead ;
> Unwieldy, slow, heavy and pale as lead.

(Mais beaucoup de vieillards ont l'air d'être déjà morts ; ils sont pâles, lents, lourds et inertes comme le plomb.) — (Shakespeare, *Roméo et Juliette*, acte 2, sc. 5.)]

— Enfin vient URANUS : c'est le moment d'aller au ciel, comme on dit. — Je ne puis tenir compte ici de NEPTUNE (ainsi l'a-t-on nommé par irréflexion), du moment que je ne puis pas l'appeler de son vrai nom, qui est EROS. Sans quoi j'aurais voulu montrer comment le commencement se relie à la fin, et de quelle manière nommément Eros est en connexion mystérieuse avec la Mort, connexion en vertu

---

1. Environ 62 planètes télescopiques ont encore été découvertes depuis ; mais c'est là une innovation dont je ne veux pas entendre parler. Aussi j'en use à leur égard comme les professeurs de philosophie en ont usé vis-à-vis de moi : je n'en veux rien savoir, car elles discréditent la marchandise que j'ai en boutique. (*Note de l'auteur.*)

de laquelle l'Orcus ou l'Amenthès des Egyptiens (d'après Plutarque, *de Iside et Osir.*, ch. 29) est le « λαμβανων γαι διδους », par conséquent non seulement « Celui qui prend », mais aussi « Celui qui donne ; » j'aurais montré comment la *Mort* est le grand *réservoir de la vie*. C'est bien de là, oui de là, c'est de l'*Orcus* que tout vient, et c'est là qu'a déjà été tout ce qui a vie en ce moment : si seulement nous étions capables de comprendre le tour de passe-passe par lequel cela se pratique ! alors tout serait clair.

FIN

TABLE DES MATIERES

Introduction.. v

CHAPITRE Iᵉʳ. — Division fondamentale........................ 1

CHAPITRE II. — De ce que l'on est............................ 15

        I. — La santé de l'esprit et du corps..... 15
        II. — La beauté............................. 24
        III. — La douleur et l'ennui. — L'intelligence. 25

CHAPITRE III. — De ce que l'on a............................ 51

CHAPITRE IV. — De ce que l'on représente.................... 63

        I. — De l'opinion d'autrui................ 63
        II. — Le rang.............................. 77
        III. — L'honneur 78
        IV. — La gloire 126

CHAPITRE V. — Parénèses et maximes 149

        I. — Maximes générales 150
        II. — Concernant notre conduite envers nous
           même.................................... 164
        III. — Concernant notre conduite envers les
           autres.................................. 215
        IV. — Concernant notre conduite en face de
           la marche du monde et en face du
           sort.................................... 251

CHAPITRE VI. — De la différence des ages de la vie........... 267

BIBLIOTHÈQUE DE PHILOSOPHIE CONTEMPORAINE

Volumes in-18 à 2 fr. 50. — Cartonnés, 3 fr.

H. Taine.

Le Positivisme anglais, 2e édition. 1 vol.
L'Idéalisme anglais. 1 vol.
Philosophie de l'art. 2e édition. 1 vol.
Philosophie de l'art en Italie. 2e éd. 1 vol.
De l'Idéal dans l'art. 2e édition. 1 vol.
Philosophie de l'art dans les Pays-Bas. 1 vol.
Philosophie de l'art en Grèce. 1 vol.

Paul Janet.

Le Matérialisme contemp. 2e éd. 1 vol.
La Crise philosophique. 1 vol.
Le Cerveau et la Pensée. 1 vol.
Philos. de la Révol. française. 2e éd. 1 vol.
St-Simon et le St-Simonisme. 1 vol.
Spinoza : Dieu, l'homme et le bonheur. 1 vol.

Odysse Barrot.

Philosophie de l'histoire. 1 vol.

Alaux.

Philosophie de M. Cousin. 1 vol.

Ad. Franck.

Philosophie du droit pénal. 1 vol.
Philosophie du droit ecclésiastique. 1 vol.
Philosophie mystique au XVIIIe siècle. 1 vol.

E. Saisset.

L'âme et la vie. 1 vol.
Critique et historie de la philosophie. 1 vol.

Charles Lévêque.

Le Spiritualisme dans l'art. 1 vol.
La Science de l'invisible. 1 vol.

Auguste Laugel.

Les Problèmes de la nature. 1 vol.
Les Problèmes de la vie. 1 vol.
Les Problèmes de l'âme. 1 vol.
La Voix, l'Oreille et la Musique. 1 vol.
L'Optique et les Arts. 1 vol.

Challemel-Lacour.

La philosophie individualiste. 1 vol.

Charles de Rémusat.

Philosophie religieuse. 1 vol.

Albert Lemoine.

Le Vitalisme et l'Animisme de Stahl. 1 vol.
De la Physionomie et de la Parole. 1 vol.
L'Habitude et l'Instinct. 1 vol.

Milsand.

L'Esthétique anglaise. John Ruskin. 1 vol.

A. Véra.

Essais de philosophie hégélienne. 1 vol.

Beaussire.

Antécédents de l'hégélianisme dans la philosophie française. 1 vol.

Bost.

Le Protestantisme libéral. 1 vol.

Francisque Bouillier.

De la Conscience. 1 vol.

Ed. Auber.

Philosophie de la Médecine. 1 vol.

Leblais.

Matérialisme et spiritualisme. 1 vol.

Ad. Garnier.

De la morale dans l'antiquité. 1 vol.

Schœbel.

Philosophie de la raison pure. 1 vol.

Tissandier.

Des sciences occultes. 1 vol.

J. Moleschott.

La circulation de la vie. 2 vol.

Büchner.

Science et nature. 2 vol.

Ath. Coquerel fils.

Transformations du christianisme. 1 vol.
La Conscience et la Foi. 1 vol.
Histoire du Credo. 1 vol

Jules Levallois.

Déisme et Christianisme. 1 vol.

Camille Selden.

La Musique en Allemagne. 1 vol.

Fontanès.

Le Christianisme moderne, Lessing. 1 vol.

Saigey.

La Physique moderne. 1 vol.

Mariano.

La Philosophie contemp. en Italie. 1 vol.

E. Faivre.

De la variabilité des espèces. 1 vol.

J. Stuart Mill.

Auguste Comte et le Positivisme. 1 vol.

Ernest Bersot.

Libre philosophie. 1 vol.

Albert Réville.

Le dogme de la divinité de J.-C. 2e éd. 1 vol.

W. de Fonvielle.

L'Astronomie moderne. 1 vol.

C. Coignet.

La morale indépendante. 1 vol.

E. Boutmy.

Philosophie de l'architecture en Grèce. 1 vol.

E. Vacherot.

La Science et la Conscience. 1 vol.

Em. de Laveleye.

Des Formes de gouvernement. 1 vol.

Herbert Spencer.

Classification des sciences. 1 vol.

Max Muller.

La science de la Religion. 1 vol

Ph. Gauckler.

Le Beau et son histoire. 1 vol.

L.-A. Dumont.

Hæckel et l'évolution. 1 vol.

Bertauld.

L'ordre social et l'ordre moral. 1 vol.
Philosophie sociale. 1 vol.

Th. Ribot.

La philosophie de Schopenhauer. 1 vol.

A. Herzen.

Physiologie de la volonté. 1 vol.

Bentham et Grote.

La religion naturelle. 1 vol.

Hartmann (E. de)

La Religion de l'Avenir. 2 édit. 1 vol.
Le Darwinisme. 2e édit. 1 vol.

Lotze (H.)

Psychologie physiologique. 1 vol.

Schopenhauer.

Essai sur le libre arbitre. 1 vol.
Le Fondement de la morale. 1 vol.
Pensées et fragments. 1 vol.

Liard.

Logiciens anglais contemporains. 1 vol.

Marion.

Locke, d'après des documents nouveaux. 1 vol.

O. Schmidt.

Les sciences naturelles et l'inconscient. 1 vol.

Hæckel.

Les preuves du transformisme. 1 vol.
La psychologie cellulaire. 1 vol.

Pi y Margall.

Les nationalités. 1 vol.

Barthélemy St-Hilaire.

De la métaphysique. 1 vol.

Espinas.

Philos. expérim. en Italie. 1 vol.

Siciliani.

Psychogénie moderne. 1 vol.

BIBLIOTHÈQUE DE PHILOSOPHIE CONTEMPORAINE

FORMAT IN-8

Volumes à 5 fr. 7 fr. 50 et 10 fr. Cart., 1 fr. en plus par vol.; reliure, 2 fr.

Jules Barni.

La morale dans la démocratie. 1 vol. in-8. 5 fr.

Agassiz.

De l'espèce et des classifications, traduit de l'anglais par M. Vogeli. 1 vol. in-8. 5 fr.

Stuart Mill.

La philosophie de Hamilton, traduit de l'anglais par M. Cazelles. 1 vol. in-8. 10 fr.

Mes mémoires. Histoire de ma vie et de mes idées, traduit de l'anglais par M. E. Cazelles. 1 vol. in-8. 5 fr.

Système de logique déductive et inductive. Exposé des principes de la preuve et des méthodes de recherche scient., trad. de l'anglais par M. L. Peisse. 2 vol. in-8. 20 fr.

Essais sur la religion, traduits de l'anglais par M. E. Cazelles. 1 vol. in 8. 5 fr.

De Quatrefages.

Ch. Darwin et ses précurseurs français. 1 vol. in-8. 5 fr.

Herbert Spencer.

Les premiers principes. 1 fort vol. in-8, traduit de l'anglais par M. Cazelles. 10 fr.

Principes de psychologie, traduit de l'anglais par MM. Ribot et Espinas. 2 vol. 20 fr.

Principes de biologie, traduit par M. Cazelles. 2 vol. in 8. 1878. 20 fr.

Principes de sociologie, traduit par MM. Cazelles et Gerschel. 2 vol. in-8. 17 fr. 50

Essais sur le progrès, traduit de l'anglais par M. Burdeau. 1 vol. in-8. 1877. 7 fr. 50

Essais de politique. 1 vol. in-8, traduit par M. Burdeau. 1878. 7 fr. 50

Essais scientifiques. 1 vol. in-8, traduit par M. Burdeau. 1879. 7 fr. 50

De l'éducation physique, intellectuelle et morale. 1 vol. in-8. 2e édition, 1879. 5 fr.

Introduction à la science sociale. 1 vol. in-8. 5e édition. 6 fr.

Classification des sciences. 1 vol. in-18. 2 fr. 50

Les bases de la morale évolutionniste. 1 vol. in-8. 6 fr.

Auguste Laugel.

Les problèmes (Problèmes de la nature, problèmes de la vie, problèmes de l'âme). 1 fort vol. in-8. 7 fr. 50

Émile Saigey.

Les sciences au XVIIIe siècle, la physique de Voltaire. 1 vol. 5 fr.

Paul Janet.

Histoire de la science politique dans ses rapports avec la morale. 2e éd. 2 vol. 20 fr.

Les causes finales. 1 vol. in-8. 1876. 10 fr.

Th. Ribot.

De l'hérédité. 10 fr.

La psychologie anglaise contemporaine (école expér.). 1 vol. in-8. 2e éd. 1875. 7 fr. 50

La psychologie allemande contemporaine (école expér.). 1 vol. in-8. 1879. 7 fr. 50

Henri Ritter.

Histoire de la philosophie moderne, traduction française, précédée d'une introduction par M. P. Challemel-Lacour. 3 vol. 20 fr.

Alf. Fouillée.

La liberté et le déterminisme. 1 vol. 7 fr. 50

De Laveleye.

De la propriété et de ses formes primitives. 1 vol. in-8. 2e édit. 1877. 7 fr. 50

Bain.

La logique inductive et déductive, traduit de l'anglais par M. Compayré. 2 vol. 20 fr.

Les sens et l'intelligence. 1 vol. in-8., traduit de l'anglais par M. Cazelles. 10 fr.

L'esprit et le corps. 1 vol. in-8. 3e édit. 6 fr.

La science de l'éducation. 1 vol. in-8. 2e éd. 6 fr.

Matthew Arnold.

La crise religieuse. 1 vol. in-8. 1876. 7 fr. 50

Bardoux.

Les légistes et leur influence sur la société française. 1 vol. in-8. 1877. 5 fr.

Hartmann (E. de).

La philosophie de l'inconscient, traduit de l'allemand par M. D. Nolen, avec une préface de l'auteur écrite pour l'édition française. 2 vol. in-8. 1877. 20 fr.

Espinas (Alf.).

Des sociétés animales. 1 vol. in-8. 2e éd., précédée d'une Introduction sur l'histoire de la sociologie. 1878. 7 fr. 50

Flint.

La philosophie de l'histoire en France, traduit de l'anglais par M. Ludovic Carrau. 1 vol. in-8. 1878. 7 fr. 50

La philosophie de l'histoire en Allemagne, traduit de l'anglais par M. Ludovic Carrau. 1 vol. in-8. 1878. 7 fr. 50

Liard.

La science positive et la métaphysique. 1 vol. in-8. 7 fr. 50

Guyau.

La morale anglaise contemporaine. 1 vol. in-8. 7 fr. 50

Huxley.

Hume, sa vie, sa philosophie, traduit de l'anglais avec préface par M G. Compayré. 1 vol. in-8. 5 fr.

E. Naville.

La logique de l'hypothèse. 1 vol. in-8. 1880. 5 fr.

E. Vacherot.

Essais de philosophie critique. 1 vol. in-8. 1864. 7 fr. 50

La religion. 1 vol. in-8. 1869. 7 fr. 50

H. Marion.

De la solidarité morale. 1 vol. in-8. 1880. 5 fr.

E Colsenet.

La vie inconsciente de l'esprit. 1 vol. in-8. 1880. 5 fr.

Schopenhauer.

Aphorismes sur la sagesse dans la vie. 1 vol. in-8. traduit par M. J. A. Cantacuzène. 5 fr.

Coulommiers — Typographie PAUL BRODARD.

CATALOGUE

DES

LIVRES DE FONDS

OUVRAGES HISTORIQUES

ET PHILOSOPHIQUES

TABLE DES MATIÈRES

	Pages.		Pages.
COLLECTION HISTORIQUE DES GRANDS PHILOSOPHES	2	BIBLIOTHÈQUE SCIENTIFIQUE INTERNATIONALE	12
Philosophie ancienne	2	OUVRAGES DIVERS NE SE TROUVANT PAS DANS LES BIBLIOTHÈQUES	14
Philosophie moderne	2	ENQUÊTE PARLEMENTAIRE SUR LES ACTES DU GOUVERNEMENT DE LA DÉFENSE NATIONALE	20
Philosophie écossaise	3		
Philosophie allemande	3		
Philosophie allemande contemporaine	4	ENQUÊTE PARLEMENTAIRE SUR L'INSURRECTION DU 18 MARS	21
Philosophie anglaise contemporaine	5	ŒUVRES D'EDGAR QUINET	22
		BIBLIOTHÈQUE UTILE	23
Philosophie italienne contemporaine	5	REVUE POLITIQUE ET LITTÉRAIRE	26
		REVUE SCIENTIFIQUE	27
BIBLIOTHÈQUE DE PHILOSOPHIE CONTEMPORAINE	6	REVUE PHILOSOPHIQUE	30
BIBLIOTHÈQUE D'HISTOIRE CONTEMPORAINE	10	REVUE HISTORIQUE	30
		TABLE ALPHABÉTIQUE DES AUTEURS	31

PARIS

LIBRAIRIE GERMER BAILLIÈRE ET Cie

108, BOULEVARD SAINT-GERMAIN, 108

Au coin de la rue Hautefeuille

JUIN 1880

COLLECTION HISTORIQUE DES GRANDS PHILOSOPHES

PHILOSOPHIE ANCIENNE

ARISTOTE (Œuvres d'), traduction de M. BARTHÉLEMY SAINT-HILAIRE.
— **Psychologie**(Opuscules), trad. en français et accompagnée de notes. 1 vol. in-8.............. 10 fr.
— **Rhétorique**, traduite en français et accompagnée de notes. 1870, 2 vol. in-8.. .... 16 fr.
— **Politique**, 1868, 1 v. in-8. 10 fr.
— **Traité du ciel**, 1866 ; traduit en français pour la première fois. 1 fort vol. grand in-8........... 10 fr.
— **Météorologie**, avec le petit traité apocryphe : *Du Monde*, 1863. 1 fort vol. grand in-8........... 10 fr.
— **La métaphysique d'Aristote**. 3 vol. in-8, 1879........ 30 fr.
— **Poétique**, 1858. 1 vol. in-8. 5 fr.
— **Traité de la production et de la destruction des choses**, trad. en français et accomp. de notes perpétuelles. 1866. 1 v. gr. in-8. 10 fr.
— **De la logique d'Aristote**, par M. BARTHÉLEMY SAINT-HILAIRE. 2 volumes in-8.............. 10 fr.
— **Psychologie**, Traité de l'âme, 1 vol. in-8........... (*Épuisé.*)
— **Physique**, ou leçons sur les principes généraux de la nature. 2 forts vol. in-8.............. (*Épuisé.*)
— **Morale**, 1856. 3 vol. grand in-8. (*Épuisé.*)
— **La logique**, 4 vol. in-8. (*Épuisé.*)

SOCRATE. **La philosophie de Socrate**, par M. Alf. FOUILLÉE. 2 vol. in-8........ .... 16 fr.
PLATON. **La philosophie de Platon**, par M. Alfred FOUILLÉE. 2 volumes in-8................... 16 fr.
— **Études sur la Dialectique dans Platon et dans Hegel**, par M. Paul JANET. 1 vol. in-8... 6 fr.
PLATON et ARISTOTE. **Essai sur le commencement de la science politique**, par VAN DER REST. 1 vol. in-8............. 10 fr.
ÉPICURE. **La Morale d'Épicure et ses rapports avec les doctrines contemporaines**, par M. GUYAU. 1 vol. in-8........... 6 fr. 50
ÉCOLE D'ALEXANDRIE. **Histoire critique de l'École d'Alexandrie**, par M. VACHEROT. 3 vol. in-8. 24 fr.
— **L'École d'Alexandrie**, par M. BARTHÉLEMY SAINT-HILAIRE. 1 v. in-8. 6 fr.
MARC-AURÈLE. **Pensées de Marc-Aurèle**, traduites et annotées par M. BARTHÉLEMY SAINT-HILAIRE. 1 vol. in-18................... 4 fr. 50
RITTER. **Histoire de la philosophie ancienne**, trad. par TISSOT. 4 vol. in-8................... 30 fr.
FABRE (Joseph). **Histoire de la philosophie, antiquité et moyen âge**. 1 vol. in-18........ 3 50

PHILOSOPHIE MODERNE

LEIBNIZ. **Œuvres philosophiques**, avec introduction et notes par M. Paul JANET. 2 vol. in-8. 16 fr.
— **La métaphysique de Leibniz et la critique de Kant**, par D. NOLEN. 1 vol. in-8..... 6 fr.
— **Leibniz et Pierre le Grand**, par FOUCHER DE CAREIL. In-8. 2 fr.
— **Lettres et opuscules de Leibniz**, par FOUCHER DE CAREIL. 1 vol. in-8................... 3 fr. 50
— **Leibniz, Descartes et Spinoza**, par FOUCHER DE CAREIL. 1 v. in-8. 4 fr.
— **Leibniz et les deux Sophie**, par FOUCHER DE CAREIL. 1 v. in-8. 2 fr.
DESCARTES. **Descartes, la princesse Élisabeth et la reine Christine**, par FOUCHER DE CAREIL. 1 vol. in-8.......... 3 fr. 50
SPINOZA. **Dieu, l'homme et la béatitude**, trad. et précédé d'une introduction par M. P. JANET. 1 vol. in-18................ 2 fr. 50
LOCKE. **Sa vie et ses œuvres**, par M. MARION. 1 vol. in-18. 2 fr. 50
MALEBRANCHE. **La philosophie de Malebranche**, par M. OLLÉ-LAPRUNE. 2 vol. in-8...... 16 fr.
VOLTAIRE. **La philosophie de Voltaire**, par M. Ern. BERSOT. 1 vol. in-18.................. 3 fr. 50
VOLTAIRE. **Les sciences au XVIIIᵉ siècle**. Voltaire physicien, par M. Em. SAIGEY. 1 vol. in-8.. 5 fr.
BOSSUET. **Essai sur la philosophie de Bossuet**, par Nourrisson, 1 vol. in-8............... 4 fr.
RITTER. **Histoire de la philosophie moderne**, traduite par P. Challemel-Lacour. 3 vol. in-8. 20 fr.

— 3 —

FRANCK (Ad.). **La philosophie mystique en France au XVIII⁰ siècle.** 1 vol. in-18.... 2 fr. 50
DAMIRON. **Mémoires pour servir à l'histoire de la philosophie au XVIII⁰ siècle.** 3 vol. in-8. 15 fr.

MAINE DE BIRAN. **Essai sur sa philosophie,** suivi de fragments inédits, par Jules Gérard. 1 fort vol. in-8. 1876.............. 10 fr.
BERKELEY. **Sa vie et ses œuvres,** par Penjon. 1 v. in-8 (1878). 7 fr. 50

PHILOSOPHIE ÉCOSSAISE

DUGALD STEWART. **Éléments de la philosophie de l'esprit humain,** traduits de l'anglais par L. Peisse. 3 vol. in-12............ 9 fr.

W. HAMILTON. **Fragments de philosophie,** traduits de l'anglais par L. Peisse. 1 vol. in-8.. 7 fr. 50
— **La philosophie de Hamilton,** par J. Stuart Mill. 1 v. in-8. 10 fr.

PHILOSOPHIE ALLEMANDE

KANT. **Critique de la raison pure,** trad. par M. Tissot. 2 v. in-8. 16 fr.
— Même ouvrage, traduction par M. Jules Barni. 2 vol. in-8, avec une introduction du traducteur, contenant l'analyse de cet ouvrage.... 16 fr.
— **Éclaircissements sur la critique de la raison pure,** trad. par J. Tissot. 1 volume in-8... 6 fr.
— **Examen de la critique de la raison pratique,** traduit par M. J. Barni. 1 vol. in-8.... . (Epuisé.)
— **Principes métaphysiques du droit,** suivis du *projet de paix perpétuelle,* traduction par M. Tissot. 1 vol. in-8.......... 8 fr.
— Même ouvrage, traduction par M. Jules Barni. 1 vol. in-8... 8 fr.
— **Principes métaphysiques de la morale,** augmentés des *fondements de la métaphysique des mœurs,* traduct. par M. Tissot. 1 v. in-8. 8 fr.
— Même ouvrage, traduction par M. Jules Barni avec une introduction analytique. 1 vol. in-8..... 8 fr.
— **La logique,** traduction par M. Tissot. 1 vol. in-8..... 4 fr.
— **Mélanges de logique,** traduction par M. Tissot. 1 vol. in-8.. 6 fr.
— **Prolégomènes à toute métaphysique future qui se présentera comme science,** traduction de M. Tissot. 1 vol. in-8... 6 fr.
— **Anthropologie,** suivie de divers fragments relatifs aux rapports du physique et du moral de l'homme, et du commerce des esprits d'un monde à l'autre, traduction par M. Tissot. 1 vol. in-8..... 6 fr.

KANT. **La critique de Kant et la métaphysique de Leibniz.** Histoire et théorie de leurs rapports, par D. Nolen. 1 vol. in-8. 1875. 6 fr.
FICHTE. **Méthode pour arriver à la vie bienheureuse,** traduit par Francisque Bouillier. 1 vol. in-8.................. 8 fr.
— **Destination du savant et de l'homme de lettres,** traduit par M. Nicolas. 1 vol. in-8.... 3 fr.
— **Doctrines de la science.** Principes fondamentaux de la science de la connaissance, traduit par Grimblot. 1 vol. in-8..... 9 fr.
SCHELLING. **Bruno** ou du principe divin, trad. par Cl. Husson. 1 vol. in-8................. 3 fr. 50
— **Écrits philosophiques et morceaux propres à donner une idée de son système,** trad. par Ch. Bénard. 1 vol. in-8.......... 9 fr.
HEGEL. **Logique,** traduction par A. Véra. 2⁰ édition. 2 volumes in-8.................. 14 fr.
HEGEL. **Philosophie de la nature,** traduction par A. Véra. 3 volumes in-8.................. 25 fr.
Prix du tome II..... 8 fr. 50
Prix du tome III..... 8 fr. 50
— **Philosophie de l'esprit,** traduction par A. Véra. 2 volumes in-8.................. 18 fr.
— **Philosophie de la religion,** traduction par A. Véra. 2 vol. 20 fr.
— **Introduction à la philosophie de Hegel,** par A. Véra. 1 volume in-8................. 6 fr. 50

HEGEL. **Essais de philosophie hege-lienne**, par A. VÉRA. 1 vol. 2 fr. 50
— **L'Hegelianisme et la philoso-phie**, par M. VÉRA. 1 volume in-18............... 3 fr. 50
— **Antécédents de l'Hegelia-nisme dans la philosophie française**, par BEAUSSIRE. 1 vol. in-18................ 2 fr. 50
— **La dialectique dans Hegel et dans Platon**, par Paul JANET. 1 vol. in-8............. 6 fr.
— **La Poétique**, traduction par Ch. BÉNARD, précédée d'une pré-face et suivie d'un examen critique. Extraits de Schiller, Gœthe, Jean Paul, etc., et sur divers sujets relatifs à la poésie. 2 vol. in-8... 12 fr.
— **Esthétique**. 2 vol. in-8, traduit par M. BÉNARD.......... 16 fr.

RICHTER (Jean-Paul). **Poétique** ou **Introduction à l'esthétique**, tra-duit de l'allemand par Alex. BUCHNER et Léon DUMONT. 2 vol. in-8. 15 fr.

HUMBOLDT (G. de). **Essai sur les limites de l'action de l'État**, traduit de l'allemand, et précédé d'une Étude sur la vie et les tra-vaux de l'auteur, par M. CHRÉTIEN. 1 vol. in-18.......... 3 fr. 50
— **La philosophie individualiste**, étude sur G. de HUMBOLDT, par CHALLEMEL-LACOUR. 1 vol. 2 fr. 50

STAHL. **Le Vitalisme et l'Ani-misme de Stahl**, par Albert LEMOINE. 1 vol. in-18.... 2 fr. 50

LESSING. **Le Christianisme mo-derne**. Étude sur Lessing, par FONTANÈS. 1 vol. in-18.. 2 fr. 50

PHILOSOPHIE ALLEMANDE CONTEMPORAINE

L. BUCHNER. **Science et nature**, traduction de l'allemand, par Aug. DELONDRE. 2 vol. in-18.... 5 fr.
— **Le Matérialisme contempo-rain**, par M. P. JANET. 3e édit. 1 vol. in-18........ 2 fr. 50

HARTMANN (E. de). **La Religion de l'avenir**. 1 vol. in-18.. 2 fr. 50
— **La philosophie de l'incon-scient**, traduit par M. D. NOLEN. 2 vol. in-8. 1876...... 20 fr.
— **Darwinisme**, ce qu'il y a de vrai et de faux dans cette doctrine, tra-duit par M. G. GUÉROULT. 1 vol. in-18, 2e édit.......... 2 fr. 50
— **La philosophie allemande du XIXe siècle dans ses repré-sentants principaux**, traduit par M. D. NOLEN. 1 v. in-8. (*Sous presse.*)
— **La philosophie de M. de Hart-mann**, par M. D. NOLEN. 1 vol. in-18.......... (*Sous presse.*)

HÆCKEL. **Hæckel et la théorie de l'évolution en Allemagne**, par Léon DUMONT. 1 vol. in-18. 2 fr. 50
— **Les preuves du transfor-misme**, trad. par M. SOURY. 1 vol. in-18................ 2 fr. 50
— **Essais de psychologie cellu-laire**, traduit par M. J. SOURY. 1 vol. in-12.......... 2 fr. 50

O. SCHMIDT. **Les sciences natu-relles et la philosophie de l'inconscient**. 1 v. in-18. 2 f. 50

LANGE. **La philosophie de Lange**, par M. D. NOLEN. 1 vol. in-18. (*Sous presse.*)

LOTZE (H.). **Principes généraux de psychologie physiologique**, trad. par M. PENJON. 1 vol. in-18. 2 fr. 50

STRAUSS. **L'ancienne et la nou-velle foi de Strauss**, étude cri-tique par VÉRA. 1 vol. in-8. 6 fr.

MOLESCHOTT. **La Circulation de la vie**, Lettres sur la physiologie, en réponse aux Lettres sur la chimie de Liebig, traduction de l'allemand par M. CAZELLES. 2 volumes in-18. Pap. vélin............ 10 fr.

SCHOPENHAUER. **Essai sur le libre arbitre**, traduit de l'allemand. 1 vol. in-18................. 2 fr. 50
— **Le fondement de la morale**, trad. de l'allemand par M. BURDEAU, 1 vol. in-18.......... 2 fr. 50
— **Essais et fragments**, traduit de l'allemand, et précédé d'une vie de Schopenhauer, par M. BOURDEAU. 1 vol. in-18.......... 2 fr. 50
— **Philosophie de Schopenhauer**, par Th. RIBOT. 1 vol. in-18. 2 fr. 50

RIBOT (Th.). **La psychologie alle-mande contemporaine** (HER-BART, BENEKE, LOTZE, FECHNER, WUNDT, etc.). 1 vol. in-8. 7 fr. 50

PHILOSOPHIE ANGLAISE CONTEMPORAINE

STUART MILL. **La philosophie de Hamilton.** 1 fort vol. in-8. 10 fr.
— **Mes Mémoires.** Histoire de ma vie et de mes idées. 1 v. in-8. 5 fr.
— **Système de logique** déductive et inductive. 2 v. in-8. 20 fr.
— **Essais sur la Religion.** 1 vol. in-8.................. 5 fr.
— **Le positivisme anglais,** étude sur Stuart Mill, par H. TAINE. 1 volume in-18............ 2 fr. 50

HERBERT SPENCER. **Les premiers Principes.** 1 fort vol. in-8. 10 fr.
— **Principes de psychologie.** 2 vol. in-8............. 20 fr.
— **Principes de biologie.** 2 forts volumes in-8........... 20 fr.
— **Introduction à la Science sociale.** 1 v. in-8 cart. 5ᵉ éd. 6 fr.
— **Principes de sociologie.** 2 vol. in-8.............. 17 fr. 50
— **Classification des Sciences.** 1 vol. in-18.......... 2 fr. 50
— **De l'éducation intellectuelle, morale et physique.** 1 vol. in-8 .... 5 fr.
— **Essais sur le progrès.** 1 vol. in-8.................. 7 fr. 50
— **Essais de politique.** 1 vol. 7 fr. 50
— **Essais scientifiques.** 1 vol. 7 fr. 50
— **Les bases de la morale.** In-8. 6 f.

BAIN. **Des Sens et de l'Intelligence.** 1 vol. in-8, traduit de l'anglais par M. CAZELLES. 10 fr.
— **La logique inductive et déductive,** traduite de l'anglais par M. COMPAYRÉ. 2 vol. in-8.. 20 fr.
— **L'esprit et le corps.** 1 vol. in-8, cartonné, 2ᵉ édition.. 6 fr.
— **La science de l'éducation.** In-8.................... 6 fr.

DARWIN. **Ch. Darwin et ses précurseurs français,** par M. de QUATREFAGES. 1 vol. in-8.. 5 fr.
— **Descendance et Darwinisme,** par Oscar SCHMIDT. 1 volume in-8, cart.................... 6 fr.

DARWIN. **Le Darwinisme,** ce qu'il y a de vrai et de faux dans cette doctrine, par E. DE HARTMANN, trad. par G. GUÉROULT, 1 vol. in-18. 2 fr. 50
— **Le Darwinisme,** par ÉM. FERRIÈRE. 1 vol. in-18..... 4 fr. 50
— **Les récifs de corail,** leur structure et leur distribution. 1 volume in-8. .... 8 fr.

CARLYLE. **L'idéalisme anglais,** étude sur Carlyle, par H. TAINE. 1 vol. in-18.......... 2 fr. 50

BAGEHOT. **Lois scientifiques du développement des nations dans leurs rapports avec les principes de la sélection naturelle et de l'hérédité.** 1 vol. in-8, 3ᵉ édit. 6 fr.

RUSKIN (JOHN). **L'esthétique anglaise,** étude sur J. Ruskin, par MILSAND. 1 vol. in-18 ... 2 fr. 50

MATTHEW ARNOLD. **La crise religieuse,** traduit de l'anglais. 1 vol. in-8. 1876.......... 7 fr. 50

FLINT. **La philosophie de l'histoire en France et en Allemagne,** traduit de l'anglais par M. L. CARRAU. 2 vol. in-8. 15 fr.

RIBOT (Th.). **La psychologie anglaise contemporaine** (James Mill, Stuart Mill, Herbert Spencer, A. Bain, G. Lewes, S. Bailey, J.-D. Morell, J. Murphy), 1875. 1 vol. in-8, 2ᵉ édition...... 7 fr. 50

LIARD. **Les logiciens anglais contemporains** (Herschell, Whewell, Stuart Mill, G. Bentham, Hamilton, de Morgan, Beele, Stanley Jevons). 1 vol. in-18.......... 2 fr. 50

GUYAU. **La morale anglaise contemporaine.** Morale de l'utilité et de l'évolution. 1 vol. in-8. 7 fr. 50

HUXLEY. **Hume, sa vie, sa philosophie,** trad. de l'anglais et précédé d'une préface par M. G. COMPAYRÉ. 1 vol. in-8.............. 5 fr.

PHILOSOPHIE ITALIENNE CONTEMPORAINE

SICILIANI. **Prolégomènes à la psychogénie moderne,** traduit de l'italien par M. A. HERZÉN. 1 vol. in-18........ 2 fr. 50

ESPINAS. **La philosophie expérimentale en Italie,** origines, état actuel. 1 vol. in-18. 2 fr. 50

MARIANO. **La philosophie contemporaine en Italie,** essais de philos. hegelienne. In-18. 2 fr. 50

TAINE. **La philosophie de l'art en Italie.** 1 vol. in-18. 2 fr. 50

BIBLIOTHÈQUE

DE

PHILOSOPHIE CONTEMPORAINE

Volumes in-18 à 2 fr. 50 c.

Cartonnés : 3 fr. ; reliés : 4 fr.

H. Taine.

LE POSITIVISME ANGLAIS, étude sur Stuart Mill. 2ᵉ édit.

L'IDÉALISME ANGLAIS, étude sur Carlyle.

PHILOSOPHIE DE L'ART. 3ᵉ édit.

PHILOSOPHIE DE L'ART EN ITALIE, 3ᵉ édition.

DE L'IDÉAL DANS L'ART. 2ᵉ édit.

PHILOSOPHIE DE L'ART DANS LES PAYS-BAS.

PHILOSOPHIE DE L'ART EN GRÈCE.

Paul Janet.

LE MATÉRIALISME CONTEMPORAIN, 2ᵉ édit.

LA CRISE PHILOSOPHIQUE. Taine, Renan, Vacherot, Littré.

LE CERVEAU ET LA PENSÉE.

PHILOSOPHIE DE LA RÉVOLUTION FRANÇAISE.

SAINT-SIMON ET LE SAINT-SIMONISME.

DIEU, L'HOMME ET LA BÉATITUDE (Œuvre inédite de Spinoza.)

Odysse Barot.

PHILOSOPHIE DE L'HISTOIRE.

Alaux.

PHILOSOPHIE DE M. COUSIN.

Ad. Franck.

PHILOSOPHIE DU DROIT PÉNAL. 2ᵉ édit.

PHILOS. DU DROIT ECCLÉSIASTIQUE.

LA PHILOSOPHIE MYSTIQUE EN FRANCE AU XVIIIᵉ SIÈCLE.

Charles de Rémusat.

PHILOSOPHIE RELIGIEUSE.

Charles Lévêque.

LE SPIRITUALISME DANS L'ART.

LA SCIENCE DE L'INVISIBLE.

Émile Saisset.

L'ÂME ET LA VIE, suivi d'une étude sur l'Esthétique française.

CRITIQUE ET HISTOIRE DE LA PHILOSOPHIE (frag. et disc.).

Auguste Laugel.

LES PROBLÈMES DE LA NATURE.

LES PROBLÈMES DE LA VIE.

LES PROBLÈMES DE L'AME.

LA VOIX, L'OREILLE ET LA MUSIQUE.

L'OPTIQUE ET LES ARTS.

Challemel-Lacour.

LA PHILOSOPHIE INDIVIDUALISTE.

L. Büchner.

SCIENCE ET NATURE. 2 vol.

Albert Lemoine.

LE VITALISME ET L'ANIMISME DE STAHL.

DE LA PHYSIONOMIE ET DE LA PAROLE.

L'HABITUDE ET L'INSTINCT.

Milsand.

L'ESTHÉTIQUE ANGLAISE, étude sur John Ruskin.

A. Véra.

ESSAIS DE PHILOSOPHIE HEGELIENNE.

Beaussire.

ANTÉCÉDENTS DE L'HEGÉLIANISME DANS LA PHILOS. FRANÇAISE.

Bost.

LE PROTESTANTISME LIBÉRAL.

Francisque Bouillier.

DE LA CONSCIENCE.

Ed. Auber.

PHILOSOPHIE DE LA MÉDECINE.

Leblais.

MATÉRIALISME ET SPIRITUALISME, avec Préface de M. E. Littré.

Ad. Garnier.

DE LA MORALE DANS L'ANTIQUITÉ, Préface de Prévost-Paradol.

Scherbel.
PHILOSOPHIE DE LA RAISON PURE.

Tissandier.
DES SCIENCES OCCULTES ET DU
SPIRITISME.

Ath. Coquerel fils.
ORIGINES ET TRANSFORMATIONS DU
CHRISTIANISME.
LA CONSCIENCE ET LA FOI.
HISTOIRE DU CREDO.

Jules Levallois.
DÉISME ET CHRISTIANISME.

Camille Selden.
LA MUSIQUE EN ALLEMAGNE. Étude
sur Mendelssohn.

Fontanès.
LE CHRISTIANISME MODERNE. Étude
sur Lessing.

Stuart Mill.
AUGUSTE COMTE ET LA PHILOSO-
PHIE POSITIVE. 2ᵉ édition.

Mariano.
LA PHILOSOPHIE CONTEMPORAINE
EN ITALIE.

Saigey.
LA PHYSIQUE MODERNE, 2ᵉ tirage.

E. Faivre.
DE LA VARIABILITÉ DES ESPÈCES.

Ernest Bersot.
LIBRE PHILOSOPHIE.

A. Réville.
HISTOIRE DU DOGME DE LA DIVINITÉ
DE JÉSUS-CHRIST. 2ᵉ édition.

W. de Fonvielle.
L'ASTRONOMIE MODERNE.

C. Coignet.
LA MORALE INDÉPENDANTE.

E. Beutmy.
PHILOSOPHIE DE L'ARCHITECTURE
EN GRÈCE.

Et. Vacherot.
LA SCIENCE ET LA CONSCIENCE.

Ém. de Laveleye.
DES FORMES DE GOUVERNEMENT.

Herbert Spencer.
CLASSIFICATION DES SCIENCES.

Gauckler.
LE BEAU ET SON HISTOIRE.

Max Müller.
LA SCIENCE DE LA RELIGION.

Léon Dumont.
HAECKEL ET LA THÉORIE DE L'É-
VOLUTION EN ALLEMAGNE.

Bertauld.
L'ORDRE SOCIAL ET L'ORDRE MO-
RAL.
DE LA PHILOSOPHIE SOCIALE.

Th. Ribot.
PHILOSOPHIE DE SCHOPENHAUER.

Al. Herzen.
PHYSIOLOGIE DE LA VOLONTÉ.

Bentham et Grote.
LA RELIGION NATURELLE.

Hartmann.
LA RELIGION DE L'AVENIR. 2ᵉ édit.
LE DARWINISME. 3ᵉ édition.

H. Lotze.
PSYCHOLOGIE PHYSIOLOGIQUE.

Schopenhauer.
LE LIBRE ARBITRE.
LE FONDEMENT DE LA MORALE.
PENSÉES ET FRAGMENTS.
LA SAGESSE DANS LA VIE.

Liard.
LES LOGICIENS ANGLAIS CONTEMP.

Marion.
J. LOCKE. Sa vie, son œuvre.

O. Schmidt.
LES SCIENCES NATURELLES ET LA
PHILOSOPHIE DE L'INCONSCIENT.

Haeckel.
LES PREUVES DU TRANSFORMISME.
ESSAIS DE PSYCHOLOGIE CELLU-
LAIRE.

Pi Y. Margall.
LES NATIONALITÉS.

Barthélemy Saint-Hilaire.
DE LA MÉTAPHYSIQUE.

A. Espinas.
LA PHILOSOPHIE EXPÉRIMENTALE
EN ITALIE.

P. Siciliani.
PSYCHOGÉNIE MODERNE.

D. Nolen.
LA PHILOSOPHIE DE LANGE.
(*Sous presse.*)

Les volumes suivants de la collection in-18 sont épuisés; il en
reste quelques exemplaires sur papier vélin, cartonnés, tranche
supérieure dorée:

LETOURNEAU. **Physiologie des passions.** 1 vol.   5 fr.
MOLESCHOTT. **La Circulation de la vie.** 2 vol.   10 fr.
BEAUQUIER. **Philosophie de la musique.** 1 vol.   5 fr.

BIBLIOTHÈQUE DE PHILOSOPHIE CONTEMPORAINE

FORMAT IN-8

Volumes à 5 fr., 7 fr. 50 et 10 fr. Cart., 1 fr. en plus par vol.; reliure, 2 fr.

JULES BARNI.

La morale dans la démocratie. 1 vol. 5 fr.

AGASSIZ.

De l'espèce et des classifications, traduit de l'anglais par M. Vogeli. 1 vol. 5 fr.

STUART MILL.

La philosophie de Hamilton, trad. par M. Cazelles. 1 fort vol. 10 fr.
Mes mémoires. Histoire de ma vie et de mes idées, traduit de l'anglais par M. E. Cazelles. 1 vol. 5 fr.
Système de logique déductive et inductive. Exposé des principes de la preuve et des méthodes de recherche scientifique, traduit de l'anglais par M. Louis Peisse. 2 vol. 20 fr.
Essais sur la Religion, traduits par M. E. Cazelles. 1 vol. 5 fr.

DE QUATREFAGES.

Ch. Darwin et ses précurseurs français. 1 vol. 5 fr.

HERBERT SPENCER.

Les premiers principes. 1 fort vol., traduit par M. Cazelles. 10 fr.
Principes de psychologie, traduit de l'anglais par MM. Th. Ribot et Espinas. 2 vol. 20 fr.
Principes de biologie, traduit par M. Cazelles. 2 vol. in-8. 1877-1878. 20 fr.
Principes de sociologie :
    Tome Ier, traduit par M. Cazelles. 1 vol. in-8, 1878. 10 fr.
    Tome II, traduit par MM. Cazelles et Gerschel. 1 vol. in-8, 1879. 7 fr. 50
Essais sur le progrès, traduit de l'anglais par M. Burdeau. 1 vol. in-8. 1877. 7 fr. 50
Essais de politique. 1 vol. in-8, traduit par M. Burdeau. 1878. 7 fr. 50
Essais scientifiques. 1 vol. in-8, traduit par M. Burdeau. 1879. 7 fr. 50
De l'éducation physique, intellectuelle et morale. 1 volume in-8, 2e édition. 1879. 5 fr.
Introduction à la science sociale. 1 vol. in-8, 5e édit. 6 fr.
Les données de la morale dans la théorie de l'évolution. 1 vol. in-8. 6 fr.
Classification des sciences. 1 vol. in-18. 2 fr. 50

AUGUSTE LAUGEL.

Les problèmes (Problèmes de la nature, problèmes de la vie, problèmes de l'âme). 1 fort vol. 7 fr. 50

ÉMILE SAIGEY.

Les sciences au XVIIIe siècle, la physique de Voltaire. 1 vol. 5 fr.

PAUL JANET.

Histoire de la science politique dans ses rapports avec la morale. 2e édition, 2 vol. 20 fr.
Les causes finales. 1 vol. in-8. 1876. 10 fr.
De l'hérédité. 1 vol. in-8. 10 fr.

TH. RIBOT.

La psychologie anglaise contemporaine (école expérimentale). 1 vol. in-8, 2e édition. 1875. 7 fr. 50

La psychologie allemande contemporaine (école expérimentale).
1 vol. in-8. 1879. 7 fr. 50

HENRI RITTER.

Histoire de la philosophie moderne, traduction française, précédée
d'une introduction par M. P. Challemel-Lacour. 3 vol. in-8. 20 fr.

ALF. FOUILLÉE.

La liberté et le déterminisme. 1 vol. in-8. 7 fr. 50

DE LAVELEYE

De la propriété et de ses formes primitives. 1 vol. in-8.
2ᵉ édit. 1877. 7 fr. 50

BAIN (ALEX.).

La logique inductive et déductive, traduit de l'anglais par
M. Compayré. 2 vol. 20 fr.
Les sens et l'intelligence. 1 vol., traduit par M. Cazelles. 10 fr.
Les émotions et la volonté. 1 fort vol. (*Sous presse.*)
L'esprit et le corps. 1 vol. in-8, 4° édit. 6 fr.
La science de l'éducation. 1 vol. in-8, 2ᵉ édit. 6 fr.

MATTHEW ARNOLD.

La crise religieuse. 1 vol. in-8. 1876. 7 fr. 50

BARDOUX.

Les légistes et leur influence sur la société française. 1 vol
in-8. 1877. 5 fr.

HARTMANN (E. DE).

La philosophie de l'inconscient, traduit de l'allemand par M. D.
Nolen, avec une préface de l'auteur écrite pour l'édition française.
2 vol. in-8. 1877. 20 fr.
**La philosophie allemande du XIXᵉ siècle, dans ses principaux
représentants**, traduit par M. D. Nolen. 1 vol. in-8. (*Sous presse.*)

ESPINAS (ALF.).

Des sociétés animales. 1 vol. in-8, 2ᵉ éd., précédée d'une Introduction sur l'*Histoire de la sociologie.* 1878. 7 fr. 50

FLINT.

La philosophie de l'histoire en France, traduit de l'anglais par
M. Ludovic Carrau. 1 vol. in-8. 1878. 7 fr. 50
La philosophie de l'histoire en Allemagne, traduit de l'anglais
par M. Ludovic Carrau. 1 vol. in-8. 1878. 7 fr. 50

LIARD.

La science positive et la métaphysique. 1 v. in-8. 1879. 7 fr. 50

GUYAU.

La morale anglaise contemporaine. 1 vol. in-8. 1879. 7 fr. 50

HUXLEY

Hume, sa vie et ses travaux, traduit de l'anglais et précédé d'une
introduction par M. G. Compayré. 1 vol. in-8. 5 fr.

E. NAVILLE.

La logique de l'hypothèse. 1 vol. in-8. 5 fr.

VACHEROT (ET.).

Essais de philosophie critique. 1 vol. in-8. 7 fr. 50
La religion. 1 vol. in-8. 7 fr. 50

MARION (H.).

De la solidarité morale, essai de psychologie appliquée. 1 vol.
in-8. 5 fr.

COLSENET (ED.).

La vie inconsciente de l'esprit. 1 vol. in-8. 5 fr.

MAUDSLEY.

La pathologie de l'esprit, traduit de l'anglais par M. GERMOND.
1 vol. in-8. (*Sous presse.*)

BIBLIOTHÈQUE

D'HISTOIRE CONTEMPORAINE

Vol. in-18 à 3 fr. 50.

Vol. in-8 à 5 et 7 fr. Cart. 1 fr. en plus par vol.; reliure 2 fr.

EUROPE

HISTOIRE DE L'EUROPE PENDANT LA RÉVOLUTION FRANÇAISE, par *H. de Sybel*. Traduit de l'allemand par Mlle Dosquet. 3 vol. in-8. . . 21 »
   Chaque volume séparément . . . . 7 »

FRANCE

HISTOIRE DE LA RÉVOLUTION FRANÇAISE, par *Carlyle*. Traduit de l'anglais. 3 vol. in-18; chaque volume. 3 50
NAPOLÉON Ier ET SON HISTORIEN M. THIERS, par *Barni*. 1 vol. in-18. 3 50
HISTOIRE DE LA RESTAURATION, par *de Rochau*. 1 vol. in-18, traduit de l'allemand. 3 50
HISTOIRE DE DIX ANS, par *Louis Blanc*. 5 vol. in-8. . . . . 25 »
   Chaque volume séparément . . . . 5 »
— 25 planches en taille-douce. Illustrations pour l'*Histoire de dix ans*. 6 »
HISTOIRE DE HUIT ANS (1840-1848), par *Elias Regnault*. 3 vol. in-8. . 15 »
   Chaque volume séparément . . . . 5 »
— 14 planches en taille-douce. Illustrations pour l'*Histoire de huit ans*. 4 fr.
HISTOIRE DU SECOND EMPIRE (1848-1870), par *Taxile Delord*. 6 volumes in-8. . . . . 42 »
   Chaque volume séparément . . . . 7 »
LA GUERRE DE 1870-1871, par *Boert*, d'après le colonel fédéral suisse Rustow. 1 vol. in-18. 3 50
LA FRANCE POLITIQUE ET SOCIALE, par *Aug. Laugel*. 1 volume in-8. 5 »
HISTOIRE DES COLONIES FRANÇAISES, par *P. Gaffarel*. 1 vol. in-8. . . 5 fr.

ANGLETERRE

HISTOIRE GOUVERNEMENTALE DE L'ANGLETERRE, DEPUIS 1770 JUSQU'A 1830, par sir *G. Cornewal Lewis*. 1 vol. in-8, traduit de l'anglais . . . . . 7 fr.
HISTOIRE DE L'ANGLETERRE, depuis la reine Anne jusqu'à nos jours, par *H. Reynald*. 1 vol. in-18. . . . . 3 50
LES QUATRE GEORGES, par *Thackeray*, trad. de l'anglais par Lefoyer. 1 vol. in-18. . . . . 3 50
LA CONSTITUTION ANGLAISE, par *W. Bagehot*, traduit de l'anglais. 1 vol. in-18. . . . . 3 50
LOMBART-STREET, le marché financier en Angleterre, par *W. Bagehot*. 1 vol. in-18. . . . . 3 50
LORD PALMERSTON ET LORD RUSSEL, par *Aug. Laugel*. 1 volume in-18 (1878) 3 50
QUESTIONS CONSTITUTIONNELLES (1873-1878). — Le Prince-Époux. — Le Droit électoral, par *E. W. Gladstone*. Traduit de l'anglais, et précédé d'une introduction, par *Albert Gigot*. 1 vol. in-8 . . . . 5 fr.

ALLEMAGNE

LA PRUSSE CONTEMPORAINE ET SES INSTITUTIONS, par *K. Hillebrand*. 1 vol. in-18. . . . . 3 50
HISTOIRE DE LA PRUSSE, depuis la mort de Frédéric II jusqu'à la bataille de Sadowa, par *Eug. Véron*. 1 vol. in-18 . . . . 3 50
HISTOIRE DE L'ALLEMAGNE, depuis la bataille de Sadowa jusqu'à nos jours, par *Eug. Véron*. 1 vol. in-18. . . . . 3 50
L'ALLEMAGNE CONTEMPORAINE, par *Ed. Bourleton*. 1 vol. in-18. . . . 3 50

AUTRICHE-HONGRIE

Histoire de l'Autriche, depuis la mort de Marie-Thérèse jusqu'à nos jours, par *L. Asseline.* 1 volume in-18. . . . . 3 50
Histoire des Hongrois et de leur littérature politique de 1790 à 1815, par *Ed. Sayous.* 1 vol. in-18. . . . . 3 50

ESPAGNE

L'Espagne contemporaine, journal d'un voyageur, par *Louis Teste.* 1 vol. in-18. . . . . 3 50
Histoire de l'Espagne, depuis la mort de Charles III jusqu'à nos jours, par *H. Reynald.* 1 vol. in-18. . . . . 3 50

RUSSIE

La Russie contemporaine, par *Herbert Barry*, traduit de l'anglais. 1 vol. in-18. . . . . 3 50
Histoire contemporaine de la Russie, par *M. F. Brunetière.* 1 volume in-18 . . . . *(Sous presse.)* 3 50

SUISSE

La Suisse contemporaine, par *H. Dixon.* 1 vol. in-18, traduit de l'anglais. 3 50
Histoire du peuple suisse, par *Daendliker*, traduit de l'allemand par madame *Jules Favre*, et précédé d'une Introduction de M. *Jules Favre.* 1 vol. in-8 . . . . 5 fr.

ITALIE

Histoire de l'Italie, depuis 1815 jusqu'à nos jours, par *Elie Sorin.* 1 vol. in-8 . . . . *(Sous presse.)* 3 50

AMÉRIQUE

Histoire de l'Amérique du Sud, depuis sa conquête jusqu'à nos jours, par *Alf. Deberle.* 1 vol. in-18. . . . . 3 50
Histoire de l'Amérique du Nord (États-Unis, Canada, Mexique), par *Ad. Cohn.* 1 vol. in-18. . . . . *(Sous presse.)*
Les États-Unis pendant la guerre, 1861-1864. Souvenirs personnels, par *Aug. Laugel.* 1 vol. in-18. . . . . 3 50

Eug. Despois. Le Vandalisme révolutionnaire. Fondations littéraires, scientifiques et artistiques de la Convention. 1 vol. in-18. . . . . 3 50
Victor Meunier. Science et Démocratie. 2 vol. in-18, chacun séparément 3 50
Jules Barni. Histoire des idées morales et politiques en France au XVIIIe siècle. 2 vol. in-18, chaque volume. 3 50
— Napoléon Ier et son historien M. Thiers. 1 vol. in-18. . . . 3 50
— Les Moralistes français au XVIIIe siècle. 1 vol. in 18. . . . 3 50
Émile Montégut. Les Pays-Bas. Impressions de voyage et d'art. 1 vol. in-18. . . . . 3 50
Émile Beaussire. La guerre étrangère et la guerre civile. 1 vol. in-18. . . . . 3 50
J. Clamageran. La France républicaine. 1 volume in-18. . .'. 3 50
E. Duvergier de Hauranne. La République conservatrice. 1 vol. in-18. . . . . 3 50

ÉDITIONS ÉTRANGÈRES

Éditions anglaises.	*Éditions allemandes.*
Auguste Laugel. The United States during the war. In-8. 7 shill. 6 p.	Paul Janet. The Materialism of present day. 1 vol. in-18, rel. 3 shill.
Albert Réville. History of the doctrine of the deity of Jesus-Christ. 3 sh. 6 p.	*Éditions allemandes.*
B. Taine. Italy (Naples et Rome). 7 sh. 6 p.	Jules Barni. Napoléon I. In-18. 3 m.
H. Taine. byThe Philosop of art. 3 sh.	Paul Janet. Der Materialismus unsere. Zeit. 1 vol. in-18. 3 m.
	H. Taine. Philosophie der Kunst. 1 vol. in-18. 3 m.

PUBLICATIONS HISTORIQUES PAR LIVRAISONS

HISTOIRE ILLUSTRÉE du **SECOND EMPIRE** PAR TAXILE DELORD Paraissant par livraisons à 10 cent. deux fois par semaine, depuis le 10 janvier 1880.	HISTOIRE POPULAIRE de **LA FRANCE** *Nouvelle édition* Paraissant par livraisons à 10 cent. deux fois par semaine, depuis le 16 février 1880.

CONDITIONS DE SOUSCRIPTION.

L'*Histoire du second empire* et l'*Histoire de France* paraissent deux fois par semaine par livraisons de **8** pages, imprimées sur beau papier et avec de nombreuses gravures sur bois.

Prix de la livraison......................... 10 c.
Prix de la série de 5 livraisons, paraissant tous
les 20 jours, avec couverture............. 50 c.

ABONNEMENTS :

Pour recevoir *franco*, par la poste, l'*Histoire du second empire* ou l'*Histoire de France* par livraisons, deux fois par semaine, ou par séries tous les 20 jours :

Un an..... **16** francs. | Six mois... **8** francs.

BIBLIOTHÈQUE SCIENTIFIQUE

INTERNATIONALE

EN VENTE :

VOLUMES IN-8, CARTONNÉS A L'ANGLAISE, A 6 FRANCS

Les mêmes, en demi-reliure, veau. — 10 francs.

1. J. TYNDALL. **Les glaciers et les transformations de l'eau,** avec figures. 1 vol. in-8. 3ᵉ édition.   6 fr.
2. MAREY. **La machine animale,** locomotion terrestre et aérienne, avec de nombreuses fig. 1 vol. in-8. 2ᵉ édition. 6 fr.
3. BAGEHOT. **Lois scientifiques du développement des nations** dans leurs rapports avec les principes de la sélection naturelle et de l'hérédité. 1 vol. in-8. 3ᵉ édition.   6 fr.
4. BAIN. **L'esprit et le corps.** 1 vol. in-8. 4ᵉ édition.   6 fr.
5. PETTIGREW. **La locomotion chez les animaux,** marche, natation. 1 vol. in-8, avec figures.   6 fr.
6. HERBERT SPENCER. **La science sociale.** 1 v. in-8. 5ᵉ éd. 6 fr.
7. SCHMIDT (O.). **La descendance de l'homme et le darwinisme.** 1 vol. in-8, avec fig. 3ᵉ édition, 1878.   6 fr.
8. MAUDSLEY. **Le crime et la folie.** 1 vol. in-8. 4ᵉ édit.   6 fr.
9. VAN BENEDEN. **Les commensaux et les parasites dans** le règne animal. 1 vol. in-8, avec figures. 2ᵉ édit.   6 fr.
10. BALFOUR STEWART. **La conservation de l'énergie,** suivie d'une étude sur la nature de la force, par *M. P. de Saint-Robert*, avec figures. 1 vol. in-8. 3ᵉ édition.   6 fr.

11. DRAPER. **Les conflits de la science et de la religion.** 1 vol. in-8. 6ᵉ édition. 6 fr.

12. SCHUTZENBERGER. **Les fermentations.** 1 vol. in-8, avec fig, 3ᵉ édition. 6 fr.

13. L. DUMONT. **Théorie scientifique de la sensibilité.** 1 vol. in-8. 2ᵉ édition. 6 fr.

14. WHITNEY. **La vie du langage.** 1 vol. in-8. 3ᵉ édit. 6 fr.

15. COOKE ET BERKELEY. **Les champignons.** 1 vol. in-8, avec figures. 3ᵉ édition. 6 fr.

16. BERNSTEIN. **Les sens.** 1 vol. in-8, avec 91 fig. 2ᵉ édit. 6 fr.

17. BERTHELOT. **La synthèse chimique.** 1 vol. in-8. 4ᵉ éd. 6 fr.

18. VOGEL. **La photographie et la chimie de la lumière,** avec 95 figures. 1 vol. in-8. 2ᵉ édition. 6 fr.

19. LUYS. **Le cerveau et ses fonctions,** avec figures. 1 vol. in-8. 4ᵉ édition. 6 fr.

20. STANLEY JEVONS. **La monnaie et le mécanisme de l'échange.** 1 vol. in-8. 2ᵉ édition. 6 fr.

21. FUCHS. **Les volcans.** 1 vol. in-8, avec figures dans le texte et une carte en couleur. 2ᵉ édition. 6 fr.

22. GÉNÉRAL BRIALMONT. **Les camps retranchés et leur rôle dans la défense des États,** avec fig. dans le texte et 2 planches hors texte. 2ᵉ édit. 6 fr.

23. DE QUATREFAGES. **L'espèce humaine.** 1 vol. in-8. 5ᵉ édition, 1879. 6 fr.

24. BLASERNA ET HELMOLTZ. **Le son et la musique,** et *les Causes physiologiques de l'harmonie musicale.* 1 vol. in-8, avec figures, 3ᵉ édit. 6 fr.

25. ROSENTHÀL. **Les nerfs et les muscles.** 1 vol. in-8, avec 75 figures. 2ᵉ édition. 6 fr.

26. BRUCKE ET HELMHOLTZ. **Principes scientifiques des beaux-arts,** suivis de l'**Optique et la peinture,** avec 39 figures dans le texte. 6 fr.

27. WURTZ. **La théorie atomique.** 1 vol. in-8. 3ᵉ édition. 6 fr.

28-29. SECCHI (le Père). **Les étoiles.** 2 vol. in-8, avec 63 figures dans le texte et 17 pl. en noir et en couleur tirées hors texte. 1879. 12 fr.

30. JOLY. **L'homme avant les métaux.** 1 vol. in-8, avec fig. 2ᵉ édit. 1879. 6 fr.

31. A. BAIN. **La science de l'éducation.** 1 vol. in-8. 2ᵉ édit. 6 fr.

32-33. THURSTON (R.). **Histoire des machines à vapeur,** précédée d'une introduction par M. Hirsch. 2 vol. in-8, avec 140 fig. dans le texte et 16 pl. hors texte. 12 fr.

34. HARTMANN (R.). **Les peuples de l'Afrique** (avec figures). 1 vol. in-8. 6 fr.

35. HERBERT SPENCER. **Les bases de la morale évolutionniste.** 1 vol. in-8. 6 fr.

36. HUXLEY. **L'écrevisse,** introduction à l'étude de la zoologie. 1 vol. in-8 (avec figures).

OUVRAGES SUR LE POINT DE PARAITRE :

DE SAPORTA et MARION. **L'évolution dans le règne végétal.**

E. CARTAILHAC. **La France préhistorique d'après les sépultures.**

RÉCENTES PUBLICATIONS

HISTORIQUES ET PHILOSOPHIQUES

Qui ne se trouvent pas dans les Bibliothèques.

ALAUX. **La religion progressive.** 1869. 1 vol. in-18. 3 fr. 50

ARRÉAT. **Une éducation intellectuelle.** 1 vol. in-18. 2 fr. 50

AUDIFFRET-PASQUIER. **Discours devant les commissions de réorganisation de l'armée et des marchés.** 2 fr. 50

BARNI. Voy. KANT, pages 3, 10, 11 et 25.

BARTHÉLEMY SAINT-HILAIRE. Voyez ARISTOTE, pages 2 et 7.

BAUTAIN. **La philosophie morale.** 2 vol. in-8. 12 fr.

BÉNARD (Ch.). **De la Philosophie dans l'éducation classique,** 1862. 1 fort vol. in-8. 6 fr.

BERTAULD (P.-A.). **Introduction à la recherche des causes premières. — De la méthode.** Tome Ier. 1 vol. in-18. 3 fr. 50

BLANCHARD. **Les métamorphoses, les mœurs et les instincts des insectes,** par M. Émile BLANCHARD, de l'Institut, professeur au Muséum d'histoire naturelle. 1 magnifique volume in-8 jésus, avec 160 figures intercalées dans le texte et 40 grandes planches hors texte. 2ᵉ édition, 1877. Prix, broché. 25 fr. Relié en demi-maroquin. 30 fr.

BLANQUI. **L'éternité par les astres.** 1872, in-8. 2 fr.

BORÉLY (J.). **Nouveau système électoral, représentation proportionnelle de la majorité et des minorités.** 1870, 1 vol. in-18 de XVIII-194 pages. 2 fr. 50

BOUCHARDAT. **Le travail,** son influence sur la santé (conférences faites aux ouvriers). 1863. 1 vol. in-18. 2 fr. 50

BOURBON DEL MONTE (François). **L'homme et les animaux,** essai de psychologie positive. 1 vol. in-8, avec 3 pl. hors texte. 5 fr.

BOURDET (Eug.). **Principe d'éducation positive,** précédé d'une préface de M. CH. ROBIN. 1 vol. in-18. 3 fr. 50

BOURDET (Eug.). **Vocabulaire des principaux termes de la philosophie positive.** 1 vol. in-18 (1875). 3 fr. 50

BOUTROUX. **De la contingence des lois de la nature.** In-8, 1874. 4 fr.

BROCHARD (V.). **De l'Erreur.** 1 vol. in-8, 1879. 3 fr. 50

CADET. **Hygiène, inhumation, crémation** ou incinération des corps. 1 vol. in-18, avec figures dans le texte. 2 fr.

CARETTE (le colonel). **Études sur les temps antéhistoriques.** Première étude : Le Langage. 1 vol. in-8, 1878. 8 fr.

CHASLES (PHILARÈTE). **Questions du temps et problèmes d'autrefois.** Pensées sur l'histoire, la vie sociale, la littérature. 1 vol. in-18, édition de luxe. 3 fr.

CLAVEL. **La morale positive.** 1873, 1 vol. in-18. 3 fr.

CLAVEL. **Les principes au XIXᵉ siècle.** 1 v. in-18, 1877. 1 fr.

GONTA. **Théorie du fatalisme.** 1 vol. in-18, 1877. 4 fr.

COQUEREL (Charles). **Lettres d'un marin à sa famille.** 1870, 1 vol. in-18. 3 fr. 50

COQUEREL fils (Athanase). **Libres études** (religion, critique, histoire, beaux-arts). 1867, 1 vol. in-8. 5 fr.

COQUEREL fils (Athanase). **Pourquoi la France n'est-elle pas protestante ?** 2ᵉ édition, in-8. 1 fr.

COQUEREL fils (Athanase). **La charité sans peur**. In-8. 75 c.

COQUEREL fils (Athanase). **Évangile et liberté**. In-8. 50 c.

COQUEREL fils (Athanase). **De l'éducation des filles**, réponse à Mgr l'évêque d'Orléans. In-8. 1 fr.

CORBON. **Le secret du peuple de Paris**. 1 vol. in-8. 5 fr.

CORMENIN (DE)- TIMON. **Pamphlets anciens et nouveaux**. Gouvernement de Louis-Philippe, République, Second Empire. 1 beau vol. in-8 cavalier. 7 fr. 50

Conférences de la Porte-Saint-Martin pendant le siège de Paris. Discours de MM. *Desmarets* et *de Pressensé*. — Discours de M. *Coquerel*, sur les moyens de faire durer la République. — Discours de M. *Le Berquier*, sur la Commune. — Discours de M. *E. Bersier*, sur la Commune. — Discours de M. *H. Cernuschi*, sur la Légion d'honneur. In-8. 1 fr. 25

Sir G. CORNEWALL LEWIS. **Quelle est la meilleure forme de gouvernement?** traduit de l'anglais, précédé d'une Étude sur la vie et les travaux de l'auteur, par M. MERVOYER, 1 vol. in-8. 3 fr. 50

CORTAMBERT (Louis). **La religion du progrès**. In-18. 3 fr. 50

DAURIAC (Lionel). **Des notions de force et de matière dans les sciences de la nature**. 1 vol. in-8, 1878. 5 fr.

DAVY. **Les conventionnels de l'Eure** : Buzot, Duroy, Lindet, à travers l'histoire. 2 forts vol. in-8 (1876). 18 fr.

DELBŒUF. **La psychologie comme science naturelle**. 1 vol. in-8, 1876. 2 fr. 50

DELEUZE. **Instruction pratique sur le magnétisme animal**. 1853. 1 vol. in-12. 3 fr. 50

DESTREM (J.). **Les déportations du Consulat**. 1 br. in-8. 1 fr. 50

DOLLFUS (Ch.). **De la nature humaine**. 1868, 1 v. in-8. 5 fr.

DOLLFUS (Ch.). **Lettres philosophiques**. 3ᵉ édition. 1869, 1 vol. in-18. 3 fr. 50

DOLLFUS (Ch.). **Considérations sur l'histoire**. Le monde antique. 1872, 1 vol. in-8. 7 fr. 50

DOLLFUS (Ch.). **L'Âme dans les phénomènes de conscience**. 1 vol. in-18 (1876). 3 fr.

DUBOST (Antonin). **Des conditions de gouvernement en France**. 1 vol. in-8 (1875). 7 fr. 50

DUFAY. **Études sur la Destinée**. 1 vol. in-18, 1876. 3 fr.

DUMONT (Léon). **Le sentiment du gracieux**. 1 vol. in-8. 3 fr.

DUMONT (Léon). **Des causes du rire**. 1 vol. in-8. 2 fr.

DU POTET. **Manuel de l'étudiant magnétiseur**. Nouvelle édition. 1868, 1 vol. in-18. 3 fr. 50

DU POTET. **Traité complet de magnétisme**, cours en douze leçons. 1879, 4ᵉ édition, 1 vol. in-8 de 634 pages. 8 fr.

DUPUY (Paul). **Études politiques**, 1874. 1 v. in-8. 3 fr. 50

DUVAL-JOUVE. **Traité de Logique**, 1855. 1 vol. in-8. 6 fr.

Éléments de science sociale. Religion physique, sexuelle et naturelle. 1 vol. in-18. 3ᵉ édit., 1877. 3 fr. 50

ÉLIPHAS LÉVI. **Dogme et rituel de la haute magie**. 1861, 2ᵉ édit., 2 vol. in-8, avec 24 fig. 18 fr.

ÉLIPHAS LÉVI. **Histoire de la magie.** In-8, avec fig. 12 fr

ÉLIPHAS LÉVI. **La science des esprits,** révélation du dogme secret des Kabbalistes, esprit occulte de l'Évangile, appréciation des doctrines et des phénomènes spirites. 1865, 1 v. in-8. 7 fr.

ÉLIPHAS LÉVI. **Clef des grands mystères,** suivant Hénoch, Abraham, Hermès Trismégiste et Salomon. 1861, 1 vol. in-8, avec 20 planches. 12 fr.

EVANS (John). **Les âges de la pierre,** 1 beau volume grand in-8, avec 467 fig. dans le texte, trad. par M. Ed. BARBIER. 1878. 15 fr. — En demi-reliure. 18 fr.

FABRE (Joseph). **Histoire de la philosophie.** Première partie : Antiquité et moyen âge. 1 v. in-12, 1877. 3 fr. 50
Deuxième partie : Renaissance et temps modernes. (*Sous presse.*)

FAU. **Anatomie des formes du corps humain,** à l'usage des peintres et des sculpteurs. 1866, 1 vol. in-8 et atlas de 25 planches. 2e édition. Prix, fig. noires. 20 fr.; fig. coloriées. 35 fr.

FAUCONNIER. **La question sociale.** I n-18, 1878. 3 fr. 50

FAUCONNIER. **Protection et libre échange,** brochure in-8. 3e édition (1879). 2 fr.

FERBUS (N.). **La science positive du bonheur.** 1 v. in-18. 3 fr.

FERRON (de). **Théorie du progrès,** 2 vol. in-18. 7 fr.

FERRIÈRE (ÉM.). **Le darwinisme.** 1872, 1 v. in-18. 4 fr. 50

FERRIÈRE (ÉM.). **Les apôtres,** essai d'histoire religieuse, d'après la méthode des sciences naturelles. 1 vol. in-12. 4 fr. 50

FONCIN. **Essai sur le ministère de Turget.** 1 vol. grand in-8 (1876). 8 fr.

FOUCHER DE CAREIL. Voyez LEIBNIZ, p. 2.

FOUILLÉE. Voyez p. 2 et 9.

FOX (W.-J.). **Des idées religieuses.** In-8, 1876. 3 fr.

FRÉDÉRIQ. **Hygiène populaire.** 1 vol. in-12, 1875. 4 fr.

GASTINEAU. **Voltaire en exil.** 1 vol. in-18. 3 fr.

GÉRARD (Jules). **Maine de Biran, essai sur sa philosophie.** 1 fort vol. in-8, 1876. 10 fr.

GOUET (AMÉDÉE). **Histoire nationale de France,** d'après des documents nouveaux.

Tome I. Gaulois et Francks. — Tome II. Temps féodaux. — Tome III. Tiers état. — Tome IV. Guerre des princes. — Tome V. Renaissance. — Tome VI. Réforme. — Tome VII. Guerres de religion. (*Sous presse.*) Prix de chaque vol. in-8. 5 fr.

GUICHARD (Victor). **La liberté de penser,** fin du pouvoir spirituel. 1 vol. in-18, 2e édition, 1878. 3 fr. 50

GUILLAUME (de Moissey). **Nouveau traité des sensations.** 2 vol. in-8 (1876). 15 fr.

HERZEN. **Œuvres complètes.** Tome Ier. *Récits et nouvelles.* 1874, 1 vol. in-18. 3 fr. 50

HERZEN. **De l'autre rive.** 1 vol. in-18. 3 fr. 50

HERZEN. **Lettres de France et d'Italie.** 1871, in-18. 3 fr. 50

ISSAURAT. **Moments perdus de Pierre-Jean,** observations, pensées, 1868, 1 vol. in-18. 3 fr.

ISSAURAT. **Les alarmes d'un père de famille,** suscitées, expliquées, justifiées et confirmées par lesdits faits et gestes de Mgr Dupanloup et autres. 1868, in-8. 1 fr.

JANET (Paul). Voyez pages 2, 4, 6, 8 et 11.

JOZON (Paul). **Des principes de l'écriture phonétique** et des moyens d'arriver à une orthographe rationnelle et à une écriture universelle. 1 vol. in-18. 1877. 3 fr. 50

JOYAU. **De l'invention dans les arts et dans les sciences.** 1 vol. in-8. 5 fr.

LABORDE. **Les hommes et les actes de l'insurrection de Paris** devant la psychologie morbide. 1 vol. in-18. 2 fr. 50

LACHELIER. **Le fondement de l'induction.** 1 vol. in-8. 3 fr. 50

LACOMBE. **Mes droits.** 1869, 1 vol. in-12. 2 fr. 50

LANGLOIS. **L'homme et la Révolution.** Huit études dédiées à P.-J. Proudhon. 1867. 2 vol. in-18. 7 fr.

LAUSSEDAT. **La Suisse.** Études médicales et sociales. 2e édit., 1875. 1 vol. in-18. 3 fr. 50

LAVELEYE (Em. de). **De l'avenir des peuples catholiques.** 1 brochure in-8. 21e édit. 1876. 25 c.

LAVELEYE (Em. de). **L'Afrique centrale.** 1 vol. in-12. 3 fr.

LAVERGNE (Bernard). **L'ultramontanisme et l'État.** 1 vol. in-8 (1875). 1 fr. 50

LE BERQUIER. **Le barreau moderne.** 1871, in-18. 3 fr. 50

LEDRU (Alphonse). **Organisation, attributions et responsabilité des conseils de surveillance des sociétés en commandite par actions.** Grand in-8 (1876). 3 fr. 50

LEDRU (Alphonse). **Des publicains et des Sociétés vectigaliennes.** 1 vol. grand in-8 (1876). 3 fr.

LEDRU-ROLLIN. **Discours politiques et écrits divers.** 2 vol. in-8 cavalier (1879). 12 fr.

LEMER (Julien). **Dossier des jésuites et des libertés de l'Église gallicane.** 1 vol. in-18 (1877). 3 fr. 50

LITTRÉ. **Conservation, révolution et positivisme.** 1 vol. in-12, 2e édition (1879). 5 fr.

LITTRÉ. **Fragments de philosophie.** 1 vol. in-8. 1876. 8 fr.

LITTRÉ. **Application de la philosophie positive** au gouvernement des sociétés. In-8. 3 fr. 50

LUBBOCK (sir John). **L'homme préhistorique,** étudié d'après les monuments et les costumes retrouvés dans les différents pays de l'Europe, suivi d'une Description comparée des mœurs des sauvages modernes, traduit de l'anglais par M. Ed. BARBIER, 526 figures intercalées dans le texte. 1876, 2e édition, considérablement augmentée, suivie d'une conférence de M. P. BROCA sur *les Troglodytes de la Vezère.* 1 beau vol. in-8, br. 15 fr.
Cart. riche, doré sur tranche. 18 fr.

LUBBOCK (sir John). **Les origines de la civilisation.** État primitif de l'homme et mœurs des sauvages modernes. 1877, 1 vol. grand in-8 avec figures et planches hors texte. Traduit de l'anglais par M. Ed. BARBIER. 2e édition. 1877. 15 fr.
Relié en demi-maroquin avec nerfs. 18 fr.

MAGY. **De la science et de la nature.** In-8. 6 fr.

MENIÈRE. **Cicéron médecin.** 1 vol. in-18. 4 fr. 50

MENIÈRE. **Les consultations de madame de Sévigné,** étude médico-littéraire. 1864, 1 vol. in-8. 3 fr.

MESMER. **Mémoires et aphorismes**, suivi des procédés de d'Eslon. Nouvelle édition, avec des notes, par J.-J.-A. RICARD. 1846, in-18. 2 fr. 50

MICHAUT (N.). **De l'imagination**. 1 vol. in-8. 5 fr.

MILSAND. **Les études classiques** et l'enseignement public. 1873, 1 vol. in-18. 3 fr. 50

MILSAND. **Le code et la liberté**. 1865, in-8. 2 fr.

MIRON. **De la séparation du temporel et du spirituel**. 1866, in-8. 3 fr. 50

MORIN. **Du magnétisme et des sciences occultes**. 1860, 1 vol. in-8. 6 fr.

MORIN (Frédéric). **Politique et philosophie**, précédé d'une introduction de M. JULES SIMON. 1 vol. in-18, 1876. 3 fr. 50

MUNARET. **Le médecin des villes et des campagnes**. 4e édition, 1862, 1 vol. grand in-18. 4 fr. 50

NOLEN (D.). **La critique de Kant et la métaphysique de Leibniz**. 1 vol. in-8 (1875). 6 fr.

NOURRISSON. **Essai sur la philosophie de Bossuet**. 1 vol. in-8. 4 fr.

OGER. **Les Bonaparte** et les frontières de la France. In-18. 50 c,

OGER **La République**. 1871, brochure in-8. 50 c.

OLLÉ-LAPRUNE. **La philosophie de Malebranche**. 2 vol. in-8. 16 fr.

PARIS (comte de). **Les associations ouvrières en Angleterre** (trades-unions). 1869, 1 vol. gr. in-8. 2 fr. 50
    Édition sur pap. de Chine : Broché, 12 fr.; rel. de luxe. 20 fr.

PELLETAN (Eugène). **La naissance d'une ville** (Royan) 1 vol. in-18. 2 fr.

PENJON. **Berkeley, sa vie et ses œuvres**. In-8, 1878. 7 fr. 50

PETROZ (P.). **L'art et la critique en France** depuis 1822 1 vol. in-18, 1875. 3 fr. 50

POEY (André). **Le positivisme**. 1 fort vol. in-12 (1876). 4 fr. 50

POEY. **M. Littré et Auguste Comte**. 1 vol. in-18. 3 fr. 50

POULLET. **La campagne de l'Est** (1870-1871). 1 vol. in-8 avec 2 cartes, et pièces justificatives, 1879. 7 fr.

PUISSANT (Adolphe). **Erreurs et préjugés populaires**. 1873, 1 vol. in-18. 3 fr. 50

PUISSANT (Adolphe). **Recrutement des armées de terre et de mer**, loi de 1872. 1 vol. in-4. 12 fr.

Réorganisation des armées active et territoriale, lois de 1873-1875. 1 vol. in-4. 18 fr.

RAMBERT (E.) et P. ROBERT. **Les oiseaux dans la nature**, description pittoresque des oiseaux utiles. 1 vol. in-folio avec 20 chromolithographies, 11 gravures sur bois hors texte, et de nombreuses gravures dans le texte, dans un carton.. 50 fr.
— Le même, reliure riche. 60 fr.

RÉGAMEY (Guillaume). **Anatomie des formes du cheval**, à l'usage des peintres et des sculpteurs. 6 planches en chromolithographie, publiées sous la direction de FÉLIX RÉGAMEY, avec texte par le Dr KUHFF. 8 fr.

REYMOND (William). **Histoire de l'art**. 1874, 1 vol. in-8. 5 fr.

RIBOT (Paul). **Matérialisme et spiritualisme**. 1873, in-8. 6 fr.

SALETTA. **Principes de logique positive.** In-8. 3 fr. 50

SECRÉTAN. **Philosophie de la liberté**, l'histoire, l'idée. 3e édition, 1879, 2 vol. in-8. 10 fr.

SIEGFRIED (Jules). **La misère, son histoire, ses causes, ses remèdes.** 1 vol. grand in-18. 3e édition (1879). 2 fr. 50

SIÈREBOIS. **Autopsie de l'Âme.** Identité du matérialisme et du vrai spiritualisme. 2e édit. 1873, 1 vol. in-18. 2 fr. 50

SIÈREBOIS. **La morale fouillée dans ses fondements.** Essai d'anthropodicée. 1867, 1 vol. in-8. 6 fr.

SMÉE (A.). **Mon jardin**, géologie, botanique, histoire naturelle. 1876, 1 magnifique vol. gr. in-8, orné de 1300 fig. et 52 pl. hors texte. Broché, 15 fr. Cartonn. riche, tranches dorées. . 20 fr.

SOREL (ALBERT). **Le traité de Paris du 30 novembre 1815.** 1873, 1 vol. in-8. 4 fr. 50

THULIÉ. **La folle et la loi.** 1867, 2e édit., 1 vol. in-8. 3 fr. 50

THULIÉ. **La manie raisonnante du docteur Campagne,** 1870, broch. in-8 de 132 pages. 2 fr.

TIBERGHIEN. **Les commandements de l'humanité.** 1872. 1 vol. in-18. 3 fr.

TIBERGHIEN. **Enseignement et philosophie.** In-18. 4 fr.

TIBERGHIEN. **La science de l'Âme.** 1 v. in-12, 3e édit. 1879. 6 fr.

TIBERGHIEN. **Éléments de morale univ.** 1 v. in-12, 1879. 2 fr.

TISSANDIER. **Études de Théodicée.** 1869, in-8 de 270 p. 4 fr.

TISSOT. **Principes de morale.** In-8. 6 fr.

TISSOT. Voyez KANT, page 3.

VACHEROT (Ét.). **La science et la métaphysique.** 3 vol. in-18. 10 fr. 50

VACHEROT. Voyez pages 2 et 7.

VAN DER REST. **Platon et Aristote.** In-8, 1876. 10 fr.

VÉRA. **Strauss et l'ancienne et la nouvelle foi.** In-8. 6 fr.

VÉRA. **Cavour et l'Église libre dans l'État libre.** 1874, in-8. 3 fr. 50

VÉRA. **L'Hegelianisme et la philosophie.** In-18. 3 fr. 50

VÉRA. **Mélanges philosophiques.** 1 vol. in-8, 1862. 5 fr.

VÉRA. **Platonis, Aristotelis et Hegelii de medio termine doctrina.** 1 vol. in-8. 1845. 1 fr. 50

VÉRA. **Introduction à la philosophie de Hegel.** 1 vol. in-8, 2e édition. 6 fr. 50

VILLIAUMÉ. **La politique moderne**, 1873, in-8. 6 fr.

VOITURON (P.). **Le libéralisme et les idées religieuses.** 1 vol. in-12. 4 fr.

WEBER. **Histoire de la philos. europ.** In-8, 2e édit. 10 fr.

YUNG (EUGÈNE). **Henri IV, écrivain.** 1 vol. in-8. 1855. 5 fr.

ZEVORT (Edg.). **Le Marquis d'Argenson**, et le Ministère des affaires étrangères de 1744 à 1747. 1 vol. in-8. 6 fr.

ENQUÊTE PARLEMENTAIRE SUR LES ACTES DU GOUVERNEMENT

DE LA DÉFENSE NATIONALE

DÉPOSITIONS DES TÉMOINS :

TOME PREMIER. Dépositions de MM. Thiers, maréchal Mac-Mahon, maréchal Le Bœuf, Benedetti, duc de Gramont, de Talhouët, amiral Rigault de Genouilly, baron Jérôme David, général de Palikao, Jules Brame, Dréolle, etc.

TOME II. Dépositions de MM. de Chaudordy, Laurier, Cresson, Dréo, Ranc, Rampont, Steenackers, Fernique, Robert, Schneider, Buffet, Lebreton et Hébert, Bellangé, colonel Alavoine, Gervais, Bécherelle, Robin, Muller, Boutefoy, Meyer, Clément et Simonneau, Fontaine, Jacob, Lemaire, Petetin, Guyot-Montpayroux, général Soumain, de Legge, colonel Vabre, de Crisenoy, colonel Ibos, etc.

TOME III. Dépositions militaires de MM. de Freycinet, de Serres, le général Lafort, le général Ducrot, le général Vinoy, le lieutenant de vaisseau Farcy, le commandant Amet, l'amiral Pothuau, Jean Brunet, le général de Beaufort-d'Hautpoul, le général de Valdan, le général d'Aurelle de Paladines, le général Chanzy, le général Martin des Pallières, le général de Sonis, etc.

TOME IV. Dépositions de MM. le général Bordone, Mathieu, de Laborie, Luce-Villiard, Castillon, Debusschère, Darcy, Chenet, de La Taille, Baillehache, de Grancey, L'Hermite, Pradier, Middleton, Frédéric Morin, Thoyot, le maréchal Bazaine, le général Boyer, le maréchal Canrobert, etc. Annexe à la déposition de M. Testelin, note de M. le colonel Denfert, note de la Commission, etc.

TOME V. Dépositions complémentaires et réclamations. — Rapports de la préfecture de police en 1870-1871. — Circulaires, proclamations et bulletins du Gouvernement de la Défense nationale. — Suspension du tribunal de la Rochelle ; rapport de M. de La Borderie ; dépositions.

ANNEXE AU TOME V. Deuxième déposition de M. Cresson. Événements de Nîmes, affaire d'Aïn Yagont. — Réclamations de MM. le général Bellot et Engelhart. — Note de la Commission d'enquête (1 fr.).

RAPPORTS :

TOME PREMIER. M. *Chaper*, les procès-verbaux des séances du Gouvernement de la Défense nationale. — M. *de Sugny*, les événements de Lyon sous le Gouv. de la Défense nat. — M. *de Rességuier*, les actes du Gouv. de la Défense nat. dans le sud-ouest de la France.

TOME II. M. *Saint-Marc Girardin*, la chute du second Empire. — M. *de Sugny*, les événements de Marseille sous le Gouv. de la Défense nat.

TOME III. M. *le comte Daru*, la politique du Gouvernement de la Défense nationale à Paris.

TOME IV. M. *Chaper*, de la Défense nat. au point de vue militaire à Paris.

TOME V. *Boreau-Lajanadie*, l'emprunt Morgan. — M. *de la Borderie*, le camp de Conlie et l'armée de Bretagne. — M. *de la Sicotière*, l'affaire de Dreux.

TOME VI. M. *de Rainneville*, les actes diplomatiques du Gouv. de la Défense nat. — M. *A. Lallié*, les postes et les télégraphes pendant la guerre. — M. *Delsol*, la ligne du Sud-Ouest. — M. *Perrot*, la défense en province (1re partie).

TOME VII. M. *Perrot*, les actes militaires du Gouv. de la Défense nat. en province (2e partie : Expédition de l'Est).

TOME VIII. M. *de la Sicotière*, sur l'Algérie.

TOME IX. Algérie, dépositions des témoins. Table générale et analytique des dépositions des témoins avec renvoi aux rapports (10 fr.).

TOME X. M. *Boreau-Lajanadie*, le Gouvernement de la Défense nationale à Tours et à Bordeaux (5 fr.).

PIÈCES JUSTIFICATIVES :

TOME PREMIER. Dépêches télégraphiques officielles, première partie.
TOME DEUXIÈME. Dépêches télégraphiques officielles, deuxième partie. — Pièces justificatives du rapport de M. Saint-Marc Girardin.

PRIX DE CHAQUE VOLUME . . . . **15 fr.**
PRIX DE L'ENQUÊTE COMPLÈTE EN 18 VOLUMES . . . . **241 fr.**

Rapports sur les actes du Gouvernement de la Défense nationale, se vendant séparément :

E. RESSÉGUIER. — Toulouse sous le Gouv. de la Défense nat. In-4. 2 fr. 50
SAINT-MARC GIRARDIN. — La chute du second Empire. In-4. 4 fr. 50
Pièces justificatives du rapport de M. Saint-Marc Girardin. 1 vol. in-4. 5 fr.
DE SUGNY. — Marseille sous le Gouv. de la Défense nat. In-4. 10 fr.
DE SUGNY. — Lyon sous le Gouv. de la Défense nat. In-4. 7 fr.
DARU. — La politique du Gouv. de la Défense nat. à Paris. In-4. 15 fr.
CHAPER. — Le Gouv. de la Défense à Paris au point de vue militaire. In-4. 15 fr.
CHAPER. — Procès-verbaux des séances du Gouv. de la Défense nat. In-4. 5 fr.
DOREAU-LAJANADIE. — L'emprunt Morgan. In-4. 4 fr. 50
DE LA BORDERIE. — Le camp de Conlie et l'armée de Bretagne. In-4. 10 fr.
DE LA SICOTIÈRE. — L'affaire de Dreux. In-4. 2 fr. 50
DE LA SICOTIÈRE. — L'Algérie sous le Gouvernement de la Défense nationale.
  2 vol. in-4. 22 fr.
DE RAINNEVILLE. Actes diplomatiques du Gouv. de la Défense nat. 1 vol.
  in-4. 3 fr. 50
LALLIÉ. Les postes et les télégraphes pendant la guerre. 1 vol. in-4. 1 fr. 50
DELSOL. La ligue du Sud-Ouest. 1 vol. in-4. 1 fr. 50
PERROT. Le Gouvernement de la Défense nationale en province. 2 vol. in-4. 25 fr.
BOREAU-LAJANADIE. Rapport sur les actes de la Délégation du Gouver-
  nement de la Défense nationale à Tours et à Bordeaux. 1 vol. in 4. 5 fr.
Dépêches télégraphique officielles. 2 vol. in-4. 25 fr.
Procès-verbaux de la Commune. 1 vol. in-4. 5 fr.
Table générale et analytique des dépositions des témoins. 1 vol. in-4. 3 fr. 50

LES ACTES DU GOUVERNEMENT

DE LA

DÉFENSE NATIONALE

(DU 4 SEPTEMBRE 1870 AU 8 FÉVRIER 1871)

ENQUÊTE PARLEMENTAIRE FAITE PAR L'ASSEMBLÉE NATIONALE
RAPPORTS DE LA COMMISSION ET DES SOUS-COMMISSIONS
TÉLÉGRAMMES
PIÈCES DIVERSES — DÉPOSITIONS DES TÉMOINS — PIÈCES JUSTIFICATIVES
TABLES ANALYTIQUE, GÉNÉRALE ET NOMINATIVE

7 forts volumes in-4. — Chaque volume séparément 16 fr.

L'ouvrage complet en 7 volumes : 112 fr.

*Cette édition populaire réunit, en sept volumes avec une Table analytique
par volume, tous les documents distribués à l'Assemblée nationale. —
Une Table générale et nominative termine le 7ᵉ volume.*

ENQUÊTE PARLEMENTAIRE

SUR

L'INSURRECTION DU 18 MARS

1° RAPPORTS. — 2° DÉPOSITIONS de MM. Thiers, maréchal Mac-Mahon, général
Trochu, J. Favre, Ernest Picard, J. Ferry, général Le Flô, général Vinoy, colonel
Lambert, colonel Gaillard, général Appert, Floquet, général Cremer, amiral Saisset,
Schœlcher, amiral Pothuau, colonel Langlois, etc. — 3° PIÈCES JUSTIFICATIVES.

1 vol. grand in-4°. — Prix : 16 fr.

COLLECTION ELZÉVIRIENNE

MAZZINI. **Lettres de Joseph Mazzini** à Daniel Stern (1864 1872), avec une lettre autographiée. 3 fr. 50

MAX MULLER. **Amour allemand**, traduit de l'allemand. 1 vol. in-18. 3 fr. 50

CORLIEU (le Dr). **La mort des rois de France**, depuis François Ier jusqu'à la Révolution française, études médicales et historiques. 1 vol. in-18. 3 fr. 50

CLAMAGERAN. **L'Algérie, impressions de voyage.** 1 vol. in-18. 3 fr. 50

STUART MILL (J.). **La République de 1848**, traduit de l'anglais, avec préface par M. SADI CARNOT. 1 vol. in-18 (1875). 3 fr. 50

RIBERT (Léonce). **Esprit de la Constitution** du 25 février 1875. 1 vol. in-18. 3 fr. 50

NOEL (E.). **Mémoires d'un imbécile**, précédé d'une préface de *M. Littré*. 1 vol. in-18, 3e édition (1879). 3 fr. 50

PELLETAN (Eug.). **Jarousseau, le Pasteur du désert.** 1 vol. in-18 (1877). Couronné par l'Académie française. 6e édit. 3 fr. 50

PELLETAN (Eug.). **Élisée, voyage d'un homme à la recherche de lui-même.** 1 vol. in-18 (1877). 3 fr. 50

PELLETAN (Eug.). **Un roi philosophe, Frédéric le Grand.** 1 vol. in-18 (1878). 3 fr. 50

E. DUVERGIER DE HAURANNE (Mme). **Histoire populaire de la Révolution française.** 1 v. in-18, 2e édit., 1879. 3 fr. 50

ŒUVRES COMPLÈTES DE

EDGAR QUINET

Chaque ouvrage se vend séparément

Édition in-8, le vol... 6 fr. | Édition in-18, le vol. 3 fr. 50

I. — Génie des Religions. — De l'origine des dieux. (Nouvelle édition.)

II. — Les Jésuites. — L'Ultramontanisme. — Introduction à la Philosophie de l'histoire de l'Humanité. (Nouvelle édition, avec préface inédite.)

III. — Le Christianisme et la Révolution française. Examen de la Vie de Jésus-Christ, par STRAUSS. — Philosophie de l'histoire de France. (Nouvelle édition.)

IV. — Les Révolutions d'Italie. (Nouvelle édition.)

V. — Marnix de Sainte-Aldegonde. — La Grèce moderne et ses rapports avec l'Antiquité.

VI. — Les Romains. — Allemagne e Italie. — Mélanges.

VII. — Ashavérus. — Les Tablettes du Juif errant.

VIII. — Prométhée. — Les Esclaves.

IX. — Mes Vacances en Espagne. — De l'Histoire de la Poésie. — Des Epopées françaises inédites du XIIe siècle.

X. — Histoire de mes idées.

XI. — L'Enseignement du peuple. — La Révolution religieuse au XIXe siècle. — La Croisade romaine. — Le Panthéon. — Plébiscite et Concile. — Aux Paysans.

Viennent de paraître :

Correspondance. Lettres à sa mère. 2 vol. in-18.... 7 »

Les mêmes. 2 vol. in-8...................... 12 »

La révolution. 3 vol. in-18.............. 10 50

La campagne de 1815. 1 vol. in-18.............. 3 50

Merlin l'enchanteur, avec une préface nouvelle, notes et commentaires, 2 vol. in-18. 7 fr.

Ou 2 vol. in-8. 12 fr.

La création. 2 vol. in-18.................. 7 fr.

L'esprit nouveau. 1 vol. in-18................. 3 fr. 50

BIBLIOTHÈQUE UTILE

LISTE DES OUVRAGES PAR ORDRE D'APPARITION

le vol. de 190 p., br. 60 cent. — Cart. à l'angl. 1 fr.

I. — **Morand**. Introd. à l'étude des Sciences physiques. 2e édit.

II. — **Cruveilhier**. Hygiène générale. 6e édition.

III. — **Corbon**. De l'enseignement professionnel. 2e édition.

IV. — **L. Pichat**. L'Art et les Artistes en France. 3e édition.

V. — **Buchez**. Les Mérovingiens. 3e édition.

VI. — **Buchez**. Les Carlovingiens.

VII. — **F. Morin**. La France au moyen âge. 3e édition.

VIII. — **Bastide**. Luttes religieuses des premiers siècles. 4e éd.

IX. — **Bastide**. Les guerres de la Réforme. 4e édition.

X. — **E. Pelletan**. Décadence de la monarchie française. 4e éd.

XI. — **L. Brothier**. Histoire de la Terre. 4e édition.

XII. — **Samson**. Principaux faits de la chimie. 3e édition.

XIII. — **Turck**. Médecine populaire. 4e édition.

XIV. — **Morin**. Résumé populaire du Code civil. 2e édition.

XV. — **Zaborowski**. L'homme préhistorique. 2e édit.

XVI. — **A. Ott**. L'Inde et la Chine. 2e édit.

XVII. — **Catalan**. Notions d'Astronomie. 2e édition.

XVIII. — **Cristal**. Les Délassements du travail.

XIX. — **Victor Meunier**. Philosophie zoologique.

XX. — **G. Jourdan**. La justice criminelle en France. 2e édition.

XXI. — **Ch. Rolland**. Histoire de la maison d'Autriche. 3e édit.

XXII. — **E. Despois**. Révolution d'Angleterre. 2e édition.

XXIII. — **B. Gastineau**. Génie de la Science et de l'Industrie.

XXIV. — **H. Leneveux**. Le Budget du foyer. Economie domestique.

XXV. — **L. Combes**. La Grèce ancienne.

XXVI. — **Fréd. Lock**. Histoire de la Restauration. 2e édition.

XXVII. — **L. Brothier**. Histoire populaire de la philosophie.

XXVIII. — **E. Margollé**. Les Phénomènes de la mer. 4e édition.

XXIX. — **L. Collas**. Histoire de l'Empire ottoman. 2e édition.

XXX. — **Zurcher**. Les Phénomènes de l'atmosphère. 3e édition.

XXXI. — **E. Raymond**. L'Espagne et le Portugal. 2e édition.

XXXII. — **Eugène Noël**. Voltaire et Rousseau. 2e édition.

XXXIII. — **A. Ott**. L'Asie occidentale et l'Egypte.

XXXIV. — **Ch. Richard**. Origine et fin des Mondes. 3e édition.

XXXV. — **Enfantin**. La Vie éternelle. 2e édition.

XXXVI. — **L. Brothier**. Causeries sur la mécanique. 2e édition.

XXXVII. — **Alfred Doneaud**. Histoire de la marine française.

XXXVIII. — **Fréd. Lock**. Jeanne d'Arc.

XXXIX. — **Carnot**. Révolution française. — Période de création (1789-1792).

XL. — **Carnot**. Révolution française. — Période de conservation (1792-1804).

XLI. — **Zurcher** et **Margollé**. Télescope et microscope.

XLII. — **Bierzy**. Torrents, Fleuves et Canaux de la France.

XLIII. — **P. Secchi**, **Wolf**, **Briot** et **Delaunay**. Le Soleil, les Étoiles et les Comètes.

XLIV. — **Stanley Jevons**. L'Économie politique.

XLV. — **Em. Ferrière**. Le Darwinisme. 2e édit.

XLVI. — **H. Leneveux**. Paris municipal.

XLVII. — **Boillot**. Les Entretiens de Fontenelle sur la pluralité des mondes, mis au courant de la science.

XLVIII. — **E. Zevort**. Histoire de Louis-Philippe.

XLIX. — **Geikie**. Géographie physique (avec figures).
L. — **Zaborowski**. L'origine du langage.
LI. — **H. Blerzy**. Les colonies anglaises.
LII. — **Albert Lévy**. Histoire de l'air.
LIII. — **Geikie**. La Géologie (avec figures).
LIV. — **Zaborowski**. Les Migrations des animaux et le Pigeon voyageur.
LV. — **F. Paulhan**. La Physiologie d'esprit (avec figures).
LVI. — **Zurcher et Margollé**. Les Phénomènes célestes.
LVII. — **Girard de Rialle**. Les peuples de l'Afrique et de l'Amérique.
LVIII. — **Jacques Bertillon**. La statistique humaine de la France (naissance, mariage, mort).
LIX. — **Paul Gaffarel**. La défense nationale en 1792.
LX. — **Herbert Spencer**. De l'éducation.
LXI. — **Jules Barni**. Napoléon Ier.

BIBLIOTHÈQUE UTILE
LISTE DES OUVRAGES PAR ORDRE DE MATIÈRES
le vol. de 190 p., br. 60 cent. — Cart. à l'angl. 1 fr.
I. — HISTOIRE DE FRANCE

Buchez. Les Mérovingiens.
Buchez. Les Carlovingiens.
J. Bastide. Luttes religieuses des premiers siècles.
J. Bastide. Les Guerres de la Réforme.
F. Morin. La France au moyen âge.
Fréd. Lock. Jeanne d'Arc.
Eug. Pelletan. Décadence de la monarchie française.
Carnot. La Révolution française, 2 vol.
Fréd. Lock. Histoire de la Restauration.
Alf. Doneaud. Histoire de la marine française.
E. Zevort. Histoire de Louis-Philippe.
P. Gaffarel. La défense nationale en 1792.
Jules Barni. Napoléon Ier.

II. — PAYS ETRANGERS.

E. Raymond. L'Espagne et le Portugal.
L. Collas. Histoire de l'empire ottoman.
L. Combes. La Grèce ancienne.
A. Ott. L'Asie occidentale et l'Egypte.
A. Ott. L'Inde et la Chine.
Ch. Rolland. Histoire de la maison d'Autriche.
Eug. Despois. Les Révolutions d'Angleterre.
H. Blerzy. Les colonies anglaises.

III. — PHILOSOPHIE.

Enfantin. La Vie éternelle.
Eug. Noël. Voltaire et Rousseau.
Léon Brothier. Histoire populaire de la philosophie.
Victor Meunier La Philosophie zoologique.
Zaborowski. L'origine du langage.
F. Paulhan. La Physiologie de l'esprit (avec figures)

IV. — DROIT.

Morin. La Loi civile en France.
G. Jourdan. La Justice criminelle en France.

V. — SCIENCES.

Benj. Gastineau. Le Génie de la science.
Zurcher et Margollé. Télescope et Microscope.
Zurcher et Margollé. Les Phénomènes célestes.
Zurcher. Les Phénomènes de l'atmosphère.
Morand. Introduction à l'étude des sciences physiques.
Cruvellhier. Hygiène générale.
Brothier. Causeries sur la mécanique.
Brothier. Histoire de la terre.
Sanson. Principaux faits de la chimie.
Turck. Médecine populaire.
Catalan. Notions d'astronomie (avec figures).
E. Margollé. Les Phénomènes de la mer.
Ch. Richard. Origines et Fins des mondes.
Zaborowski. L'Homme préhistorique.
Zaborowski. Les Migrations des animaux et le Pigeon voyageur.
H. Blerzy. Torrents, Fleuves et Canaux de la France.
P. Secchi, Wolf et Briot. Le Soleil, les Étoiles et les Comètes.
Em. Ferrière. Le Darwinisme.
Boillot. Les Entretiens de Fontenelle sur la pluralité des mondes.
Geikie. Géographie physique (avec figures).
Geikie. La Géologie (avec figures).
Albert Lévy. Histoire de l'air (avec figures).
Girard de Rialle. Les peuples de l'Afrique et de l'Amérique.

VI. — ENSEIGNEMENT.
ÉCONOMIE POLITIQUE. — ARTS.

Corbon. L'Enseignement professionnel.
Cristal. Les Délassements du travail.
H. Leneveux. Le Budget du foyer.
H. Leneveux. Paris municipal.
Laurent Pichat. L'Art et les Artistes en France.
Stanley Jevons. L'Economie politique.
Jacques Bertillon. La statistique humaine de la France.
Herbert Spencer. De l'éducation.

BIBLIOTHÈQUE POPULAIRE

BARNI (Jules). **Manuel républicain.** 1 vol. in-18.   1 fr.
MARAIS (Aug.). **Garibaldi et l'armée des Vosges.** 1 vol.
in-18.   1 fr. 50
FRIBOURG (E.). **Le paupérisme parisien.**   1 fr. 25

ÉTUDES CONTEMPORAINES

BOUILLET (Ad.). **Les bourgeois gentilshommes. — L'armée
d'Henri V.** 1 vol. in-18.   3 fr. 50
— **Types nouveaux et inédits.** 1 vol. in-18.   2 fr. 50
— **L'arrière-ban de l'ordre moral.** 1 vol. in-18. 3 fr. 50
VALMONT (V.). **L'espion prussien,** roman anglais, traduit par
M. J. DUBRISAY. 1 vol. in-18.   3 fr. 50
BOURLOTON (Edg.) et ROBERT (Edmond). **La Commune et
ses idées à travers l'histoire.** 1 vol. in-18.   3 fr. 50
CHASSERIAU (Jean). **Du principe autoritaire et du prin-
cipe rationnel.** 1873. 1 vol. in-18.   3 fr. 50
NAQUET (Alfred). **La République radicale.** In-18. 3 fr. 50
ROBERT (Edmond). **Les domestiques.** In-18 (1875). 3 fr. 50
LOURDAU. **Le sénat et la magistrature dans la démocra-
tie française.** 1 vol. in-18 (1879).   3 fr. 50
FIAUX. **La femme, le mariage et le divorce,** étude de
sociologie et de physiologie. 1 vol. in-18.   3 fr. 50

REVUE
Politique et Littéraire
(Revue des cours littéraires,
2ᵉ série.)
Directeur :
M. Eug. YUNG.

REVUE
Scientifique
(Revue des cours scientifiques,
2ᵉ série.)
Directeurs :
MM. A. BRÉGUET,
et Ch. RICHET.

La septième année de la Revue des Cours littéraires et de la Revue des Cours scientifiques, terminée à la fin de juin 1871, clôt la première série de cette publication.

La deuxième série a commencé le 1ᵉʳ juillet 1871, et depuis cette époque chacune des années de la collection commence à cette date.

REVUE POLITIQUE ET LITTÉRAIRE

La *Revue politique* continue à donner une place aussi large à la littérature, à l'histoire, à la philosophie, etc., mais elle a agrandi son cadre, afin de pouvoir aborder en même temps la politique et les questions sociales. En conséquence, elle a augmenté de moitié le nombre des colonnes de chaque numéro (48 colonnes au lieu de 32).

Chacun des numéros, paraissant le samedi, contient régulièrement :

Une *Semaine politique* et une *Causerie politique*, où sont appréciés, à un point de vue plus général que ne peuvent le faire les journaux quotidiens, les faits qui se produisent dans la politique intérieure de la France, discussions parlementaires, etc.

Une *Causerie littéraire* où sont annoncés, analysés et jugés les ouvrages récemment parus : livres, brochures, pièces de théâtre importantes, etc.

Tous les mois la *Revue politique* publie un *Bulletin géographique* qui expose les découvertes les plus récentes et apprécie les ouvrages géographiques nouveaux de la France et de l'étranger. Nous n'avons pas besoin d'insister sur l'importance extrême qu'a prise la géographie depuis que les Allemands en ont fait un instrument de conquête et de domination.

De temps en temps une *Revue diplomatique* explique, au point de vue français, les événements importants survenus dans les autres pays.

On accusait avec raison les Français de ne pas observer avec assez d'attention ce qui se passe à l'étranger. La *Revue* remédie à ce défaut. Elle analyse et traduit les livres, articles, discours ou conférences qui ont pour auteurs les hommes les plus éminents des divers pays.

Comme au temps où ce recueil s'appelait *la Revue des cours littéraires* (1864-1870), il continue à publier les principales leçons du Collège de France, de la Sorbonne et des Facultés des départements.

Les ouvrages importants sont analysés, avec citations et extraits, dès le lendemain de leur apparition. En outre, la *Revue politique* publie des articles spéciaux sur toute question que recommandent à l'attention des lecteurs, soit un intérêt public, soit des recherches nouvelles.

Parmi les collaborateurs nous citerons :

Articles politiques. — MM. de Pressensé, Ch. Bigot, Anat. Dunoyer, Anatole Leroy-Beaulieu, Clamageran.

Diplomatie et pays étrangers. — MM. Van den Berg, C. de Varigny, Albert Sorel, Reynald, Léo Quesnel, Louis Leger, Jezierski.

Philosophie. — MM. Janet, Caro, Ch. Lévêque, Véra, Th. Ribot, E. Boutroux, Nolen, Huxley.

Morale. — MM. Ad. Franck, Laboulaye, Legouvé, Bluntschli.

Philologie et archéologie. — MM. Max Müller, Eugène Benoist, L. Havet, E. Ritter, Maspéro, George Smith.

Littérature ancienne. — MM. Egger, Havet, George Perrot, Gaston Boissier, Geffroy.

Littérature française. — MM. Ch. Nisard, Lenient, Édouard Fournier, Bersier, Gidel, Jules Claretie, Paul Albert, H. Lemaître.

Littérature étrangère. — MM. Mézières, Büchner, P. Stapfer, A. Barine.

Histoire. — MM. Alf. Maury, Littré, Alf. Rambaud, G. Monod.

Géographie, Économie politique. — MM. Levasseur, Himly, Vidal-Lablache, Gaidox, Debidour, Alglave.

Instruction publique. — Madame C. Coignet, MM. Buisson, Em. Beaussire.

Beaux-arts. — MM. Gebhart, Justi, Schnaase, Vischer, Ch. Bigot.

Critique littéraire. — MM. Maxime Gaucher, Paul Albert.

Notes et impressions. — MM. Louis Ulbach, Pierre et Jean.

Ainsi la *Revue politique* embrasse tous les sujets. Elle consacre à chacun une place proportionnée à son importance. Elle est, pour ainsi dire, une image vivante, animée et fidèle de tout le mouvement contemporain.

REVUE SCIENTIFIQUE

Mettre la science à la portée de tous les gens éclairés sans l'abaisser ni la fausser, et, pour cela, exposer les grandes découvertes et les grandes théories scientifiques par leurs auteurs mêmes ;

Suivre le mouvement des idées philosophiques dans le monde savant de tous les pays ;

Tel est le double but que la *Revue scientifique* poursuit depuis dix ans avec un succès qui l'a placée au premier rang des publications scientifiques d'Europe et d'Amérique.

Pour réaliser ce programme, elle devait s'adresser d'abord aux Facultés françaises et aux Universités étrangères qui comptent dans leur sein presque tous les hommes de science éminents. Mais, depuis deux années déjà, elle a élargi son cadre afin d'y faire entrer de nouvelles matières.

En laissant toujours la première place à l'enseignement supérieur proprement dit, la *Revue scientifique* ne se restreint plus désormais aux leçons et aux conférences. Elle poursuit tous les développements de la science sur le terrain économique, industriel, militaire et politique.

Elle publie les principales leçons faites au Collège de France, au Muséum d'histoire naturelle de Paris, à la Sorbonne, à l'Institution royale de Londres, dans les Facultés de France, les universités d'Allemagne, d'Angleterre, d'Italie, de Suisse, d'Amérique, et les institutions libres de tous les pays.

Elle analyse les travaux des Sociétés savantes d'Europe et d'Amérique, des Académies des sciences de Paris, Vienne, Berlin, Munich, etc., des Sociétés royales de Londres et d'Édimbourg, des Sociétés d'anthropologie, de géographie, de chimie, de botanique, de géologie, d'astronomie, de médecine, etc.

Elle expose les travaux des grands congrès scientifiques, les Associations *française*, *britannique* et *américaine*, le Congrès des naturalistes allemands, la Société helvétique des sciences naturelles, les congrès internationaux d'anthropologie préhistorique, etc.

Enfin, elle publie des articles sur les grandes questions de philosophie naturelle, les rapports de la science avec la politique, l'industrie et l'économie sociale, l'organisation scientifique des divers pays, les sciences économiques et militaires, etc.

Parmi les collaborateurs nous citerons :

Astronomie, météorologie. — MM. Faye, Balfour-Stewart, Janssen, Normann Lockyer, Vogel, Laussedat, Thomson, Rayet, Briot, A. Herschel, etc.

Physique. — MM. Helmholtz, Tyndall, Desains, Mascart, Carpenter, Gladstone, Fernet, Bertin, Breguet.

Chimie. — MM. Wurtz, Berthelot, H. Sainte-Claire Deville, Pasteur, Grimaux, Jungfleisch, Odling, Dumas, Troost, Peligot, Cahours, Friedel, Frankland.

Géologie. — MM. Hébert, Bleicher, Fouqué, Gaudry, Ramsay, Sterry-Hunt, Contejean, Zittel, Wallace, Lory, Lyell, Daubrée.

Zoologie. — MM. Agassiz, Darwin, Haeckel, Milne Edwards, Perrier, P. Bert, Van Beneden, Lacaze-Duthiers, Giard, A. Moreau, E. Blanchard.

Anthropologie. — MM. Broca, de Quatrefages, Darwin, de Mortillet, Virchow, Lubbock, K. Vogt.

Botanique. — MM. Baillon, Cornu, Faivre, Spring, Chatin, Van Tieghem, Duchartre.

Physiologie, anatomie. — MM. Chauveau, Charcot, Moleschott, Onimus, Ritter, Rosenthal, Wundt, Pouchet, Ch. Robin, Vulpian, Virchow, P. Bert, du Bois-Reymond, Helmholtz, Marey, Brücke, Ch. Richet.

Médecine. — MM. Chauveau, Cornil, Le Fort, Verneuil, Broca, Liebreich, Lasègue, G. Sée, Bouley, Giraud-Teulon, Bouchardat, Lépine, L. H. Petit.

Sciences militaires. — MM. Laussedat, Le Fort, Abel, Jervois, Morin, Noble, Reed, Usquin, X***.

Philosophie scientifique. — MM. Alglave, Bagehot, Carpenter, Hartmann, Herbert Spencer, Lubbock, Tyndall, Gavarret, Ludwig, Th. Ribot.

Prix d'abonnement :

Une seule Revue séparément			Les deux Revues ensemble		
	Six mois.	Un an.		Six mois.	Un an.
Paris.......	12ᶠ	20ᶠ	Paris.......	20ᶠ	36
Départements.	15	25	Départements.	25	42
Étranger;...	18	30	Étranger....	30	50

L'abonnement part du 1ᵉʳ juillet, du 1ᵉʳ octobre, du 1ᵉʳ janvier et du 1ᵉʳ avril de chaque année.

Chaque volume de la première série se vend : broché...... 15 fr.
relié........ 20 fr.
Chaque année de la 2ᵉ série, formant 2 vol., se vend : broché.. 20 fr.
relié.... 25 fr.

Port des volumes à la charge du destinataire.

Prix de la collection de la première série :

Prix de la collection complète de la *Revue des cours littéraires* ou de la *Revue des cours scientifiques* (1864-1870), 7 vol. in-4. 105 fr,

Prix de la collection complète des deux *Revues* prises en même temps. 14 vol. in-4.................................. 182 fr.

Prix de la collection complète des deux séries :

Revue des cours littéraires et *Revue politique et littéraire*, ou *Revue des cours scientifiques* et *Revue scientifique* (décembre 1863 — juillet 1880), 26 vol. in-4........................ 285 fr.

La *Revue des cours littéraires* et la *Revue politique et littéraire*, avec la *Revue des cours scientifiques* et la *Revue scientifique*, 50 volumes in-4 .... 508 fr.

REVUE PHILOSOPHIQUE

DE LA FRANCE ET DE L'ETRANGER

Paraissant tous les mois

Dirigée par TH. RIBOT
Agrégé de philosophie, Docteur ès lettres

(4ᵉ année, 1880.)

La REVUE PHILOSOPHIQUE paraît tous les mois, depuis le
1ᵉʳ janvier 1876, par livraisons de 6 à 7 feuilles grand in-8, et
forme ainsi à la fin de chaque année deux forts volumes d'environ
680 pages chacun.

CHAQUE NUMÉRO DE LA *REVUE* CONTIENT :

1º Plusieurs articles de fond ; 2º des analyses et comptes rendus des
nouveaux ouvrages philosophiques français et étrangers ; 3º un compte
rendu aussi complet que possible des *publications périodiques* de l'é-
tranger pour tout ce qui concerne la philosophie ; 4º des notes, documents, observations, pouvant servir de matériaux ou donner lieu à des
vues nouvelles.

Prix d'abonnement :

Un an, pour Paris............................. 30 fr.
  —   pour les départements et l'étranger........ 33 fr.
La livraison .... 3 fr.

REVUE HISTORIQUE

Paraissant tous les deux mois

Dirigée par MM. GABRIEL MONOD et GUSTAVE FAGNIEZ

(4ᵉ année, 1880.)

La REVUE HISTORIQUE paraît tous les deux mois, depuis le
1ᵉʳ janvier 1876, par livraisons grand in-8 de 15 à 16 feuilles,
de manière à former à la fin de l'année trois beaux volumes de
500 pages chacun.

CHAQUE LIVRAISON CONTIENT :

I. Plusieurs *articles de fond*, comprenant chacun, s'il est possible,
un travail complet. — II. Des *Mélanges et Variétés*, composés de documents inédits d'une étendue restreinte et de courtes notices sur des
points d'histoire curieux ou mal connus. — III. Un *Bulletin historique* de
la France et de l'étranger, fournissant des renseignements aussi complets
que possible sur tout ce qui touche aux études historiques. IV. Une *analyse des publications périodiques* de la France et de l'étranger, au point
de vue des études historiques. — V. Des *Comptes rendus critiques* des
livres d'histoire nouveaux.

Prix d'abonnement :

Un an, pour Paris........................... 30 fr.
  —   pour les départements et l'étranger........ 33 fr.
La livraison.................................. 6 fr.

TABLE ALPHABÉTIQUE DES AUTEURS

Agassiz. 8	Burdeau. 4, 8	Du Potet. 16
Alaux. 6, 14	Cadet. 14	Dupuy (Paul). 16
Aristote. 2	Carette. 14	Duval-Jouve. 16
Arnold (Matthew). 5, 9	Carlyle. 5, 10	Duvergier de Hauranne
Arréat. 14	Carnot. 23, 24	(E.). 11
Asseline (L.). 11	Carnot (Sadi). 22	Duvergier de Hauranne
Auber (Ed.). 6	Carrau (L.). 5, 9	(Mme E.). 22
Audiffret-Pasquier(d'). 14	Carthaillac. 13	Eliphas Lévi. 16
Bagehot. 5, 10, 12	Catalan. 23, 25	Enfantin. 23, 24
Bain. 5, 9, 12, 13	Cazelles. 4, 5, 8, 9	Épicure. 2
Balfour Stewart. 13	Cernuschi. 15	Espinas. 5, 8, 9
Barbier. 16, 19	Challemel-Lacour. 2,4,6,9	Evans (John). 16
Bardoux. 9	Chantre. 13	Fabre (Joseph). 2, 16
Barni (J.). 3,8,9,11,14,25	Chaper. 21	Fagniez. 30
Barot (Odysse). 6	Chasles (Phil.). 14	Faivre (E.). 7
Barry (Herbert). 11	Chasseriau (Jean). 25	Fau. 16
Barth. St-Hilaire. 2,7,14	Chrétien. 4	Fauconnier. 16
Bastide. 23, 24	Clamageran (J.). 11, 22	Favre (Jules). 11
Bautain. 14	Clavel. 14	Ferbus (N.). 16
Beaussire. 4, 6, 11	Cohn (Ad.). 11	Ferrière (E.). 5, 16, 23, 25
Bénard (Ch.). 3, 4, 14	Coignet (C.). 7	Ferron (de). 16
Beneden (Van). 13	Collas (L.). 23, 24	Fiaux. 25
Bentham. 7	Combes (L.). 23, 24	Fichte. 3
Berkeley. 3	Compayré. 5, 9, 10	Flint. 5, 9
Bernstein. 13	Comte (Aug.). 5	Foncin. 16
Bersier. 15	Conta. 15	Fontanès. 4, 7
Bersot. 2, 7	Cooke. 13	Fonvielle (W. de). 7
Bertauld. 7	Coquerel (Ch.). 15	Foucher (de Careil). 2, 16
Bertauld (P. A.). 14	Coquerel fils (Ath.). 7,15	Fouillée. 2, 9, 16
Berthelot. 13	Corbon. 15, 23, 25	Fox (W.-J.). 16
Bertillon (Jacques). 25	Corlieu. 22	Franck. 3, 6
Blanc (Louis). 10	Cormenin (de). 15	Frédériq. 16
Blanchard. 14	Cornewal Lewis. 10, 15	Fribourg. 10, 25
Blanqui. 14	Cortambert (Louis). 15	Fuchs. 13
Blaserna. 13	Cristal. 23, 25	Gaffarel. 10
Blerzy. 23, 24, 25	Cruveilhier. 23, 24	Garnier (Ad.). 6
Beert. 10	Daendliker. 11	Gastineau. 16, 23, 24
Boillot. 24, 25	Damiron. 3	Gauckler. 7
Boreau-Lajanadie. 21	Daru. 21	Geikie. 24, 25
Borély. 14	Darwin. 5	Gerschel. 8
Bossuet. 2	Dauriac. 15	Gérard (Jules). 3, 16
Bost. 6	Davy. 15	Germond. 9
Bouchardat. 14	Deberle (Alf.). 11	Girard de Rialle. 24, 25.
Bouillet (Ad.). 25	Delaunay. 23, 25	Gouet (Amédée). 16
Bouillier (Francisque) 3, 6	Delboeuf. 15	Grimblot. 3
Bourbon del Monte. 14	Deleuze. 15	Grote. 7
Bourdeau. 4	Delondre (Aug.). 4	Guéroult (G.). 4, 5
Bourdet (Eug.). 14	Delord (Taxile). 10	Guichard (V.). 16
Bourloton (Ed.). 10, 25	Delsol. 21	Guillaume (de Moissey) 16
Boutmy (E.). 7	Desmarest. 15	Guyau. 2, 5, 9
Boutroux. 14	Despois (Eug.). 14,23,24	Haeckel. 4
Brialmont (le général). 13	Destrem (J.). 15	Hamilton (W.). 3
Breguet. 28	Dixon (H.). 11	Hartmann(E. de). 4,5,7,9
Briot. 23, 25	Doneaud (Alfred). 23, 24	Hartmann. 13
Brothier (L.). 23, 24	Dosquet (Mlle). 10	Hegel. 2, 3, 4
Broca. 18	Draper. 13	Helmholtz. 13
Brucks. 13	Dubost (Antonin). 16	Herbert Spencer. 5, 7, 8.
Brunetière. 17	Dufay. 7	1, 132
Buchez. 23, 24	Dugald Stewart. 3	Herzen (Al.). 5, 7, 16
Buchner (Alex.). 4	Dumont (L.). 4, 7, 13, 16	Hillebrand (K.). 13
Buchner (L.). 4, 6		Humbold (G. de). 4

— 32 —

Husson. 3
Huxley. 5, 9, 13
Issaurat. 17
Janet(Paul). 2, 4, 6, 8, 11
Joly. 13
Joyau. 17
Jourdan (G.). 23, 24
Jozon. 17
Kant. 2, 3
Laborde. 17
La Borderie (de). 21
Lachelier. 17
Lacombe. 17
Lallié. 21
Lambert. 17
Lange. 4
Langlois. 17
La Sicotière (de). 21
Laugel(Aug.). 6, 8, 11
Laussedat. 17
Laveleye (E. de). 7, 9, 17
Lavergne (Bernard). 17
Le Berquier. 15, 17
Leblais. 6
Ledru. 17
Leibniz. 2, 3
Lemer. 17
Lemoine (A.). 4, 6
Leneveux (H.). 23
Lessing. 4
Létourneau. 7
Levallois (J.). 7
Lévêque (Ch.). 6
Lévi (Eliphas). 15
Lévy (A.). 24, 25
Liard. 5, 7, 9
Littré. 5, 17, 23
Lock (Fréd.). 23, 24
Locke (J.). 2, 7
Lotze (H.). 4, 7
Lourdau. 25
Lubbock (sir John). 17, 18
Luys. 13
Magy. 18
Maine de Biran. 3
Malebranche. 2
Marais. 25
Marc-Aurèle. 2
Marey. 12
Margall (Pi y.). 7
Margollé. 23, 24, 25
Mariano. 5, 7
Marion. 2, 7
Maudsley. 9, 13
Max Muller. 22
Mazzini. 22
Menière. 18
Mervoyer. 14
Meunier (V.). 11, 23, 24
Michaut (N.). 18
Milsand. 5, 6, 18

Miron. 18
Moleschott. 4, 7
Monod (Gabriel). 30
Montégut. 11
Morand. 23, 24
Morin (Fr.). 18, 23, 24
Muller (Max). 7
Munaret. 18
Naquet (Alfred). 25
Naville (E.). 9
Nicolas. 3
Noël (E.). 22, 23, 24
Nolen (D.). 2, 3, 4, 7, 9, 18
Nourrisson. 2, 18
Oger. 18
Ollé-Laprune. 2, 18
Ott (A.). 23, 24
Paris (comte de). 18
Paulhan. 24
Peisse (Louis). 3, 5, 8
Pelletan (Eug.). 18, 22, 23, 24
Penjon. 18
Perez (Bernard). 18
Perrot. 21
Petroz (P.). 18
Pettigrew. 12
Pichat (L.). 23, 25
Platon. 2
Poey (André). 18
Poullet. 18
Pressensé (de). 15
Puissant (Ad.). 18
Quatrefages (de). 5, 8, 13
Quinet (Edgar). 22
Rainneville (de). 21
Rambert. 19
Raymond (E.). 23, 24
Régamey. 18
Regnault (Elias). 10
Rémusat (Ch. de). 6
Rességuier (de). 21
Réville (A.). 7, 11
Reymond (William). 19
Reynald (H.). 10, 11
Ribert (Léonce). 22
Ribot (Th.) 4, 5, 7, 8, 9, 19, 30
Richard (Ch.). 23, 25
Richet (Ch.). 29
Richter (J.-P.). 4
Ritter. 2, 9
Robert (Edmohd). 25
Robert (P.). 19
Rochau (de). 10
Rolland (Ch.). 23, 24
Rosenthal. 13
Ruskin (John). 5
Rustow. 10
Saigey (Em.). 2, 7, 8

Saint-Marc Girardin. 21
Saint-Robert (de). 13
Saint-Simon. 6
Saisset (Em.). 6
Saletta. 19
Sanson. 23, 24
Sayous (Ed.). 11
Schelling. 3
Schmidt (Osc.). 4, 5, 7, 12
Schœbel. 7
Schopenhauer. 4, 7
Schutzenberger. 13
Secchi (le P.). 12, 23, 25
Selden (Camille). 7
Siciliani. 5, 7
Siegfried (Jules). 19
Sièrebois. 19
Smee (Alf.). 19
Socrate. 2
Sorel (Albert). 19
Sorin (Elie). 11
Soury (J.). 4
Spinoza. 2, 6
Stahl. 4
Stanley Jevons. 13, 23, 25
Strauss. 4
Stuart Mill. 3, 5, 6, 7, 8, 22
Sugny (de). 21
Sybel (H. de). 10
Tackeray. 10
Taine (H.). 5, 6, 11
Teste (L.). 11
Thulié. 19
Thurston. 13
Tiberghien. 19
Timon. 15
Tissandier. 7, 19
Tissot. 2, 3, 19
Turck. 23, 24
Tyndall (J.). 12
Vacherot. 2, 7, 19
Valmont (V.). 22
Van der Rest. 2, 19
Véra. 3, 4, 6, 19
Véron (Eug.). 19
Villiaumé. 19
Vogel. 13
Vogeli. 8
Voituron. 19
Voltaire. 2
Weber. 19
Withney. 13
Wolf. 23, 25
Wurtz. 13
Wyrouboff. 5, 17
Yung. 19, 26
Zaborowski. 23, 24
Zevort. 24
Zimmermann. 19
Zurcher. 23, 25